# Christophe André

# PSICOLOGÍA DEL MIEDO

## Temores, angustias y fobias

Traducción de Alicia Sánchez

editorial Kairós

Numancia, 117-121
08029 Barcelona
www.editorialkairos.com

Título original: PSYCHOLOGIE DE LA PEUR
*Craintes, Angoisses et Phobies*

© Odile Jacob, août 2004

© de la edición española:
2005 Editorial Kairós, S.A.
www.editorialkairos.com

Primera edición: Octubre 2005
Décima edición: Noviembre 2022

ISBN-10: 84-7245-596-3
ISBN-13: 978-84-7245-596-2
Depósito legal: B 16.269/2009

Fotocomposición: Grafime. Mallorca 1. 08014 Barcelona
Impresión y encuadernación: Ulzama digital

*A mi amigo Michel,*
*que jamás obedeció a sus miedos.*

# SUMARIO

# AGRADECIMIENTOS

A mis queridos pacientes por su confianza, valor, gentileza y humor.

A Catherine Meyer, por su apoyo y consejos de buena escritura.

A Antonia Canioni, Loïc Hétet y Jean-Jérôme Renucci, siempre presentes, amables y eficaces.

A Cécile Andrier por la ayuda que me ha prestado en el pasado, en el presente y por la que me prestará en el futuro.

A Odile Jacob y Bernard Gotlieb por su constante atención.

A Patrick Légeron, colega y amigo, que me ha enseñado mucho sobre las fobias, las terapias conductistas, la pedagogía y muchas otras cosas.

A Henri Lôo y Jean Pierre Olié, que siempre me han dejado curar a mis pacientes a mi manera en el ámbito de una psiquiatría francesa cerrada durante mucho tiempo a todo lo que no fuera lo estrictamente ortodoxo.

A los más grandes especialistas del miedo, Isaac Marks, estrella de la psiquiatría británica, a quien hablé un día de mis libros y me escuchó y animó con la mayor gentileza imaginable.

# INTRODUCCIÓN

Hacía un día estupendo.

Fui a una pajarería con Sandrine. Nos acercamos a las jaulas y observamos los pájaros a pocos centímetros. Era la primera vez en su vida que estaba tan cerca de ellos. Ella les tiene mucho miedo.

Después fui de compras con Jacques. Estuvimos mucho tiempo en los pasillos del supermercado e hicimos cola varias veces en las cajas. No le dio ningún síncope. Al revés de lo que pensaba: Jacques tiene mucho miedo de contraer una enfermedad si permanece demasiado tiempo de pie.

Un poco más tarde estuve hablando con Odile de su claustrofobia si se queda encerrada en un ascensor o en unos aseos. Después nos fuimos a ponerla a prueba. Ya les contaré dónde y cómo...

A continuación me encontré con Sophie y Étienne para ir a gritar al metro. Los pasajeros nos observaron divertidos durante un rato, pero luego regresaron a la lectura de sus periódicos. Sophie y Étienne se dieron cuenta de que su miedo a hacer el ridículo no les había matado y que no les había importunado tanto como imaginaban.

¡Ah, me olvidaba!, a Élodie, a quien le aterra la muerte, la cité en el cementerio de Montparnasse, caminamos entre las tumbas, leímos los nombres de los difuntos, célebres o anónimos, pensamos en ellos y tocamos sus lápidas. Contemplamos la vida fundiéndose apaciblemente con la muerte. Eso hizo reflexionar profundamente a Élodie, que en modo alguno veía los cementerios de ese modo...

Según el momento, hemos temblado, avanzado, retrocedido, discutido y reflexionado. Hemos sonreído y a menudo nos hemos reído repetidas veces. Con Jacques, cuando los vigilantes del supermercado venían a ver qué estábamos haciendo, absortos durante más de un cuarto de hora delante de la sección de cepillos de dientes, ¿cómo explicarles que estábamos haciendo un ejercicio de control de su miedo a las enfermedades? Y con Sophie, hasta se acercó un pasajero para preguntarnos dónde escondíamos la cámara oculta, convencido de que estaban filmando nuestros gritos para un programa humorístico.

Miedos maravillosos que a veces nos salvan. Miedos dolorosos, que hacen que se nos encoja la piel. Miedos insidiosos que limitan nuestra libertad. Hace ya más de veinte años que trato a personas que padecen miedos exagerados, que les acompaño a todos los lugares que temen, que intento ayudarles a vencer sus temores. El valor y la energía que movilizan para afrontar sus miedos demuestran que están a años luz de lo que algunas de esas personas piensan de ellas: que los fóbicos son débiles, resignados y se contentan con su situación.

Este libro está dedicado a esas personas. Plasma la síntesis de nuestros conocimientos actuales sobre los miedos y las fobias: ¿por qué todos tenemos miedos? ¿Por qué algunas personas son víctimas de los miedos exagerados y de enfermedades como las fobias? ¿Es culpa suya? Pero, sobre todo, ¿se pueden curar de manera permanente de sus miedos?

# 1. MIEDOS NORMALES
# Y MIEDOS PATOLÓGICOS

*Es necesario que escuchemos nuestros temores: son un sistema de alarma maravilloso para enfrentarnos a los peligros. Pero no debemos someternos a ellos: a veces este mecanismo se estropea. Como si fuera una especie de alergia, el miedo se dispara y se convierte en fobia.*

*Somos tan responsables de estos grandes miedos, exagerados e incontrolables, como lo seríamos de ser alérgicos, diabéticos o asmáticos.*

*No elegimos tener miedo, mucho menos estar aterrados. Pero, en cambio, podemos elegir aprender a comprender el miedo, a fin de enfrentarnos mejor a él.*

«Todos los eres humanos tienen miedo. Todos. El que no tiene miedo no es normal...»

JEAN-PAUL SARTRE

Mis primos alpinistas tienen miedo a la alta montaña. No tienen pánico, pero sí lo que ellos llaman un "miedo sano", un miedo respetuoso: son conscientes de que los glaciares y las cumbres son lugares extraordinarios, pero peligrosos. También saben que es la falta de miedo, por inexperiencia o por orgullo, lo que provoca los accidentes. Su miedo es saludable.

Bertrand tiene miedo a los tiburones. Puede decir exactamente cuál fue el origen del mismo: ¡la película *Tiburón*! Desde que vio la película, cuando se aleja de la orilla o, peor todavía, cuando está en alta mar navegando en velero y se lanza al agua, piensa automáticamente en el tiburón acercándose lentamente, antes de decidir cuál va a ser el primer bocado de su desayuno. Se fuerza a permanecer en el agua, pero no nada relajado. Su miedo es simplemente molesto.

Una de mis amigas tiene miedo a volar. Su miedo es mucho más molesto: en primer lugar porque volar es mucho más frecuente y necesario que nadar en alta mar. De ahí que su miedo sea mucho más intenso y difícil de controlar. Evita por todos los medios viajar en avión. Y si no tiene más remedio utiliza una mezcla de alcohol y tranquilizantes para, según ella, despegar sin pánico. Realiza el viaje en una especie de coma, con los ojos cerrados, pero aun así muy crispada, sobresaltándose al menor crujido de los compartimentos para el equipaje. Su miedo le hace sufrir.

Un día me encontré con una paciente que no había salido de casa en más de veinte años: tenía miedo de contraer una enfermedad mortal si se alejaba demasiado de ella. Esta agorafobia, nombre que recibe este tipo de miedo, era un gravísimo impedimento que había malogrado su vida.

Todos podemos sentir el miedo cuando estamos en peligro o ante la amenaza inminente del mismo: el miedo es una emoción "fundamental", es decir universal, inevitable y necesaria. Como todas las especies animales, el ser humano está programado por la naturaleza y la evolución para sentir miedo ante ciertas situaciones. Es necesario, pues es una señal de alarma destinada a avisarnos de los peligros, aumentando de este modo nuestras posibilidades de supervivencia.

## *El miedo: un sistema de alarma*

Imaginemos la alarma de un automóvil o de una casa. Normalmente, se supone que no se ha de disparar salvo en caso de robo o incendio, por ejemplo. En ese momento, sólo en ese momento, se ha de manifestar con la fuerza suficiente para ser oída, pero tampoco en exceso, para no sembrar el pánico en el vecindario; el tiempo suficiente como para llamar la atención, pero se ha de poder parar enseguida, para solucionar con calma el problema.

En nuestro organismo también existen sistemas de alarma naturales. El reflejo de la tos, por ejemplo. Si estamos en un ambiente muy cargado de humo o polución, se disparará el mecanismo de la tos: surge a raíz de un espasmo bronquial (nuestros bronquios se contraen para evitar la entrada de sustancias tóxicas) y las contracciones de la laringe son para rechazar posibles cuerpos extraños. La tos es útil porque nos indica que debemos abandonar ese lugar y que está protegiendo nuestros alvéolos pulmonares. Pero una crisis asmática provocada por la presencia de unos miligramos de polen de las flores es una reacción de alarma inútil: ese polen no supone ningún peligro. El problema aquí no se encuentra en el entorno sino en nuestro sistema inmunológico. La dificultad de respirar y la tos seca agotadora del asmático en crisis son más tóxicas que útiles.

Lo mismo sucede con el miedo.

El miedo funciona como una señal de alarma, cuya función, como la de todas las señales de alarma, es avisarnos de un peligro, para poder enfrentarnos mejor al mismo. El quid de la cuestión es que esa señal de alarma esté bien regulada.

## ¿Qué es un miedo normal?

Un miedo normal es una alarma bien calibrada tanto en su activación como en su regulación. En la activación la alarma del miedo sólo se dispara en el momento apropiado, ante un verdadero peligro, no ante una posibilidad o el recuerdo de un peligro. Ha de tener en cuenta el contexto: si estamos a tres metros de un tigre en plena selva, tendremos miedo; si el tigre está en la jaula, el miedo se reduce. Es muy importante que su intensidad sea proporcional al peligro: eso permitirá que actuemos como corresponde. Por ejemplo, retroceder lentamente ante una serpiente a punto de morder, en lugar de salir corriendo. No cabe duda de que pueden haber errores y falsas alarmas –entonces tenemos miedo "de nada"– pues la naturaleza considera que es mejor tener miedo pronto que demasiado tarde. Pero estas falsas alarmas son esporádicas y controlables.

En la regulación, el miedo normal desaparece rápida y fácilmente cuando el peligro ya ha pasado o cuando nos hemos dado cuenta de que no era tanto como creíamos. Es el caso de los temores asociados a la sorpresa: ruidos violentos, personas que llegan sin hacer ruido. Esta regulación rápida del reflejo del miedo facilita la capacidad de adaptación: una vez que ha desempeñado su papel, el miedo debe disminuir, de lo contrario se vuelve inútil y peligroso. Veremos que un miedo no regulado es lo que denominamos "ataque de pánico", que aniquila la capacidad de adaptación de la persona y la paraliza por completo: es el equivalente de una crisis de asma en el caso de un alérgico. El miedo normal a un peligro concreto se puede controlar. Se puede regular su nivel de sensibilidad a la alta o a la baja en función del contexto y de las necesidades del momento: en mi ordenador mental, no utilizo mi programa de miedo para ir de compras en mi barrio, pero lo activo si me voy a la selva o a un barrio peligroso de noche. Puedo ejercer un control relativo sobre esta "programación" de mis miedos.

Un buen ejemplo de miedo controlado es la sensación que experimentamos durante un paseo por la montaña, si vamos por un camino muy escarpado: una mirada al vacío que se abre bajo nuestros pies nos muestra que una caída sería mortal, vista la altura del desnivel y las afiladas rocas que hay debajo. Sentimos *un poco* de miedo. Pero también sabemos que si vamos despacio y mirando bien dónde ponemos los pies no hay razón para que nos caigamos. Podemos controlar el miedo, pero ha sido útil sentirlo: el miedo nos protege. Nos disuade de andar mirando el paisaje: en esta zona peligrosa del paseo, miramos por donde caminamos.

## ¿Cuándo se vuelve patológico un miedo?

Un miedo patológico corresponde a una alarma mal ajustada, tanto en su activación como en su regulación.

Su activación es anormal: el miedo se desata con demasiada frecuencia en umbrales de peligrosidad muy bajos. Somos víctimas de falsas alarmas, como animales acorralados, como la gacela que acude a beber y, sobresaltada, se lanza a la fuga al menor ruido o movimiento de las hojas. El mecanismo del miedo es demasiado sensible, carece de flexibilidad, todo o nada: el miedo no está controlado y pronto se transforma en pánico. Esta rigidez en el desencadenamiento del miedo, este funcionamiento del tipo estímulo-respuesta es agotador: «Siempre soy como una bestia acorralada –me decía un paciente con fobia social cuando me hablaba de sus salidas a la calle o a los almacenes–, siempre tengo miedo de que me dirijan la palabra y me ponga como un tomate, a temblar o a sudar de manera absurda, por una tontería».

Su regulación es anormal: la alarma del miedo no está bien ajustada. Puede degenerar con mucha rapidez en pánico incontrolable. Ésta es la razón por la que muchos pacientes fóbicos padecen el fenómeno denominado "miedo al miedo": «Desde que he empezado a tener miedo, temo que se transforme en pánico total, que me vuelva loco y haga cualquier tontería, justo lo contrario de lo que en realidad querría hacer». El miedo patológico cuesta mucho de controlar y calmar. Tiene la tendencia a reanimarse con mucha facilidad: es el fenómeno del *retorno del miedo*. Cuanto más violento y frecuente sea el miedo, con más fuerza y facilidad regresará. Las personas fóbicas también pueden sufrir verdaderos "autoencendidos" de miedo: por ejemplo, los que tienen fobia a sonrojarse pueden sofocarse de manera absurda, aunque estén hablando por teléfono y nadie pueda verles, o simplemente pensando que podrían sonrojarse, incluso hablando de la lluvia y del buen tiempo. Otro ejemplo: los ataques de pánico espontáneo o nocturnos en las personas agorafóbicas, crisis de angustia que se pueden producir incluso sin que existan situaciones angustiantes.

Volvamos a nuestro ejemplo del paseo por la montaña, pero esta vez desde el punto de vista de una persona *acrofó-*

*bica*, es decir, que tiene fobia al vacío y no es un simple temor. Mientras pasa por el sendero escarpado, al mirar por primera vez al vacío, se queda paralizada de terror. Su cuerpo no es más que un amasijo de sensaciones espantosas e inquietantes: el corazón se dispara, las piernas flaquean, temblores, ruido intestinal, la cabeza le da vueltas. Tiene visiones de caídas: se ve cayendo al vacío, su cuerpo colisiona y se despedaza en las puntiagudas rocas que hay abajo. Le es imposible deshacerse de esas imágenes. Su enfermedad le hace dudar de ella misma: ¿no va ella, en un impulso suicida, a lanzarse al vacío para terminar con ese tormento? Se pega a la roca: no puede seguir avanzando. Una vez bien asida a la pared rocosa, cierra los ojos para no ver los vertiginosos abismos, esos horizontes aterradores por carecer de límites. No podrá terminar el paseo que ha iniciado paso a paso escoltada por sus compañeros, compasivos o irritados: uno delante, otro atrás y uno entre ella y el precipicio, para evitar que mire.

Estos miedos patológicos, estos "malosmiedos" como los hemos llamado antes, pertenecen al terreno de la fobia: pero ¿dónde situamos el umbral entre los miedos patológicos y las patologías del miedo?

## *De los miedos enfermizos a las enfermedades del miedo: las fobias*

El matiz entre miedo normal y miedo fóbico no existe en castellano, pero tenemos un buen ejemplo en la Grecia clásica. Los griegos disponían de dos palabras para designar sus temores: *deos*, que significaba un miedo reflexivo y mental, controlado; y *phobos*, que describía un miedo intenso e irracional, acompañado de una huida.

## ¿Cuál es la diferencia entre miedo y fobia?

Imagine que tiene miedo de las arañas. No le hará mucha gracia bajar a la bodega, pero la idea de regresar con una buena botella de vino para recibir a los invitados le motivará a superar su asco por los arácnidos. Del mismo modo que no se pondrá a temblar al pensar que va a pasar un fin de semana en casa de unos amigos que viven en el campo, con el pretexto de que puede encontrarse arañas en los armarios. Además si se encuentra una, la aplastará sin piedad. Si, por el contrario, lo que usted padece es una *fobia* a las arañas, se negará rotundamente a subir al desván a buscar fotos viejas de la familia, sólo porque existe una posibilidad. La idea de ir de vacaciones a un país exótico poblado de grandes arácnidos le angustiará varios meses antes. Y si se encuentra de frente con una araña, su miedo será tal que ni tan siquiera se atreverá a matarla.

Una fobia se caracteriza por un cierto número de síntomas:

–Un miedo muy intenso, que puede llegar a convertirse en un ataque de pánico.

–Este miedo suele ser incontrolable.

–Hace que uno intente evitar los objetos o las situaciones fobogénicas, cada vez que existe la posibilidad de encontrarse con ellos.

–Si se ha de enfrentar –a veces no hay elección–, el sufrimiento es extremo.

–El miedo provoca una desventaja, porque está vinculado a la anticipación ansiosa de las situaciones y a intentar evitarlas. Las fobias no ponen la vida en peligro, pero pueden afectar gravemente su calidad.

También es cierto que existen modalidades intermedias entre miedos informales y fóbicos, miedos totalmente normales que todavía no se han convertido en fobias. Estos miedos "entre dos aguas" dependen mucho de pequeños detalles cotidianos. Por ejemplo, en los miedos sociales, como el miedo a hablar en público, existe toda una gama de matices que se encuentran entre los dos extremos: por una parte, las personas que nunca se ponen nerviosas y, por la otra, las que son fóbicas y no pueden ni abrir la boca delante de dos personas. En la mayor parte de las personas, esto depende de la cantidad de público (diez o cien personas), de su buena disposición, de la familiaridad (conocidos o desconocidos), de su nivel (¿son más o menos expertos que el aterrado orador?), etc.

También hemos de tener en cuenta que el grado de incapacitación dependerá en parte del entorno en el que vivan. Por ejemplo, el que tiene fobia a las serpientes en una sociedad occidental padece menos que antaño, pues éstas son poco habituales en nuestro entorno. Pero el claustrofóbico, que no soporta los lugares cerrados, tiene un problema mucho más grave para vivir en una sociedad donde es necesario hacer muchos desplazamientos en transportes públicos en los que el espacio es reducido y en la que la vida en el interior es mucho más común que antes.

En fin, la denominación de miedo o fobia dependerá también de la peligrosidad de lo que nos asuste: rara vez se habla de fobia a los tigres o a los tiburones, pues se considera que esos miedos, aunque importantes, son más que normales. En realidad, de existir tales fobias, el miedo ya se desencadenaría por una foto, un relato o la visión de estos animales en una jaula o en el acuario. En cambio, el miedo exagerado a los gatos o a las sardinas será catalogado rápidamente dentro de la familia de las fobias.

## Diferencia entre los miedos normales y los fóbicos

| Miedos normales | Miedos fóbicos |
|---|---|
| Registro de la emoción. | Registro de la enfermedad. |
| Miedo de intensidad limitada, a menudo controlable. | Miedo que puede llegar al pánico, con frecuencia incontrolable. |
| Asociados a situaciones objetivamente peligrosas. | Asociado a situaciones que a veces no son peligrosas. |
| Evitaciones moderadas e incapacitación leve. | Evitaciones importantes e incapacitación importante. |
| Miedo por ansiedad anticipatoria: la vida no está condicionada al miedo. | Ansiedad anticipatoria mayor: la vida está condicionada por el miedo. |
| Las confrontaciones repetidas pueden hacer que poco a poco disminuya la intensidad del miedo. | Es normal que, a pesar de repetidas confrontaciones, el miedo no disminuya. |

## ¿Cuál es la incidencia de los miedos y de las fobias?

Las cifras son muy claras: los miedos y las fobias están muy extendidos. Los miedos, como ya hemos dicho, nos afectan a todos. Los miedos exagerados son muy frecuentes en los adultos, casi se podría decir que afectan a *uno de cada dos*. Entre las personas que dicen padecer un miedo exagerado, observamos que en general, sólo una proporción muy pequeña, en realidad son fóbicas. Las fobias son menos frecuentes que los miedos, aunque sean fuertes, pero son, sin embargo, la patología psicológica más frecuente, junto a las depresiones y el alcoholismo (que también pueden acompa-

ñarlas). Cuando hay algo que puede atemorizarnos, los objetos "fobogénicos" son muy variados, pero como veremos
nada es por casualidad: en general, tenemos miedo de aquello a lo que la naturaleza nos ha *enseñado* a temer. Porque
eso representa o ha representado en nuestra evolución un peligro para nuestra especie.

*Frecuencia de los miedos llamados "simples" en la población*
*general. Estudio realizado con 8.098 personas adultas[1]*
*(estas cifras se refieren al riesgo de incidencias*
*en toda la vida)*

| Tipo de miedo | Personas que padecen este miedo exagerado entre la población general | Personas que padecen este miedo en un estado fóbico entre la población general |
|---|---|---|
| Miedo a las alturas | 20,4% | 5,3% |
| Miedo a volar | 13,2% | 3,5% |
| Miedo a estar encerrado (claustrofobia) | 11,9% | 4,2% |
| Miedo a estar solo | 7,3% | 3,1% |
| Tormentas, truenos y tempestades | 8,7% | 2,9% |
| Animales | 22,2% | 5,7% |
| Sangre, heridas e inyecciones | 13,9% | 4,5% |
| Agua | 9,4% | 3,4% |
| Misceláneo | 49,5% | 11,3% |

*Frecuencia de otras dos grandes familias de miedos*[2,3]

|  | Miedo exagerado | Miedo incapacitador | Fobia |
|---|---|---|---|
| Miedo a la mirada y a las críticas ajenas. | Timidez: 60% Nerviosismo antes de hablar en público o de un examen: 30% | Ansiedad social incapacitadora: 10% | Fobia social: 2-4% |
| Miedo a tener una enfermedad y a perder el control. | Ataques de pánico aislados: 30% en toda la vida. | Trastorno de pánico (ataques de pánico repetidos): 2% | Un 33-66% de las personas con pánico se vuelven agorafóbicas. |

## Las fobias: miedos intensos y resistentes

Las fobias no se caracterizan sólo por la existencia de miedos exagerados, son verdaderas enfermedades del miedo, con su propia dinámica. Una vez han aparecido tienden a volverse crónicas, y a veces, en el caso de las más graves, a agravarse y extenderse.

Los niños que tienen muchos miedos "normales" aprenden poco a poco, miedo a miedo, a superarlos: simplemente, la vida les cura de sus miedos ofreciéndoles oportunidades para enfrentarse a ellos y dominarlos, a la vez que procura que quede el lado positivo de los mismos, como la prudencia, que surge de la experiencia. En el adulto, los miedos normales están también sujetos a estos mecanismos de autocuración, que pasan por la confrontación regular, repetida y libremente consentida (no podemos sanar por la fuerza) de aquello a lo que se teme.

Tomemos como ejemplo una caída de bicicleta sobre la gravilla. Puedes recordar lo positivo de la experiencia: volverás a ir en bici, pero sabrás que tendrás que reducir la velocidad cuando tengas que girar sobre gravilla. El resquicio del miedo es una información útil, un recuerdo muy valioso. Pero también puedes quedarte con lo peor: tienes fobia a ir en bici. Tienes miedo de volver a montar en bici, pues el recuerdo de la caída no sólo ha quedado almacenado en la memoria como una información neutra («Sé que tengo que ir más despacio cuando circule por gravilla») o como una emoción un poco intensa («Esto me da un poco de miedo»), sino que queda grabado como una emoción de miedo fuerte («No puedo volver a subir en moto, porque me da pánico»).

Estos procesos de autocuración de los miedos –aprender las lecciones y volver a enfrentarse a las situaciones– quedan obstaculizados por la fobia, debido a dos tipos de actitudes:

–Las evitaciones y huidas, que consisten en no volver a arriesgarse a un enfrentamiento. Por ejemplo: «Si me hubiera acercado a esa paloma, se podría haber espantado y haberse lanzado contra mí en su huida», o bien: «Menos mal que no he hecho preguntas al final de la reunión, porque hubiera hecho el ridículo». Las evitaciones permiten no sentir el miedo con demasiada fuerza, pero mantienen intacta la convicción de que el peligro existía realmente y que nos hubiéramos encontrado con él si no lo hubiéramos evitado.

–La de las crisis violentas aisladas, que consisten en verse obligado a afrontar los temores, en un acto de locura o de nerviosismo, pero que pueden provocar el miedo al miedo, pues se fundan en el sufrimiento («Esto ha sido el infierno, jamás saldré de esto») y se tiene la convicción de que se ha tenido suerte de salir bien de esa situación («Pero la próxima vez...»).

## *La fobia no es sólo el miedo y la huida, sino también el fracaso emocional de los enfrentamientos con el miedo*

Normalmente, las personas fóbicas huyen de lo que temen, bajo el efecto del miedo y de sus consecuencias. Pero no siempre es así. Se dice que las conductas de evitación también dependen de las variables de la personalidad: hay personas fóbicas evitadoras y otras enfrentadoras.

Por ejemplo, usted puede tener fobia al avión y obligarse a viajar en él, ya sea porque así lo ha decidido o porque no tiene más remedio. Pero estos enfrentamientos serán agotadores y tóxicos: su miedo, en lugar de calmarse, puede que persista y que incluso aumente en cada viaje.

La solución no reside únicamente en enfrentarse a la fuerza. Se encuentra sobre todo en el éxito emocional de dichos enfrentamientos: si cada vez tiene menos miedo es que su cerebro emocional ha "comprendido" que no había peligro. Entonces sólo queda seguir inmunizándolo al miedo excesivo. Si, por el contrario, cuanto más se enfrenta más miedo tiene, es porque su cerebro emocional sigue convencido de que el peligro sigue vigente, aunque su razonamiento y su lógica le repitan que no hay peligro.

Veremos que el cerebro emocional sólo cambia con la acción, por lo tanto, evitar y reflexionar no modificará mucho los temores. También veremos que es necesario "amansarlo" como si fuera un animal, con dulzura y regularidad. No podemos precipitarnos.

## *¿Los grandes miedos y las fobias son formas de miedo alérgico?*

Muchas veces explico a mis pacientes que sus grandes miedos son como las alergias.

El sistema inmunológico es uno de nuestros múltiples mecanismos naturales de protección del organismo: nuestras defensas inmunológicas nos permiten detectar los "peligros biológicos", ya sean externos (microbios o virus) o internos (células anormales), que podrían constituir una amenaza para nuestro organismo. Esta inmunidad puede ser innata, es decir "de primera mano": todos los seres humanos la tienen desde su nacimiento. También puede provenir de un aprendizaje tras un primer contacto: es lo que denominamos "inmunidad aprendida".

Veremos que lo mismo sucede con nuestros temores. Algunos son innatos, propios de la especie, y cada una tiene los suyos: para el ser humano pueden ser, por ejemplo, el miedo a las serpientes, a los ratones y a los gatos. Otros miedos los hemos aprendido de nuestras experiencias de la vida: como el miedo a los perros si nos ha mordido uno, o el miedo al agua si hemos estado a punto de ahogarnos.

Nuestros miedos se podrían comparar con un sistema inmunológico de detección de peligros, mientras que nuestros miedos fóbicos se parecen más a las alergias, a lo que se denomina "respuesta anafiláctica":* estos procesos de miedo son tan explosivos e inadaptados como un episodio alérgico o una crisis asmática.

Del mismo modo que existe una "memoria inmunológica", hay también una memoria del miedo. Para la inmunidad las cosas suceden de este modo: en cada exposición con el antígeno, la respuesta inmunitaria será más rápida e intensa.

---

* La anafilaxis es una reacción violenta del organismo vinculada a la hipersensibilidad a cierta sustancia.

En el miedo patológico observamos que las personas que padecen fobias ven cómo sus reacciones se agravan cada vez que se repite la situación: «Al cabo de un momento, mis miedos se hicieron más fuertes: al principio sólo tenía miedo de conducir por la autopista, cuando me quedé sola, poco a poco fui teniendo miedo de encontrarme mal mientras conducía, incluso en los trayectos cortos, dentro del pueblo, de mi barrio. Tuve que dejar de conducir. Hasta que al final me sentí totalmente incapaz de volver a conducir» (Catherine padece fobia a conducir).

Sigamos con nuestra comparación y veamos el ejemplo de una enfermedad conocida, el asma. El asma consiste en un espasmo de los bronquios y, en parte, se debe a una reacción alérgica.[4] Tiene diferentes facetas y grados:

–El asma episódica, con crisis espaciadas entre las cuales la persona se encuentra bien.

–El asma grave aguda. A veces las crisis son muy intensas y prolongadas, y pueden incluso poner en peligro la vida.

–Asma crónica, con síntomas permanentes, en la que también se produce, además de las crisis agudas, una inflamación crónica de los bronquios.

Veremos que los grandes miedos y las fobias pueden presentar estos cuadros.

Algunas de ellas, las fobias específicas o "simples", como el miedo a los animales o al vacío, sólo se manifiestan con miedos de cierta intensidad, pero episódicos. Su gravedad dependerá principalmente de la frecuencia de exposición al objeto fobogénico. Para un occidental es menos problemático ser alérgico al polen del árbol africano baobab que al del diente de león; será más fácil vivir en Occidente con una fobia a las serpientes que con una al avión o al metro.

Otras fobias se caracterizan por la repetición de las crisis de miedo muy agudas, denominadas "ataques de pánico". Algunos de estos ataques se pueden prever, la persona sabe que ciertas situaciones le pueden provocar estas crisis; pero hay otras ocasiones en las que el desencadenamiento de un ataque de pánico es tan imprevisible –y su desarrollo tan violento– como el de una crisis asmática. Aclaración importante: contrariamente a las crisis de asma, no hay riesgo de muerte durante el transcurso de un ataque de pánico, aunque siempre se tenga la impresión de una muerte inminente.

En resumen, las fobias "complejas", como la fobia social o la agorafobia, se caracterizan por otros síntomas añadidos a las crisis de miedo, que agravan la evolución, como la inflamación bronquial se suma a las crisis de broncoespamo en el asma crónica. Estos síntomas pueden ser una ansiedad crónica, en el caso de los sujetos que padecen pánico y que viven con el temor de padecer nuevas crisis; o la baja autoestima en los fóbicos sociales que se desvalorizan constantemente.

Por último, el mensaje que deseo transmitir a mis pacientes, cuando hago esta comparación, es que son tan responsables de sus fobias como los asmáticos de sus crisis. No hemos elegido ser fóbicos: padecemos esa enfermedad y nos gustaría mucho deshacernos de ella. Contrariamente a las ideas que todavía circulan en el mundo de la psicología o entre la gente, a los fóbicos no les complace en absoluto su enfermedad, ni encuentran ninguna satisfacción en el hecho de padecerla.

Al principio de la enfermedad es tan difícil controlar un ataque de pánico como una crisis de asma. Sin embargo, eso no quiere decir que sea imposible conseguirlo. Ni que no se pueda curar. Las fobias, simplemente, igual que las alergias, se enfrentan a una dimensión biológica de la enfermedad, que ahora se empieza a comprender mejor y que todo tratamiento moderno deberá tener en cuenta.

## ¿Cómo dominar los miedos?

Si voy por el bosque y me doy cuenta de que en el suelo, justo donde voy a colocar el pie, hay una forma que se parece a una serpiente, daré un salto brusco hacia el lado. No era más que una inofensiva rama, pero si hubiera sido una serpiente, sin ese reflejo me hubiera mordido. El miedo me ha protegido, aunque el precio ha sido una falsa alarma. Sin embargo, esta alerta no ha sido desproporcionada, no he echado a correr desesperadamente sin rumbo fijo. Es un progreso respecto a las especies animales menos evolucionadas y a mis antepasados más lejanos.

Actualmente se dice que la sede de las reacciones emocionales del miedo se sitúa en las partes más antiguas de nuestro cerebro, el sistema límbico o "cerebro emocional".[5] De ahí esa relativa rusticidad, el primer movimiento del miedo favorece la rapidez de reacción, antes que la precisión de la percepción. Ésta también es la razón por la que el miedo, al igual que todas las emociones, se escapa a nuestra voluntad, al menos en lo que a su desencadenamiento se refiere: no podemos impedir la aparición de nuestras reacciones de miedo, pero sí podemos regularlas.

Gracias a la evolución hemos heredado un cerebro más complejo que el primitivo sistema límbico. Este nuevo cerebro recubre al anterior: de ahí su nombre de *neocórtex*, literalmente "nueva corteza", "nuevo recubrimiento". Gracias a él podemos descodificar y regular nuestras emociones. Ésta es una de las explicaciones del relativo éxito del ser humano respecto a otras especies. Nuestro comportamiento no obedece sólo a determinismos simples, del tipo "estímulo-respuesta", que harían que cuando algo nos asustara huyéramos o nos quedáramos inmovilizados de manera automática. En teoría, podemos modular nuestras reacciones: por ejemplo, tras un primer reflejo de miedo y habernos apartado rápidamente, podemos revisar, comprobar que no hay peligro, indagar qué ha pasado para descubrir la causa de lo que nos ha asustado.

No obstante, la naturaleza ha procedido añadiendo capas: no ha hecho más que superponer nuestro "cerebro nuevo" y ha dejado el cerebro emocional arcaico donde estaba. Veremos que esto ha sido "por si acaso" hemos de regresar a nuestra antigua forma de vida.

Los mecanismos de regulación del miedo se sitúan pues en las partes más recientes de nuestro cerebro: la corteza cerebral. Nuestras reacciones de miedo son en realidad el resultado del intercambio entre estos dos cerebros, y proceden de la síntesis entre la emoción del miedo y su regulación. El miedo es bueno para sobrevivir. Saber controlar el miedo es bueno para la calidad de vida y para la inteligencia.

La anticipación, el simbolismo, el recuerdo, la imaginación, todas estas capacidades que también nos han sido legadas por las fases más recientes de nuestra evolución, nos permiten enriquecer y hacer más flexibles nuestras reacciones de miedo. Entonces, la definición más exacta del miedo es ser la reacción a la *conciencia* de un peligro: puedo no tener miedo aunque he estado al borde de un verdadero peligro o tener miedo aunque el peligro no esté más que en mi mente y no sea real.

He aquí todo nuestro problema: el desarrollo de nuestra complejidad cerebral, que en un principio debía mejorar la regulación de nuestros miedos, entraña también un riesgo de disfunción. Mi imaginación puede hacer que tenga miedo a los fantasmas, mi capacidad de anticipación me puede hacer sentir miedo mucho antes de lo necesario o sin que llegue a suceder nada. Esto es lo que explica que el miedo se pueda experimentar de tantas formas...

## *Los diversos rostros del miedo*

Al igual que todas las emociones básicas, el miedo engendra numerosas emociones derivadas de él: ansiedad, angustia, pavor, pánico. Los teóricos creen que estos fenómenos psicológicos pertenecen a la familia del miedo y se han de comprender con relación al mismo.

Así, la *ansiedad* es un miedo anticipado. Es la vivencia asociada a la espera, al presentimiento o a la proximidad del peligro. La *angustia* es una ansiedad con numerosos signos físicos. Las dos son miedos "sin objeto": el peligro todavía no existe, pero ya tenemos miedo.

El *pánico*, el *terror*, el *pavor* son miedos muy marcados por su intensidad extrema. Pero, paradójicamente, también pueden sobrevenir en ausencia de peligro, simplemente al evocarlo o preverlo. Se caracterizan por la pérdida de todo control sobre el miedo.

En resumen, bajo el término de "miedo" pueden tener lugar infinidad de fenómenos psicológicos. ¿Es pues necesario matizar tanto? No lo creo así, como demuestro en este pequeño diálogo imaginario que viene a continuación:

–¡Tengo miedo a la muerte!

–No, no tienes miedo a la muerte, estás ansioso, aunque tu miedo es injustificado: no te prepares a morir en el campo de batalla, no te va a pasar nada.

–Bien, de acuerdo, no tengo miedo, tengo angustia.

–Lo siento, pero no es angustia, sino ansiedad, puesto que no tienes manifestaciones físicas claramente asociadas a tus inquietudes.

–Lo único que sé es que tengo miedo...

El miedo es el alfa y omega de todas las inquietudes. Ésta es la razón por la que en este libro he utilizado de buen grado la palabra "miedo" para describir múltiples fenómenos: miedos normales y exagerados, miedos controlados y pánicos, miedos de anticipación y retrospectivos, recuerdos de miedos y las secuelas psicológicas de los grandes miedos.

# 2. ¿DE DÓNDE VIENEN LOS MIEDOS Y LAS FOBIAS?

*Nuestros antepasados remotos legaron sus miedos a la especie. Como todas las herencias, estos miedos son al mismo tiempo una oportunidad para sobrevivir y una carga para nuestra calidad de vida.*

*Desde nuestro primer día entramos en "conexión con el miedo". Pero lo que nos provoca el miedo excesivo llegará después: los traumatismos, la educación, la cultura. Cada miedo tiene su propia historia, que creemos conocer o que a veces permanece oculta.*

*Al final de esta historia, unas personas se han vuelto más vulnerables que otras al miedo: las mujeres, por ejemplo, dos veces más que los hombres. No les queda más remedio que ser doblemente tenaces para controlar sus temores.*

«Por el digno hábito que llevo... has tenido miedo sin causa ni razón.»

FRANÇOIS RABELAIS, *Le quart livre*

Barnabé siempre se ruborizaba y eso le amargaba mucho la vida.

Jefe de una empresa en provincias, tuvo que desplazarse hasta París, pues se había enterado de que en el hospital de Sainte-Anne estábamos especializados en el tratamiento de la fobia social. Pero también porque quería anonimato. No le apetecía lo más mínimo que le trataran los terapeutas de su ciudad, le avergonzaban sus síntomas.

No obstante, había llegado a ocultarlos con gran maestría, por ejemplo refugiándose en una actitud altanera y distante, que no invitaba nada a acercarse a él. Hablaba muy alto fijando la mirada con intensidad en su interlocutor, como si pretendiera hacerle bajar los ojos, como si quisiera intimidar al otro antes de que se descubriera su propio malestar.

Barnabé padecía una forma aguda de fobia social: la eritrofobia o ereutofobia, es decir que le aterraba de manera obsesiva sonrojarse delante de los demás.

Enseguida me explicó que había seguido un tratamiento de psicoanálisis durante doce años. Se había trabajado mucho el origen de sus fobias, pero eso no le había ayudado a deshacerse de ellas. Le pedí que me explicara los resultados de aquel trabajo. Uno de sus tíos había sido un importante plenipotenciario, ministro del gobierno de Vichy, que había colaborado ampliamente con los alemanes. Fue fusilado tras la liberación, pero toda la familia era sospechosa de traición, y en la posguerra su reputación quedó arruinada, lo que les obligó a marcharse a otra ciudad más grande. «Es esta vergüenza familiar la que yo estoy pagando. Mi rubefacción es por el temor a que se descubra la vergüenza de este pasado.» El problema era que estas explicaciones psicogenealógicas, por lógicas que fueran, no le habían servido para deshacerse de su miedo obsesivo a sonrojarse. En los últimos años Barnabé había presentado dos cuadros depresivos bastante graves y había empezado a beber todas las tardes antes de regresar a casa. «Para calmarme del estrés social del día», me dijo.

Todo esto, sin duda alguna, requería tratamiento, y le inscribí en la lista de espera para nuestra próxima sesión de terapia de grupo. Tratamos a nuestros pacientes de fobia social en terapias de grupo, por un montón de razones. En primer lugar, eso nos permite hacer ejercicios ante un público constituido por nuestros pacientes y nuestros alumnos en prácticas, pues la mayor parte de los miedos de la fobia social están relacionados con el hecho de tener que afrontar la mirada y el juicio de un grupo. Es también una oportunidad para que exista un apoyo y ayuda mutua entre los pacientes, que así se encuentran menos solos. Esto facilita la toma de conciencia respecto a algunas de sus creencias.

Barnabé, al enterarse de que en el grupo había otras dos personas que también padecían ese miedo obsesivo a sonrojarse, estaba impaciente por empezar las sesiones. Nunca había hablado con nadie de su problema y pensaba que era la única persona de su edad con miedo a ruborizarse.

Llegó el gran día. Según las reglas de nuestros grupos, cada paciente se presenta a los demás. Hice que Barnabé fuera el último. Temía que su voz gruesa y su aparente seguridad apabullaran inútilmente a los otros participantes. A su vez esperaba que pasara algo muy concreto. Mientras los dos otros "ruborizadores" se presentaban y contaban su historia, yo observaba a Barnabé con el rabillo del ojo. No le vi sonrojarse, sino palidecer. En efecto, los otros pacientes contaban su misma historia. No su historia personal, de su tío traidor y de la vergüenza de su familia, sino la misma historia de ruborizarse incontroladamente, de forma imprevista, desproporcionada o incomprensible, la misma historia de disimulos, huidas, evitaciones y miedos absurdos. No faltaba nada. Cuando le tocó el turno a Barnabé, se levantó y, con una voz dulce y emocionada, explicó su problema. No pretendía impresionar ni fingir nada. Habló de sí mismo y de sus miedos simple y llanamente. Después finalizó con estas palabras: «Hasta que les he oído hablar pensaba que estaba solo en todo esto debido a mi historia familiar. Pero he comprendido que hay algo más».

Después de la sesión, Barnabé invitó a los otros dos pacientes a tomar algo y les hizo muchas preguntas. Ninguno de ellos había vivido una vergüenza familiar semejante. Sin embargo, sus tres historias se parecían tremendamente: incluso la aparición de los rubores en la adolescencia, la evitación de situaciones, las renuncias, los aislamientos progresivos, los mismos sufrimientos, los mismos estragos. Después el miedo absurdo a sonrojarse delante de cualquiera. El recelo progresivo: ¿se van a dar cuenta? ¿No me estará haciendo estas observaciones a propósito? Sus trayectorias eran casi intercambiables.

Pero ante todo habían cometido los mismos "errores de navegación": reprimir sus emociones, sentir vergüenza, esconderse, no decir nada por temor a ser juzgados, percibir siempre a los demás como agresores potenciales e incluso agredirles primero para mantenerlos a distancia. Estos errores habían transformado su emotividad molesta en enfermedad incapacitadora. Habían sido mucho más nocivos que cualquier maldición familiar como la de Barnabé.

No cabe duda de que las historias familiares de Barnabé habían marcado su personalidad y su vida, pero poco habían influido en su fobia, no eran más que un factor agravante entre muchos otros. La mayor parte de los eritrofóbicos no tienen familiares que hayan sido traidores y la mayor parte de los descendientes de traidores no son fóbicos sociales.

## ¿Por qué tengo tanto miedo?

En psiquiatría la búsqueda de las causas se ha parecido durante mucho tiempo a la búsqueda del Santo Grial, con la creencia de que «mientras no descubras el origen de tus miedos seguirás sufriendo». Durante mucho tiempo las psicoterapias se han entregado sobre todo a la meta de "llegar al fondo", de ahondar cada vez más en la búsqueda de las causas ocultas, enterradas y reprimidas en el inconsciente. Esto funcionaba a veces. Pero con frecuencia no bastaba. Pero lo peor de todo es que después de todos estos años de este sistema, algunos pacientes, a fuerza de haber sido conducidos "al fondo", se han quedado totalmente enterrados en su hoyo psicoterapéutico.[6] Saber por qué se es fóbico siempre es interesante y, a veces, útil para cambiar. Pero a veces no lo es, sobre todo si es lo único que se hace. La búsqueda encarnizada de las causas no debe sustituir al esfuerzo del día a día para dominar los síntomas desconectados de sus lejanos orígenes, convertidos en "síntomas vestigiales"[7], en "fantasmas de la antigua neurosis".[8]

Pues existen dos grandes preguntas a propósito de los miedos y de las fobias.

La primera es la que plantean –con frecuencia– las personas que no tienen miedo: ¿de dónde proceden estos miedos excesivos? ¿De la infancia? ¿Del inconsciente? Abordaremos las hipótesis vinculadas al simbolismo inconsciente de las fobias en el capítulo sobre los tratamientos y veremos que estas hipótesis, aunque muy sugestivas, adolecen de una eficacia terapéutica limitada.

La segunda pregunta es la que –siempre– plantean las personas que las padecen: ¿cómo puedo curarme? ¿Cómo puedo vivir sin estos miedos constantes que limitan mi autonomía, mi libertad y que a veces me hacen perder la dignidad?

Si alguien padece esclerosis múltiple, se intenta curarle. No se pasa la mayor parte del tiempo intentando averiguar cómo ha contraído dicha enfermedad. Esta búsqueda de las causas es el trabajo de los investigadores, de los epidemiólogos. Es un trabajo muy importante, pero nunca ha de reemplazar al cuidado del enfermo. En la psicología se ha hecho creer durante mucho tiempo que entender de dónde procedían los síntomas bastaba para hacerlos desaparecer. Esto ha demostrado ser doblemente falso: en general, no era suficiente y, a veces, la meta de "hacer desaparecer los síntomas gracias a una verdadera terapia de profundidad" es simplemente irrealista.

## ¿De dónde vienen las fobias y los miedos excesivos?

«¿La causa? Siempre la causa», habría dicho el psicoanalista Jacques Lacan. Por una vez sus propósitos fueron claros y fiables: durante mucho tiempo, hubo muchas hipótesis sobre el origen de las fobias. Para curar es más prudente no quedarse estancado en algo.

### Visiones tradicionales de los grandes miedos

Conocidos y descritos desde hace mucho tiempo por médicos y escritores, se ha querido atribuir a los miedos exagerados diferentes causas a lo largo de los años. Hace mucho tiempo fueron interpretados como manifestaciones sobrenaturales

–posesión demoníaca, puesta a prueba por una divinidad– o inexplicables. De modo que en *El mercader de Venecia* Shakespeare pone en boca de Shylock: «Hay personas que no pueden ver bostezar a un cerdo, otras se vuelven locas cuando ven un gato, otras no pueden contener la orina cuando tocan la gaita ante sus narices: pues la sensación, soberana de la pasión, les domina hasta el punto en que sus deseos o sus aversiones...»

A partir del siglo XIX, los psiquiatras empezaron a buscar explicaciones médicas para las fobias: excitación neurológica, degeneración constitucional; incluso morales: debilidad de carácter, exceso de masturbación. Después, con las tesis de Freud, a principios del siglo XX, las fobias para los psicoanalistas se convirtieron en los síntomas aparentes de un conflicto inconsciente y en el resultado de los mecanismos de defensa destinados a proteger al yo. Para los analistas, la neurosis fóbica o "histeria de angustia", se explicaría por la existencia de un conflicto de índole sexual.[9] El fóbico, para evitar enfrentarse a él, reprimirá el conflicto en el inconsciente: mediante este primer mecanismo de defensa, la *represión* diferencia la afección (la angustia) de su representación (el conflicto). A continuación recurrirá a otros dos mecanismos de defensa, el *desplazamiento* y la *proyección*, que consisten en transferir la angustia a otro objeto, independiente del sujeto. De ese modo, un conflicto interno omnipresente se transforma en miedo extremo, que se puede evitar con mayor facilidad. La fobia no será más que un síntoma y suprimirla no servirá de nada mientras no se haya resuelto el conflicto primordial.

El problema es que ninguno de estos dos enfoques, moral o psicoanalítico, condujo a un tratamiento realmente eficaz.

Veamos por ejemplo lo que proponía el doctor Gélineau, neuropsiquiatra parisino de finales del siglo XIX:[10] «Finalmente hay otra forma de tratamiento complementario muy poderoso que no hay que descuidar, puesto que se trata de una neurosis psicopática: es el tratamiento moral. Curtamos a nuestros

fóbicos, eliminando las circunstancias que parecen conducirles a las crisis; mostrémosles que sus temores son infundados
(cosa de la que, en el fondo están convencidos), ayudémosles
a recuperarse aparentando compartir sus impresiones y peligros; demostrémosles que con una voluntad firme vencerán
sus problemas; antes de sugestionarles mediante hipnosis, ha-
gámoslo en estado de vigilia; hagamos que vuelvan a tener el
buen concepto que tenían de sí mismos; el día que tengan confianza y energía, su mal se disipará como un humo ligero ¡con
la ayuda de la medicación!». Como vemos Gélineau, que describe muy bien los síntomas y el número de mecanismos fóbicos, insiste en el esfuerzo de la voluntad y deja entrever la fobia como debilidad y defecto de ésta última.

En cuanto al psicoanálisis, pronto se revela que ha tenido
dificultades con los pacientes fóbicos: «Por todas las razones
que hemos indicado, responsabilizarse de las fobias no es tarea fácil, pues, una vez más, no es el conflicto interno el que
se expresa en la fobia, sino el hundimiento de las bases narcisistas de la organización del yo, que coacciona al sujeto a
reinvertir un funcionamiento primitivo en el transcurso del
cual se ha podido deshacer de su maldad impulsiva y construir un sentimiento de cohesión y unidad, que por circunstancias de la historia se ha malogrado. Todos los psicoanalistas estarán de acuerdo en lo difícil que resulta que un paciente
se deshaga de una fobia invalidante».[11]

Por lo tanto ha sido necesario buscar nuevas pistas que
nos den una explicación.

## Explicaciones actuales de los grandes miedos

En estos últimos años se han producido progresos importantes: nuestra comprensión actual de las fobias no es tan poética o pintoresca como antes, pero sí más pragmática y científica, y ante todo plantea perspectivas de tratamiento eficaces.

Consideramos que los miedos patológicos y las fobias son fruto de una doble influencia, por una parte, la de predisposición biológica, básicamente innata (una herencia familiar individual, pero también una herencia colectiva, en cuanto a lo que a especie se refiere) y, por otra, la de influencia ambiental y por ende adquirida (una historia personal). El peso de cada una de ellas varía según la fobia. Algunas fobias, como la del miedo al agua, al vacío o a los animales, parecen estar muy vinculadas a factores genéticos. En otras, como la fobia a conducir debido a un accidente, el factor ambiental puede que sea el más fuerte.

Pero lo más habitual es que los grandes miedos se expliquen por la epigénesis, es decir, por la interacción de los genes y el entorno. La influencia genética real no es un factor determinante puro y duro en el que un gen en concreto implique cierto comportamiento.[12] En primer lugar, porque no hay un único gen que pueda transmitir una vulnerabilidad al miedo, sino muchos (mecanismo poligénico). Después, porque su grado de penetración puede variar, es decir que se pueden experimentar en mayor o menor medida en la conducta de la persona. En resumen, que es posible que lo que se transmite genéticamente no sea más que una tendencia general a una "afectividad negativa", es decir, al conjunto de predisposiciones a sentir emociones patológicas como el miedo o la tristeza.[13] Para concluir, y lo más importante, es que estas tendencias se revelarán o no en función del entorno: la genética no hace más que proposiciones generales, "promesas", que el azar o la necesidad harán o no realidad.

Veamos el ejemplo de un diabético: la persona experimentará la misma vulnerabilidad de un modo distinto según nazca en una familia esquimal que viva a la antigua usanza, con un programa de ejercicio diario y una alimentación rica en pescado y pobre en azúcares refinados; o en una familia americana de clase baja, que pasa seis horas delante del televisor consumiendo una cantidad ingente de comida basura, es decir, alimentos y bebidas cargados de azúcares y muy calóricos.[14] En el primer caso no habrá riesgo aunque exista una tendencia genética, en el segundo sí.

Sin duda alguna, lo mismo sucede con los miedos: un niño hiperemotivo puede tener unas trayectorias muy diferentes en la vida: su entorno puede desempeñar un papel agravante –a través de experiencias angustiantes precoces o de errores educativos–, o bien reparador y preparador –a través de experiencias de vida que proporcionen seguridad sin que exista una sobreprotección y de una educación que le ayude a afrontar los temores y a controlar las repuestas emocionales.

Atención, no es sólo la genética la que influye en nuestra maquinaria cerebral y en nuestras tendencias biológicas a la ansiedad: los acontecimientos precoces de nuestra vida también influyen. Se ha podido demostrar en los animales: los ratoncitos pequeños a los que se les priva de madre o que han sido criados en entornos artificiales tendrán más manifestaciones de miedo y ansiedad cuando sean adultos. Los estudios indican casi con seguridad que el estrés que se padece en el útero, es decir, el impacto que tienen en el feto las emociones de la madre, es igual que en los seres humanos.[15] Las experiencias que tenemos en la vida siempre dejan una huella en nuestro cerebro. Pero esta "neuroplasticidad" no es en un sentido único: veremos que los esfuerzos realizados con terapias eficaces pueden modificar favorablemente la dimensión biológica de nuestras fobias.

## Los miedos infantiles

Como todos los humanos, usted habrá tenido miedo a la oscuridad, al lobo, a los monstruos que se escondían bajo su cama, a lo desconocido, a alejarse de su madre, a saltar desde un trampolín, etc. Los miedos de la infancia son numerosos, o al menos eso dicen. Es normal, pues los niños son frágiles, cuanto más frágil es un ser vivo, más útil le resulta el miedo: representa una protección refleja, preciosa e indispensable en su relación con los posibles peligros.

Todos los niños, en un momento dado de su desarrollo, tienen miedos exagerados que poco a poco se irán atenuando y controlando, por el efecto de la educación y de la vida social. Estos temores no son porque sí. Por ejemplo, el miedo al vacío o a un extraño surge cuando aparece la locomoción:[16] cuando a un bebé de menos de ocho meses se le coloca sobre una superficie de cristal inclinada sobre el vacío todavía no manifiesta signos de aprensión. Éstos llegarán más tarde. Aparecerán cuando el pequeño "necesite" sus miedos para evitar correr demasiados riesgos. La educación de los padres le ayudará a superar el carácter absoluto de sus temores y a poder de ese modo controlar su reacción. El miedo al vacío sólo surgirá ante un abismo importante, o en ausencia de una barandilla protectora, o si se encuentra sin apoyos estables. El miedo a los adultos desconocidos aparecerá cuando el pequeño se encuentre totalmente solo con ellos.

Respecto a la utilidad de estos recelos, un interesante estudio demostró que los niños pequeños que no tienen mucho miedo al vacío eran más propensos a lastimarse que los otros.[17] En cambio, un nivel bajo de miedos en la infancia parece estar relacionado con un mejor rendimiento en el deporte en la adolescencia y de adulto.[18]

Con el tiempo la mayoría de los miedos del niño desaparecerán; algunos quedarán como miedos exagerados, pero otros evolucionarán en trastornos fóbicos. Ésta es la razón por la que la tendencia actual es la de no considerar sistemáticamente todos los miedos del niño como normales, benignos y destinados a desaparecer con la edad. Casi el 23% disimulan una enfermedad ansiosa de la que vale más ocuparse a tiempo,[19] pues, contrariamente a lo que se cree, los padres subestiman muchas veces los miedos de sus hijos, ya sean diurnos[20] o nocturnos, considerándolos como una forma de pesadilla.[21]

Recordemos que en general se considera que la edad de aparición de un miedo fóbico supone un índice de la importancia de los factores innatos o adquiridos respectivamente: en ausencia de la manifestación del traumatismo original, cuanto más precoz es su aparición, más pesa en su contra el factor innato. Las primeras manifestaciones de miedos exagerados a la sangre o a las extracciones de sangre suelen aparecer entre los ocho y los catorce años. Se cree que estas fobias tienen un importante factor genético. Por el contrario, la fobia a conducir suele aparecer entre los veintiséis y los treinta y dos años, y suele ser a raíz de algún acontecimiento en la vida, por ejemplo, un accidente de tráfico en el que se ha sido víctima, responsable o testigo.[22]

## ¡Los miedos son patrimonio de la humanidad!

El gran especialista de los miedos y de las fobias, el psiquiatra inglés Isaac Marks, contaba la historia de unos pacientes que estaban mirando fotos de serpientes mientras iban en coche (una idea un tanto peculiar, pero bueno...) y de pronto tuvieron un accidente. ¿A qué tuvo fobia la paciente después de este suceso? ¿A los coches? Pues no, a las serpientes.[23] Según parece, cuando tenemos la "opción" de tener fobia a un objeto, siempre impera el miedo más "natural" y ancestral en nuestra fobia: la fuerza de lo inconsciente colectivo.

### Los miedos que nos han salvado

Los psicólogos evolucionistas han formulado la hipótesis de que en la especie humana hay una influencia de la selección natural en la existencia y persistencia de los miedos y las fobias: la mayoría de los estímulos fóbicos coinciden con objetos o situaciones que, sin duda alguna, suponían un peligro para nuestros antepasados lejanos, como los animales, la oscuridad, las alturas, el agua, etc.

En nuestro entorno tecnológico contemporáneo donde hemos dominado en gran parte a la naturaleza, enjaulado a los animales peligrosos, vallado los acantilados, estas situaciones no parecen tan peligrosas como lo hubieran sido antaño. No obstante, guardamos algún tipo de recuerdo en un inconsciente colectivo biológico.

Los grandes miedos pertenecen pues al "*pool* génico" de nuestra especie, donde hubieran servido para facilitar la supervivencia al ayudar a evitar situaciones peligrosas, al menos en cierta época.[24] Ésta es la razón por la que las denominamos fobias "preparadas" (por la evolución, "pretecnológicas" o "filogenéticas" (relacionadas con la evolución de la especie).

Estas fobias naturales son bastante fáciles de desencadenar en la mayor parte de las personas y más difíciles de eliminar una vez instauradas. Por el contrario, la fobia a volar, a conducir o a las armas se dice que son "no preparadas", "tecnológicas" u "ontogenéticas" (relacionadas con el desarrollo del individuo). Su adquisición requiere aprendizaje, principalmente a través de experiencias traumáticas, y son más fáciles de erradicar que las anteriores.

## *Las fobias como herencia de la especie: las hipótesis de las pruebas*

Las pruebas experimentales de esta teoría evolucionista de los grandes miedos son bastante difíciles de conseguir, pero diversos estudios realizados con seres humanos y con animales parecen confirmarla.

Cuanto menos evolucionada está una especie, más innatos y reflejos serán sus miedos. Las crías de pato, cuando salen del huevo, se quedan inmóviles ante la silueta de un ave rapaz encima de ellas. Observemos también que este reflejo de inmovilización frente al miedo está presente en todas las especies, incluida la nuestra, y la razón es bien simple: la visión de la mayoría de los depredadores es muy sensible al movimiento. Esto es lo que permite a los toreros hipnotizar a los toros de lidia y agotarlos persiguiendo una muleta siempre en movimiento, mientras ellos permanecen inmóviles ante el avance del toro.

Recordemos nuestros miedos, muchos de ellos son innatos. El miedo a los gatos es espontáneo en las ratas, aunque nunca los hayan visto antes. Pero en las especies más evolucionadas, como los primates, la capacidad de sentir el miedo está latente y no se activará más que en situaciones bien concretas. Esto supone una clara ventaja evolutiva, al evitar, siempre y cuando el sistema funcione correctamente, los miedos inútiles.[25]

Por ejemplo, los monos que han nacido en laboratorios no manifiestan espontáneamente ningún miedo a las serpientes. Sólo cuando se les pone en contacto con otros monos de la misma especie pero criados en su entorno natural y tras haber observado que éstos rechazan acercarse al lugar donde tienen la comida si hay una serpiente al lado, los monos de laboratorio empiezan a desarrollar un miedo intenso y permanente a las serpientes.

¡Pero, por la razón que sea, este tipo de aprendizaje social no existe! Se ha podido enseñar a los monos de laboratorio jóvenes a que tengan miedo a las serpientes mostrándoles en vídeo manadas de monos asustados por un reptil. Pero si en el mismo vídeo se sustituyen las serpientes por flores, los monos no desarrollarán ningún temor a las flores, aunque vean a sus congéneres asustándose ante ellas. Ésta es la razón por la que no encontramos ningún paciente que tenga fobia a las zapatillas o a los cepillos de dientes: la noción de peligro potencial, aunque mínimo, es necesaria para el desarrollo de una fobia.

Con los humanos también se han realizado estudios de este tipo. Por ejemplo, se pidió a personas voluntarias que miraran imágenes, algunas de ellas vinculadas con miedos propios de la especie (arañas, serpientes, etc.) y otras con miedos no fobogénicos (flores, setas, etc.). Los voluntarios, que como es natural habían sido avisados, recibieron de manera aleatoria ante cada imagen pequeñas descargas eléctricas desagradables o bien un ruido neutro. Cuando después se les pidió que recordaran qué imágenes eran las que solían estar asociadas con las descargas eléctricas, casi siempre respondían que eran las de arañas y serpientes, aunque en realidad habían sufrido la misma cantidad de descarga con las de las flores y setas.[26] Esto demuestra que inconscientemente estamos predispuestos a asociar sensaciones desagradables con ciertas situaciones del entorno, almacenadas y etiquetadas en la memoria de nuestra especie como peligrosas. Nuestros miedos patológicos harán que se desate este mecanismo.

## La humanidad necesita sus fobias

Nuestra especie sin duda necesita que algunos de sus representantes sean fóbicos. Del mismo modo que existe la biodiversidad que supone una riqueza, esta psicodiversidad constituye un "extra" para la humanidad.

Si hay un órgano cuya función deja de ser útil para nuestra especie, éste tiende a atrofiarse poco a poco. Así pues, tenemos menos pelo que nuestros antepasados porque hemos inventado la ropa y las calefacciones. Tenemos menos molares: nuestras muelas del juicio van desapareciendo poco a poco de la especie y nuestras mandíbulas se estrechan, puesto que comemos muchos más alimentos cocidos y blandos y no tenemos tanta necesidad de masticar para digerir los alimentos. Desde que ya no nos colgamos de los árboles, ya no tenemos cola, solamente una pequeña punta al final del coxis.

Pero siempre tenemos miedos innatos. Según la psicología evolucionista, las tendencias a los miedos existirán durante mucho tiempo en el seno de nuestra especie antes de extinguirse, según el principio de "nunca se sabe". Esto es con el fin de guardar un *stock* de peligros destinados a asegurar nuestra supervivencia. ¿Por qué almacenar en *stock* el miedo genético a las serpientes? Si por razones climáticas la Tierra se plagara de serpientes venenosas, los fóbicos a los reptiles, con su sistema de detección ultraperfeccionado, sobrevivirían mejor que los que no lo fueran, apoyarían los seminarios de supervivencia sobre "cómo detectar la presencia de una serpiente cuando la hierba está alta", etc. Ésta es la razón por la que conservamos nuestro miedo a las serpientes. Consuélese pues si usted es fóbico. Una vez curado, será el que mejor se adapte y el todoterreno del género humano: liberado de sus miedos a lo cotidiano y dispuesto a afrontar todos los modos de vida con la sonrisa en los labios.

También podemos ir más lejos con estas hipótesis: sabemos que necesitamos tener miedo, que un día puede sernos útil. Pero como vivimos en Occidente, en sociedades más seguras que antaño, de vez en cuando nos "inyectamos recuerdos" de este sentimiento de miedo yendo a ver películas de terror, subiendo a la montaña rusa o al tren fantasma en las ferias de las fiestas de la ciudad, saltando en la cama elástica. Ésta es también sin duda alguna una de las explicaciones del gusto que sienten los niños jugando a "darse miedo". Respecto a esto, recuerdo un día que fui al cine con dos de mis hijas a ver una película infantil. No me acuerdo del título, pero había algunas escenas un tanto inquietantes. Mi hija pequeña pasaba verdadero miedo y para tranquilizarse me iba comentando la película: «¡Vaya! ¿Has visto? Buf. ¿Cómo lo va a hacer? No me gustaría estar en su lugar». Yo le respondía del mismo modo para que se sintiera acompañada en el miedo. Al cabo de un momento, su hermana mayor se puso como una furia con nosotros y nos mandó que dejáramos de decir tonterías: «¿Podéis callaros un poquito? ¡No me dejáis tener miedo!».

Me encanta contarles a mis pacientes estas historias evolucionistas sobre el miedo: es importante que las conozcan porque eso les ayuda a no culpabilizarse de sus fobias. Al fin y al cabo somos representantes de la biodiversidad de nuestra especie.

No hemos de culpabilizarnos, pero sí aceptar la responsabilidad: somos responsables de realizar los esfuerzos que nos ayuden a controlar nuestras tendencias.

## No somos iguales frente a los miedos y fobias: historias de predisposición

Todos los trabajos de los que hemos hablado están relacionados con la transmisión genética a una vulnerabilidad fóbica en el conjunto de la especie humana. En el plano individual, los estudios también nos han permitido sospechar de una transmisión genética en ciertas fobias.

Muchas de estas investigaciones se han realizado con gemelos.[27] Los gemelos interesan a los genetistas por la hipótesis de que en general reciben la misma educación. No obstante, no necesariamente llevan los mismos genes, ya se trate de gemelos monocigóticos (del mismo óvulo, por tanto "gemelos idénticos") o dicigóticos (de dos óvulos diferentes, por tanto "gemelos falsos"). Si un rasgo (el miedo) o un trastorno (la fobia) se encuentra con mayor frecuencia en los monocigóticos que en los dicigóticos es porque depende, al menos en parte, de factores genéticos.

Los estudios sobre la fobia social realizados con gemelos parecen indicar que existe un componente genético importante en esta enfermedad. En el trastorno del pánico, la mayoría de los estudios también han encontrado factores genéticos. Un estudio con 2.163 gemelos parecía indicar que las fobias específicas, especialmente a los animales, conllevaban también una parte genética. Pero como ya hemos dicho, el modelo de la herencia todavía no está demasiado claro: ¿un gen simple penetra de forma incompleta o existe una transmisión poligénica? De igual modo, lo que se transmite, ¿es el trastorno fóbico en sí mismo o, lo que es más probable, una predisposición a la ansiedad?

Se ha de precisar que en todos los casos el papel del entorno es determinante para facilitar u obstaculizar la expresión del trastorno. La genética puede hacer sentirse culpables a algunos padres que caigan en la tentación de pensar: «Encima le he transmitido unos malos genes». Afortunadamente, el avance en nuestros conocimientos genéticos también va acompañado por el avance en los cuidados y la prevención: un padre fóbico o una madre fóbica que se haya curado sabrá mejor cómo detectar a tiempo la fragilidad de su hijo y cómo ayudarle.[28]

## ¿Existen poblaciones más frágiles?

En todas las poblaciones de mamíferos parece existir un porcentaje de individuos más asustadizos que otros. Los etólogos, por ejemplo, han demostrado que en una población de monos del Caribe casi un 20% de individuos parecían ser muy vulnerables al miedo.[29] Los investigadores también han creado en los laboratorios linajes de animales muy miedosos, por ejemplo, con los ratones.[30] Estos animales se muestran más sensibles con los miedos innatos de su especie, pero también son más receptivos a los miedos condicionados, como aprender a temer una situación si ésta ha estado asociada muchas veces a una descarga eléctrica dolorosa o a un ruido violento. También cuesta más desensibilizarlos a los miedos aprendidos. ¿Cómo se traducen en nuestra especie estos descubrimientos?

## Tendencia a inhibirse frente a lo nuevo

Algunos investigadores creen que hay personas precozmente vulnerables al riesgo de padecer una fobia. Según los trabajos de Jerome Kagan, un investigador de la Universidad de Harvard, casi el 10% de los niños de población europea presentan un temperamento vulnerable que les predispone a sentir emociones de miedo frente a las situaciones nuevas. Estas reacciones están presentes y se pueden detectar desde los primeros meses de vida.[31] Cuando enfrentamos a estos niños a estímulos nuevos, como una máscara de perro, una persona desconocida, un ruido fuerte, un robot de juguete de tamaño grande, observamos que sus reacciones se caracterizan por una inhibición ansiosa. Los niños no sensibles tras un tiempo de observación prudente suelen adaptar una secuencia hecha, seguida de una conducta de acercamiento.

Estas tendencias son bastante estables: tres cuartas partes de los niños muy miedosos a los veintiún meses, todavía lo eran a los siete años. Y a la inversa, tres cuartas partes de los niños que a los veintiún meses tenían muy poco miedo tampoco lo tenían a los siete años. Los estudios a largo plazo parecen indicar que los niños inhibidos y ansiosos frente a los estímulos nuevos tienen más riesgo que otros de convertirse en fóbicos sociales o sufrir ataques de pánico. Sin duda se debe a que son más vulnerables a los acontecimientos desagradables o incontrolables que les puedan suceder durante la infancia o la adolescencia.[32]

## *¿Los hipersensibles e hiperemotivos están predispuestos a las fobias?*

«Creo que no soy fóbica por casualidad: soy hiperemotiva en todos los aspectos, tanto en el miedo como en todo –me contaba una paciente–. Lloro como una Magdalena con las películas dramáticas, cualquier adagio me hace saltar las lágrimas, no soporto los ruidos fuertes, el humo del tabaco me produce migraña. Esto no son manías, durante mucho tiempo he intentado ocultar o dominar todo esto. Pero es mi cuerpo el que manda y he terminado por admitir que era mejor respetar que desoír. En cuanto a mi fobia, la considero como una de las manifestaciones de mi hiperemotividad.»

Según la psicóloga californiana Elaine Aron[33], en toda población existe un porcentaje importante de personas (cerca de un 20%) que presentan un umbral de saturación sensorial más bajo que la media. Todo el mundo puede ser "agredido" por su entorno, pero es una cuestión de dosis y algunas personas sentirán esa agresión con mayor rapidez que otras: los sujetos hipersensibles percibirán los estímulos exagerados de su entorno como agresiones dolorosas, ya sean estímulos mecánicos (ruidos, olores), de relación (interpelaciones destacadas) o emocionales (influencias del tiempo, películas violentas). Esta vulnerabilidad también se aplicaría a la sensación de miedo: si estas personas se consideran temerosas y "miedosas", no es por falta de valor, sino por exceso de emociones frente al peligro. En un estudio se observó que entre los militares ingleses encargados de desactivar bombas en Irlanda del Norte, los que habían recibido más condecoraciones, y por tanto, habían demostrado más valor en el servicio, eran aquellos a los que el corazón no se les aceleraba tanto en la situación de estrés.[34]

Si se verifican estas hipótesis, lo cual todavía no ha sucedido, estas personas hipersensibles serían las mejores candidatas a los condicionamientos fóbicos, pues serían las más receptivas a los choques emocionales que provoca el miedo.

## Intolerancia al miedo: el miedo al miedo

«En el momento en que noto que aparece el miedo, en el mismo comienzo, ya tengo pánico. Enseguida pienso que va a acabar mal, que esta inquietud va a ir en aumento, como la leche cuando hierve, que se va a salir y ensuciar todo lo que encuentre a su paso, que me voy a ahogar. Tengo miedo de tener miedo. Pero noto que mi miedo del miedo es como el fuego en la olla de la leche y es el que propicia la catástrofe. Saberlo no evita que tenga pánico, que tenga miedo de morir, de volverme loco bajo el efecto del miedo o de hacer alguna barbaridad como tirarme a la vía del metro cuando estoy en el andén.»

Muchas personas fóbicas conocen el fenómeno del miedo al miedo. Los psicólogos cognitivos hablan de sensibilidad ansiosa (*anxiety sensitivity*) y este miedo a sentir ansiedad, a los signos precursores del miedo, es frecuente en todas las fobias.[35] Está muy vinculado a una receptividad exagerada a los signos físicos relacionados con el miedo. Los cuestionarios de investigación que sirven para evaluarla plantean cuestiones como: «cuando noto que el corazón me late rápidamente, tengo miedo de tener un infarto».

Esta dimensión de sensibilidad ansiosa está muy relacionada con el riesgo de que se embalen las manifestaciones de miedo que en un principio eran poco importantes y que éstas lleguen a convertirse en crisis de pánico: en un estudio en el que se hizo un seguimiento de tres años a los voluntarios, se pudo observar que, en los que tenían una alta sensibilidad a la ansiedad, el riesgo se multiplicaba por cinco.[36] Cuando éste es el caso, esta sensibilidad suele ser una de las metas en las psicoterapias para el tratamiento de las fobias.

## *El aprendizaje de los miedos y de las fobias*

«Es fácil pensar que las extrañas aversiones de las personas que no pueden soportar el olor de las rosas, la presencia de un gato o cosas semejantes proceden de experiencias traumáticas que han tenido en su tierna infancia con objetos similares. El olor de las rosas puede haber provocado un dolor de cabeza a un niño cuando todavía estaba en la cuna, o un gato podía haberle asustado sin que nadie se hubiera dado cuenta y sin que tan siquiera guarde ningún recuerdo del hecho, aunque la idea de la aversión a las rosas o el miedo al gato haya quedado grabada en su cerebro hasta el fin de sus días.»[37]

Hace ya mucho tiempo que los buenos observadores de la naturaleza humana destacaron el papel de los acontecimientos traumáticos, como hizo Descartes en su obra *Pasiones del alma*. Hoy en día creemos que ciertas circunstancias pueden "enseñarnos" a ser fóbicos. Según parece, los cuatro grandes tipos de aprendizajes pueden facilitar la adquisición de un gran miedo:[38]

–*Los acontecimientos traumáticos*: haberse tenido que enfrentar personalmente a una amenaza o un peligro y recordarlo (una agresión o un accidente).

–*Los acontecimientos penosos y repetitivos*: soportar pequeños traumatismos de forma regular, sin posibilidad de poderlos controlar (humillaciones, inseguridad).

–*El aprendizaje social por imitación de modelos*: ver que alguien, suele ser uno de los progenitores, tiene mucho miedo a algo.

–*La integración de mensajes de ponerse en guardia*: haber recibido una educación que enfatizara los peligros relacionados con un tipo u otro de situación.

## Acontecimientos traumáticos en la vida: «*Esto me ha marcado en la vida*»

Los acontecimientos que provocan un choque, los grandes terrores puntuales, pueden convertirse en miedos persistentes, a veces incluso en verdaderas fobias. En muchos estudios se ha descubierto el papel que desempeñan las experiencias traumáticas en ciertos miedos exagerados a conducir después de un accidente; a ir al dentista, después de haber padecido intervenciones dolorosas; a los perros, después de haber sido mordido. También se ha podido demostrar que, en un estudio con 176 pacientes que padecían ataques de pánico, el 20% tenía antecedentes de asfixia (principios de ahogamiento o asfixia por bolsas de plástico cuando eran niños).[39] Pero no hay estudios, al menos que yo sepa, sobre el efecto del cordón umbilical enrollado alrededor del cuello del feto en el parto o de cualquier otra forma de padecimiento neonatal. Sin embargo, esta explicación de los grandes miedos suele ser frecuente en los entornos familiares: «Mi madre me ha dicho que mi claustrofobia y mi miedo a ahogarme vienen de esto». Este tipo de condicionamiento parece del todo viable: existe una memoria corporal, independiente de la memoria consciente o verbal, que puede guardar la huella de los condicionamientos olvidados o reprimidos. Ésta puede ser una de las explicaciones para ciertos miedos exagerados, en los que se producen pesadillas recurrentes asociadas a sensaciones de ahogo, sofocación, etc.

El médico suizo Édouard Claparède, a principios del siglo XX, fue sin duda el primero en describir esta memoria inconsciente del miedo.[40] Tras unas lesiones cerebrales, una de sus pacientes presentaba una amnesia que le impedía recordar los hechos recientes, por lo que cada vez que iba a su consulta era como si fuera la primera vez, puesto que no le reconocía. Claparède siempre tenía que presentarse y darle la mano. Un día llevaba una aguja escondida y al darle la mano, la pinchó. Al día siguiente, como de costumbre, ni se acordaba de él ni de su nombre, pero cuando fue a darle la mano en el momento de las presentaciones rituales, ella se negó a dársela, sin que pudiera explicar por qué. Su "memoria corporal", que luego veremos que está vinculada a una región del cerebro denominada "amígdala cerebral", no había olvidado el pinchazo.

Este fenómeno es frecuente en las secuelas de traumatismos: recuerdo que una de mis pacientes había sido víctima hacía unos años de una violación, y un día tuvo un ataque de pánico mientras hacía un trayecto en metro sin saber la razón (la violación había sido en su casa, no en el metro). Tras nuestra conversación para analizar aquel ataque de pánico, al final descubrimos cuál había sido el desencadenante: fue el olor de una loción para después del afeitado, que era la que llevaba su violador.

Estos condicionamientos no requieren la intervención de la conciencia; se ha observado que incluso pueden existir bajo el efecto de la anestesia.[41] Sin embargo, no existen muchos estudios sobre este tema. Por otra parte, también hay un riesgo en estas teorías de la memoria corporal: pueden facilitar el trabajo de "maestros" y que se recurra a terapias poco fiables. Se dice, por ejemplo, que la búsqueda indiscriminada de supuestos recuerdos incestuosos ha causado estragos y en los Estados Unidos ha provocado una epidemia de procesos de hijos contra padres indignos.[42] En realidad, son los terapeutas los que son indignos y abusan de sus pacientes. Según la fórmula del psicólogo Jacques Van Rillaer, los recuerdos sin acontecimientos son más frecuentes que los acontecimientos sin recuerdo.

Volviendo al vínculo entre miedo exagerado y traumatismo, siempre nos encontramos con el mismo problema de la relación entre la sensibilidad personal y el acontecimiento de la vida: ¿qué es lo que hace que un hecho se vuelva traumático? Cuando una persona que padece fobia social nos explica que sus problemas los provocaron los comentarios humillantes que le hacía el profesor cuando le hacía salir a la pizarra, ¿qué conclusión sacamos? ¿Que ese hecho provocó la fobia o sencillamente que ha revelado una fragilidad preexistente? Si alguien nos dice: «Cuando tenía tres años, mi hermana mayor, que siempre me hacía jugarretas, me dejó toda una tarde encerrada en un armario». Ese hecho, unos años más tarde, puede resultar en: «Desde esa terrible experiencia desconfío de todas las personas que pretenden dirigirme», o bien: «Desde entonces no soporto que me cierren la puerta de los lugares pequeños».

Recordemos que en muchos casos, principalmente con la fobia a las arañas, las serpientes o el agua, no encontramos estos condicionamientos traumáticos iniciales, ya sean intensos y únicos o moderados y repetitivos. Podemos pues pensar que el miedo es de origen genético, pero también que se ha aprendido de un modo distinto.

## Experiencias de miedo penosas y repetitivas: «Esto ha terminado afectándome»

Jeanne, treinta y cinco años, enfermera, tiene fobia a las arañas. Se acuerda muy bien de un fin de semana en el campo en la casa vieja que habían comprado sus padres cuando ella tenía nueve años. A la hora del desayuno empezó a sentir comezón, se pasó la mano por el cuello y se dio cuenta de que entre los dedos tenía una gran araña negra. Sobresalto, grito y primer susto. Luego se vuelve a la cama a leer y descubre otra en la almohada. Después otra en la bañera. «Eso fue demasiado, tenía la impresión de que salían por todas partes, que no podría enfrentarme a ellas, que habría más de las que podría matar. Nunca más quise volver a aquella casa.

61

Mis padres tenían que dejarme en casa de mi abuela cada vez que iban allí.»

No siempre es necesario un *shock* importante para tener una fobia. También puede existir un condicionamiento al miedo tras una serie de traumatismos menores: es decir, el efecto "sumatorio". Se dice, por ejemplo, que los animales que han sufrido pequeñas descargas eléctricas mientras estaban en una jaula, a la vista de la misma presentarán manifestaciones de miedo tan intensas como las de los animales que hayan sufrido una sola, pero de fuerte intensidad.[43] Es posible que ciertos miedos sociales puedan desarrollarse de este modo en los sujetos predispuestos, a partir de situaciones angustiosas discretas, pero repetitivas: los pacientes con fobia social cuentan que han sido niños marginados, humillados, martirizados por sus compañeros de colegio o que alguno de sus padres o ambos les menospreciaban habitualmente.

La ausencia de control sobre estas pequeñas situaciones traumáticas siempre supone un factor agravante. De este modo, la fobia a volar puede producirse a raíz de muchos vuelos un poco agitados, pero sin más, porque éstos han provocado descargas de miedo importantes, sin que la persona haya tenido ninguna oportunidad de actuar: no es fácil bajarse del avión en pleno vuelo. El sentimiento de impotencia frente a la situación asociada al miedo que se sintió en ese momento es una mezcla que puede ser como una bomba de relojería. La presencia o la ausencia del sentimiento de control ante la situación inquietante es además lo que explica que la repetición de los enfrentamientos con el miedo conduzca a una disminución de éste último –lo que los conductistas llaman *habituación*– o a un aumento que sería la *sensibilización*. Volveremos a hablar de este tema cuando tratemos de las terapias para las fobias, que necesitan enfrentamientos regulares y repetidos con lo que produce el miedo ¡sin importar cómo!

## La imitación de modelos:
## «*¿Te da miedo el perro, mamá?*»

Beatriz, veintiocho años, secretaria, con fobia a los perros, su madre tiene fobia a los caballos. «Un día, cuando era pequeña, un perro lobo nos atacó a mi madre y a mí cuando pasábamos cerca de una casa mientras estábamos de vacaciones en el campo. Ella me cogió en brazos y estaba aterrorizada, gritaba, lloraba, temblaba y pedía socorro mientras el perro ladraba enseñando los dientes e intentando acercarse a nosotras para mordernos. La escena parecía interminable, tenía la impresión de que nos iba a devorar allí mismo, y que si mi madre tenía tanto miedo, era porque se trataba de un peligro mortal para nosotras. Al final apareció el propietario; el perro ni siquiera llegó a mordernos, pero durante aquellos interminables minutos temblamos como hojas al viento. Durante semanas tuve pesadillas todas las noches.»

La observación de los modelos, principalmente parentales, tiene un papel importante en la transmisión de los miedos y aprensiones. Un estudio realizado con veintidós niñas aracnofóbicas y sus padres ha permitido demostrar que el desagrado por las arañas era mucho más frecuente en las madres de hijas fóbicas que en las madres del grupo de control sin hijas con este problema.[44] En este caso el papel de la madre parece ser esencial: se ha podido demostrar que son principalmente los miedos maternos los que imperan en los temores infantiles. Cuanto más abiertamente los expresa la madre delante del hijo, más le afectarán a éste.[45]

Entonces, ¿se han de disimular los miedos delante de los hijos? ¡Por supuesto que no! Si usted es un padre fóbico o una madre fóbica, esconderlo a sus hijos sería totalmente ineficaz: los niños lo ven todo o lo notan todo aunque no lo comprendan, lo cual es peor. Al observar o adivinar sus miedos, sus retoños los darán por hechos, y en el supuesto de que se fíen de usted, deducirán que existe un verdadero peligro en esa circunstancia. Además, eso sería muy nocivo, pues sería como darles a entender que tener miedo es vergonzoso. A usted no le interesará ocultar sus miedos a sus hijos, sino más bien explicarles su naturaleza: «Es absurdo, pero es así; tengo miedo de esto o de aquello. En realidad, no hay peligro».

## Los mensajes educativos: «Cuidado con el lobo»

Los mensajes de alerta, voluntarios o no, también pueden alimentar miedos exagerados. Esto puede suceder tanto en el plano individual como en el familiar. Las historias de monstruos imaginarios que se cuentan a niños o niñas de edades comprendidas entre los siete y los nueve años pueden inducir a miedos importantes. Además, tiene más efecto si es un adulto el que transmite la información que si es otro niño,[46] y esos temores pueden persistir.[47] Cuidado pues con los cuentos y leyendas de monstruos y vampiros: pueden marcar más a los niños de lo que nos imaginamos. El arte de los cuentos de hadas ha de proponer formas de enfrentarse a los peligros o a las criaturas que evoca. Por supuesto, vale más evitar utilizar estos miedos para que obedezcan los niños: «No vayas al sótano, porque te morderá un lobo».

Pero no sólo son los monstruos de los cuentos los que pueden inducir a miedos *a priori*. En un estudio con sesenta niños ingleses de edades comprendidas entre los seis y los nueve años, se les separó en dos grupos. La mitad recibió informaciones negativas sobre pequeños marsupiales australianos, poco conocidos en su país: «Son sucios, malos y peligrosos. Viven de noche, atacan a otros animales con sus largos dientes y se beben su sangre. Lanzan gritos estremecedores. En Australia todo el mundo los odia». La otra mitad recibió la información opuesta; es decir, toda positiva: «Son animales pequeños y amables, que les encanta jugar con los niños. Comen frutas y hojas que se las puedes dar en la mano sin que te muerdan. Los australianos los adoran». Después se observaron las reacciones de los niños cuando se les mostraron las imágenes de estos animales y se les puso delante de jaulas ciegas donde había escrito su nombre, provistas de un único agujero a través del cual sólo se podía ver un trozo de piel del animal. Los niños que habían recibido informaciones negativas estaban inquietos ante la idea de encontrarse con los marsupiales y eran reticentes a acercarse a las jaulas.[48]

También hay ciertos miedos que claramente son alimentados por fenómenos culturales y colectivos. Por eso, ¿cómo podemos explicar que el eterno miedo al lobo siempre esté presente en los niños europeos del siglo XX, cuando hace mucho tiempo que han desaparecido de su entorno habitual? Esto se debe sin duda a los cuentos, no a sus encuentros con verdaderos lobos. La función de las historias que antiguamente se contaban a los niños era en gran parte la de crearles miedos que se pensaban que serían útiles. Las historias del coco y de otros monstruos infantiles se consideraban "medios de educación normales".[49]

Pero, además de las intenciones educativas, también existen aspectos simbólicos, como la imagen del lobo en la cristiandad. Durante mucho tiempo, el Occidente cristiano estuvo en guerra contra los lobos, a los que consideraban la encarnación del diablo: «Si el lobo te amenaza con atacarte, coges una piedra y se marcha. Tu piedra es Cristo. Si te refugias en Cristo, harás huir a los lobos, es decir, al diablo; no podrá asustarte» (san Ambrosio, siglo IV).[50] El miedo a las serpientes, de origen claramente evolutivo, se encuentra en casi todas las culturas. Esto es lo que explica que personas que jamás han visto un reptil fuera del zoológico y, por tanto, nunca les ha mordido una serpiente, ni han estado a punto de sufrir tal accidente, tengan miedo a estos ofidios. En el Génesis es la serpiente la que tienta a Eva y es entonces cuando Dios empieza por maldecir a la serpiente: «Por hacer esto, serás maldita entre todos los animales y bestias de la Tierra; andarás arrastrándote sobre tu pecho y tierra comerás todos los días de tu vida». Después maldice a Eva y luego a Adán, que en la historia no ha sido más que un personaje secundario. En materia de fobias, las mujeres tienen las de ganar.

## ¿Por qué tienen más fobias las mujeres que los hombres?

Absolutamente todos los estudios epidemiológicos han confirmado los mismos resultados: en el mundo de los miedos y de las fobias existe una marcada preponderancia femenina, que alcanza casi la proporción del doble. Esta diferencia, tan clara y espectacular, es asimismo multifactorial,[51] es decir, está relacionada con la acumulación de todos los factores que hemos mencionado.

Algunos investigadores de la psicología evolucionista[52] creen que existe una desigualdad de origen genético en los roles sexuales de nuestra especie: la selección natural habría invalidado más a los hombres fóbicos que a las mujeres, pues éstos perderían estatus social y con ello posibilidades de atraer a las mujeres, tener descendencia y transmitir sus genes; mientras que una mujer fóbica no habría perdido tanto encanto ante los ojos masculinos. Las fobias a los animales y a los elementos naturales serían mucho más graves en las sociedades de cazadores-recolectores, en las que los hombres habían de salir a cazar en busca de alimentos y de nuevos recursos: estos miedos exagerados serían, pues, muy limitadores y supondrían un estigma. En cambio, el papel de las mujeres se centraba más en recolectar frutos y vigilar la caverna y los hijos, de ahí la utilidad de una vigilancia extrema y, en tal caso, un exceso de miedo facilitaría las cosas. No obstante, todo esto son teorías de la psicología-ficción, que no se pueden verificar.

Otros investigadores recuerdan que, de forma general, todos los trastornos emocionales son más habituales en las mujeres, dado que observamos el mismo fenómeno en la depresión (dos veces más frecuente en mujeres que en hombres). Esto se debería a competencias emocionales superiores, pero también más frágiles y fáciles de trastocar, mientras que las patologías psíquicas masculinas tenderían más hacia las toxicomanías y los actos agresivos.

No obstante, al principio, todas las niñas son más estables emocionalmente que los niños.[53] Es a partir de los dos años, edad en que las diferencias de los estímulos del entorno empiezan a depender del sexo, cuando se invierte la situación. En efecto, a partir de esta edad, el entorno *espera* que las niñas tengan miedo: si se muestra a adultos rostros de niños y niñas pequeños en diferentes situaciones, éstos creerán reconocer con mayor frecuencia miedo en las niñas y rabia en los niños.[54] De modo que los padres empiezan a incitar a sus hijos a comportarse según los estereotipos culturales de cada sexo: los niños no han de tener miedo o no deben mostrarlo, al contrario que las niñas, a las cuales casi se les incita a tenerlo.

Se dice que a los niños les empujan más a superar sus miedos que a las niñas. En los estudios con niños tímidos se ha observado sistemáticamente que los miedos sociales de las niñas son mejor tolerados que los de los niños. Los padres aceptan bien tener una niña muy reservada e inhibida, mientras que esa misma actitud les inquieta en los niños.[55]

Nos gustaría pensar que los últimos progresos sociales en favor de la igualdad de sexos han puesto fin a estos estereotipos, pero probablemente sean necesarias varias generaciones para que desaparezcan estos reflejos. Veamos, por ejemplo, representaciones del miedo en los cómics: un personaje asustado por un ratón está subido a una silla y pide socorro, ¿es un hombre o una mujer?

Pero no son sólo las influencias sociológicas. También hay que preguntarse si los niños no se benefician de algún trato especial por parte de sus madres. Muchos estudios han demostrado que existe una "mejor sincronización emocional" entre madre e hijo:[56] sus rostros responden mejor a las emociones de su bebé niño que a las de su bebé niña, existe una media superior de intercambios visuales en los cuidados que proporciona la madre al niño que a la niña. Es posible que esto pueda facilitar a los niños una mayor capacidad de control emocional sobre sus miedos.

Por otra parte, las niñas se suelen mostrar más receptivas a los aprendizajes sociales de las emociones, de ahí el miedo, pues son más útiles para la interacción social, pero también para la decodificación emocional, sobre todo en las expresiones faciales, aunque sean fugaces.[57] Pueden ser más sensibles a los miedos de sus padres, y los detectarán mejor que los niños. Mejores en detectarlos, pero también mejores en padecerlos, pues las niñas son mejores alumnas que los niños, incluso en la escuela de los miedos.

Todos estos datos de las investigaciones no sirven para cortar de manera definitiva con los roles respectivos innatos y adquiridos, en esta tremenda diferencia que todavía existe entre hombres y mujeres respecto a su vulnerabilidad al miedo. De cualquier modo, se dice que las niñas y mujeres pueden ser tan intrépidas y buenas "manejando" su miedo como los niños y los hombres. Tenemos el ejemplo de la heroína Pipi Langstrumpf, una niña sueca (veremos que no es por casualidad), que es audaz y valiente.[58] No obstante, será interesante comprobar si la evolución social que tiene lugar en Occidente va a reflejar también al colectivo de niñas y mujeres, en lugar de reflejar únicamente el de los niños y los hombres, y no sólo el de algunos casos aislados, menos sensibles al miedo. ¡Lo veremos dentro de medio siglo!

Mientras esperamos este plazo, algunos investigadores ya han querido verificar si existe alguna correlación entre los valores sociales masculinos y los femeninos, por una parte, y el riesgo de padecer trastornos fóbicos por la otra. En efecto, muchos psicólogos piensan que ciertas culturas son más masculinas que otras, y a la inversa, como veremos en la tabla que viene a continuación. Desde hace tiempo, algunos psicólogos están convencidos de que una cultura machista facilita miedos como la agorafobia, es decir, que dificultan la autonomía de las personas afectadas.[59] Admitiendo –aunque en realidad se ignora– que hombres y mujeres tengan las mismas tendencias biológicas a sentir miedo, una sociedad que incita a las mujeres a quedarse en casa y que las persuade de que su destino es ser miedosas, "fabricará" más mujeres agorafóbicas. No porque cree la enfermedad, sino porque incita insidiosamente a las mujeres a reducirse y a someterse.

Un estudio muy interesante sobre la relación entre el grado de masculinidad y feminidad y la agorafobia en diferentes culturas demostró que cuanto más marcada esté una cultura con valores masculinos, más frecuentes e importantes son los síntomas de agorafobia; por el contrario, cuanto más impregnada esté la cultura de valores femeninos, más baja es esta frecuencia.[60] En este extenso estudio realizado con 5.491 personas de once países (Francia no participaba), Japón era el país campeón en virilidad y en frecuencia de síntomas de agorafobia. Mientras que Suecia se llevaba la palma de feminidad y de tasas más bajas de agorafobia. Estos resultados harían muy feliz a Pipi Langstrumpf, pues no sólo muestran que el machismo es una estupidez, sino, lo que es peor, que es nocivo para la salud.

*¿El sexo de las culturas puede influir en la aparición
de miedos exagerados y fobias?*

| Características de las culturas con un fuerte gradiente de masculinidad | Características de las culturas con un fuerte gradiente de feminidad |
|---|---|
| Los roles sexuales están claramente diferenciados: se considera que las mujeres están más interesadas en las relaciones humanas, en las familias; los padres se ocupan de los hechos, las madres de los sentimientos; las niñas lloran, los niños no; los niños pueden pelearse, pero está mal visto en las niñas. | Los roles sexuales son fluidos: hombres y mujeres se interesan en las relaciones humanas; en las familias los padres también se ocupan de los sentimientos y las madres de los hechos; los niños pueden llorar igual que las niñas, y éstas tienen tanto derecho a pelearse como ellos. |
| Valores dominantes de la sociedad: éxito y progreso material. | Valores dominantes de la sociedad: respeto a los demás y desarrollo personal. |
| El modelo de los niños es el padre; el de las niñas, la madre. | Niños y niñas pueden elegir como modelos rasgos o actitudes tanto de la madre como del padre. |
| La madre ocupa una posición familiar y social inferior a la del padre. | Las diferencias del rol sexual no implican diferencias en el poder social. |
| La emancipación de las mujeres significa que pueden acceder a las mismas funciones sociales que los hombres. | La emancipación de las mujeres significa que los hombres también compartirán las tareas del hogar, no sólo que las mujeres podrán acceder a los mismos puestos laborales que los hombres. |

## Conclusión sobre las causas de los miedos y de las fobias

La comprensión sobre cómo se adquieren los miedos excesivos y las fobias se basa en la actualidad en lo que denominamos el modelo "bio-psico-social", es decir el que integra las tres dimensiones:

–*Biológica*: sin duda alguna hay predisposiciones biológicas a padecer grandes miedos.

–*Psicológica*: la expresión de estas predisposiciones se podrá atemperar o propiciar según el estilo educativo, los acontecimientos de la vida y los modelos del entorno.

–*Social*: ciertas culturas y sociedades también sopesarán la evolución de sus trastornos.

La búsqueda de las causas de las fobias sigue siendo una enorme tarea en constante evolución. La existencia de múltiples mecanismos se ha de ver como una ventaja: esta variedad también deja mucho margen de maniobra y puertas abiertas para actuar y cambiar. Por otra parte, para mí lo más importante no es lo que predispone al miedo excesivo: innato o adquirido, una vez se es adulto –que es cuando normalmente uno se plantea el cambio– el mal ya está hecho. Pero lo más importante es no agravar estas predisposiciones con errores de conducta. Antes de ver cómo se puede cambiar y hacer retroceder poco a poco el miedo, estos dos puntos serán el objeto de los dos capítulos siguientes.

# 3. LOS MECANISMOS DE LOS MIEDOS Y DE LAS FOBIAS

*Lo más importante no es: «¿por qué tengo tanto miedo?», sino más bien: «¿por qué persiste mi miedo a pesar de todos mis esfuerzos, aunque sé perfectamente que es exagerado?».*

*En realidad, todos nuestros grandes miedos existen por la sencilla razón de que les obedecemos. Les obedecemos en nuestras conductas de huida. Les obedecemos con nuestros pensamientos, no viendo más que los peligros y las amenazas. El miedo influye también en nuestra inteligencia. Por suerte, hoy en día sabemos cómo volver a colocar al miedo en su lugar.*

«Y ahora, ¿no os he dicho que eso que consideráis como locura no es más que una hiperagudeza de los sentidos?»

EDGAR POE, *Nuevas narraciones extraordinarias*

«Tras muchos años de vida en común con mi fobia, ya no sabía muy bien qué era lo que me pertenecía a mí y qué era lo que le pertenecía a ella, qué era normal y qué no lo era.

»Es normal preferir ir de compras a horas en que no hay gente, pero eso no es lo mismo que ser totalmente incapaz de ir a las horas punta, porque tienes pánico a volver la cabeza y encontrarte rodeado de gente. Como me avergonzaba de mis miedos, terminé por no hablar de ellos, ni siquiera a mis allegados. De pronto fui perdiendo mis referencias. Ya no tenía claro qué es lo que revelaba la enfermedad o lo que revelaba mi personalidad o mis elecciones en la vida.

»Pero sobre todo ya no sabía qué es lo que tenía que hacer cada día para enfrentarme a mis miedos. Si me forzaba a hacerles frente, me ponía enfermo, necesitaba varios días para reponerme; y por otra parte tenía el sentimiento de que cada vez salía más traumatizado de la experiencia, con la impresión de haber escapado por milagro de la catástrofe. Si los evitaba cobardemente, me sentía nulo y desvalorizado; esto suponía otro fracaso más. A decir verdad, a pesar de los años y de la costumbre, a pesar de todo lo que uno intenta creerse y hacer creer a los demás, nunca se resuelven del todo estos sustos constantes, esta humillación que supone obedecer a los miedos. Lo más duro no es sólo tener miedo, sino avergonzarse de uno mismo y no ser capaz de comprender por qué no puedes controlarte.»

En el camino de la curación de los grandes miedos hay muchos obstáculos.

Lo es la fuerza de los miedos que sientes, por supuesto, pero también los malos hábitos que poco a poco se van imponiendo. Así como un mal conocimiento de los mecanismos reales del miedo, normal o patológico. Comprender cómo "funcionan" los miedos exagerados es un preliminar esencial para la curación, pues, contrariamente a lo que a veces se piensa, las fobias no tienen nada de misteriosas o enigmáticas. Son "enfermedades del alma", obedecen a las mismas leyes que otras enfermedades crónicas, como la diabetes o el asma, de las que ya hemos hablado antes.

Como psiquiatra he de trabajar regularmente con colegas de otras especialidades médicas para tratar enfermedades como la hipertensión y la diabetes. Por ejemplo, hace algunos años colaboré con neumólogos para tratar el asma. Entonces me enteré de que había escuelas de asma donde se enseñaba a los pacientes y a sus familiares a conocer los mecanismos de esta patología. Esta educación produce resultados espectaculares: los pacientes que se benefician de la misma están más implicados en su tratamiento y cometen menos errores en la relación diaria con su enfermedad.

Estoy convencido de que es posible proceder de la misma forma con las personas fóbicas. Mi sueño es crear una "escuela de la fobia" que ofrezca los mismos servicios que las escuelas del asma o de la diabetes: desdramatizar, desestigmatizar, informar, explicar. En mis consultas, siempre dedico un tiempo a explicar a mis pacientes los mecanismos de sus miedos: esto les ayuda a salir del círculo vicioso de la culpabilidad y de las preguntas inútiles («¿Soy responsable de lo que me ocurre?») para conducirlos hacia lo funcional («¿Qué puedo hacer cada día?»).

Las explicaciones siempre aumentan la implicación.

Permiten luchar contra los clichés y los estereotipos asociados a los miedos y a las fobias: las opiniones de los no fóbicos sobre los fóbicos siempre están insidiosamente presentes. Simplemente se pasa de opiniones explícitas («Las fobias son debilidad y falta de valor») a opiniones implícitas («Las fobias son neurosis, hay algo que no está claro en su cabeza»).

Explicar e informar da sentido y razón de ser a los esfuerzos que los terapeutas pedimos a nuestros pacientes. Durante mucho tiempo los médicos y terapeutas han desconfiado de los pacientes que sabían demasiado, bajo el pretexto de que consideraban que se complicaban la vida. Pero hoy en día, y concretamente en este ámbito tan particular de los miedos patológicos, sabemos que es mejor tener lo que yo llamo "pacientes expertos", informados sobre su trastorno, que pacientes sin información ni referencias. Los pacientes conocedores son mejores colaboradores para luchar contra la enfermedad fóbica. En la actualidad no dudamos en invitar a los miembros de asociaciones de pacientes a asistir a nuestros congresos y a compartir con ellos nuestros conocimientos. Este capítulo no trata sólo de ciencia, también es una fuente de ideas e informaciones para empezar el trabajo de cambio personal.

## Las tres dimensiones de los miedos y de las fobias

Todos hemos visto la escena que voy a describir en los documentales de vida salvaje.

La tarde cae sobre la sabana. Una gacela se acerca al estanque para beber. El paisaje es magnífico: el sol rojizo, las sombras dan relieve al paisaje, es una hora que incita a la quietud y a la serenidad. Pero la gacela no está relajada. Bebe vigilando a su alrededor. Al menor ruido se sobresalta, levanta la cabeza. Si pudiéramos escuchar las pulsaciones cardíacas, no cabe duda de que serían muy rápidas. Ella no ve el mismo paisaje bucólico y sereno que el espectador: sabe que los estanques son lugares de reunión obligados para todos los animales de la sabana, sofocados por el calor del día, y también suele haber leones dispuestos a cazar, que no sólo vienen a apagar su sed, sino también, y sobre todo, a calmar su hambre. Detrás de cada trago de agua, la gacela no siente el frescor de la brisa de la tarde, sino el movimiento de una fiera escondida. Tras el más mínimo ruido de las ramas que crujen, oye a un depredador que se aproxima. Todos sus sentidos están al acecho, los músculos están tensos. Siempre en guardia, en cualquier momento está dispuesta a emprender la huida en una carrera refleja.

Lo que a nosotros nos parece un paisaje de postal, un momento apacible –la tarde cae y vamos a beber para refrescarnos– es para ella el momento de máximo riesgo. Al igual que muchos otros momentos durante el día.

Esta gacela en el estanque es la persona fóbica en las situaciones que teme: el peligro todavía no existe, pero puede aparecer en cualquier momento. Por algo es que hablamos de *ataque* de pánico para designar las crisis de angustia agudas, es la imagen que el depredador crea en su presa. El miedo tiene tres dimensiones:

–Emocional (no tener otra sensación en el cuerpo que la de opresión).

–Psicológica (ver el mundo como un lugar lleno de peligros).

–Conductual (no poder hacer otra cosa que vigilar para huir en cualquier momento).

La lucha contra los miedos exagerados pasará por la comprensión y el dominio progresivo de estas tres dimensiones.

En un primer momento se tratará de luchar contra el miedo conductual: comprender de qué se compone y empezar a hacer frente a las situaciones que se temen. Incluso aunque continuemos pensando que existe un peligro y tengamos miedo al hacerlo. Al comprender los miedos conductistas y cómo afrontarlos, aumentamos la libertad de movimientos.

En una segunda etapa, la repetición de estos enfrentamientos permitirá modificar nuestra visión del mundo: al reflexionar, en calma pero también justo después de los enfrentamientos regulares, podremos percatarnos de que la idea que teníamos de las situaciones angustiantes se puede ir modificando poco a poco. Al comprender los miedos psicológicos y cómo modificarlos, aumentamos su lucidez.

Por último, en la tercera etapa, la práctica regular de los enfrentamientos con las situaciones y los replanteamientos sobre ciertas creencias fóbicas, "desgastará" paulatinamente la reacción emocional del miedo, como una alergia que se va desensibilizando. Al comprender las emociones del miedo y cómo "cansarlas", se llega a una pacificación interior y a la comodidad de una vida sin miedos exagerados.

## *Mecanismos de conducta: la huida que agrava*

«En la peor etapa de mi fobia me había convertido en una experta de la huida y de la evitación, en una campeona del pánico, en la reina de la falsa excusa y de los pretextos superfluos. Todo para no arriesgarme a reencontrarme en una situación que me desatara un ataque de pánico, una invitación a una comida normal y corriente (no podía soportar sentirme cortada), una velada en el piso trigésimo sexto de un rascacielos (imposible meterme en el ascensor), unas vacaciones en avión (empiezo a morirme en el momento en que se cierran las puertas). No había espontaneidad alguna en mi vida, sólo cálculo de la anticipación. Tenía un calendario en mi cabeza, con las previsiones de todas las situaciones, las que me resultarían fáciles, las que implicarían deporte, etc. Al final me sentía impotente, miserable y agotada, y mis miedos iban de mal en peor. La evitación sólo me aportaba una paz transitoria, pagada con el precio de mi libertad de movimiento y mi dignidad. La vida no dejaba de ponerme a prueba.» Éste es el testimonio de Iris, una de mis pacientes que padecía agorafobia con ataques de pánico.

## Las evitaciones: lógicas, pero nocivas

Las evitaciones fóbicas son, sin duda alguna, el mejor medio para conservar el miedo. Sin quererlo, ni saberlo, la mayoría de los pacientes fóbicos son artesanos de la longevidad de su miedo.

Puesto que son hipersensibles y sus temores son tan fuertes, como es lógico tienen la tendencia a huir o evitar las situaciones que les asustan. Organizan su vida cotidiana de modo que no se arriesgan a encontrarse en una situación que podría provocarles pánico. Las evitaciones se encuentran, pues, en la raíz misma del problema.

Las conductas de escape (por la huida) o de evitación (mediante estrategias anticipatorias de no enfrentamiento), que permiten disminuir claramente la angustia, reforzarán el miedo y se volverán a utilizar en la siguiente ocasión. Así se riza el rizo y el trastorno fóbico resulta irremediablemente autoalimentado, un poco como si fuera una dependencia al alcohol o a alguna otra droga. La evitación alivia lo inmediato, pero resulta que el paciente tiene una dependencia ansiosa a sus conductas de evitación: el fóbico está de algún modo "enganchado" a la huida.

## El arte de la evitación

Como Iris, la mayoría de los pacientes que padecen grandes miedos se ven obligados –cuestión de supervivencia– a convertirse en expertos en la evitación.

Estas evitaciones pueden ser de muchos tipos:

*–Evitaciones de situaciones*: por ejemplo, no pasar por lugares donde hay palomas, no hablar en público, no tomar el metro. La persona fóbica organiza su vida en torno a la evitación de numerosas situaciones. Para justificar en su entorno las limitaciones que derivan de sus miedos, recurren a racionalizaciones: «no me gusta pasar por este barrio porque es feo», «no voy a fiestas porque no se dice nada interesante», «hace demasiado calor en el metro y me sienta mal».

*–Evitaciones de imágenes, palabras y pensamientos*: evitar reflexionar sobre lo que da miedo, no ver fotos, ni películas, evitar escuchar conversaciones, leer artículos o libros que den miedo. Numerosos estudios han demostrado que exiliar los pensamientos desagradables no hace más que aumentar su poder.[61] Una de las paradojas del pensamiento fóbico (y en general de todas las enfermedades ansiosas) es que parece que los pacientes no piensen en otra cosa. Pero en realidad no piensan a fondo y desechan los pensamientos inquietantes desde su inicio, en lugar de afrontarlos. Esta forma de actuar puede ir bien a las personas que no padecen fobias, pero no sirve para las que padecen miedos intensos y enfermizos.

*–Evitaciones de sensaciones*: no correr para no sentir el latido del corazón, no llevar cuello alto o corbata para no tener la sensación de asfixia. Varios trabajos experimentales han demostrado esta tendencia y los problemas que derivan de ella. En uno de estos estudios se hacía respirar a los voluntarios aire enriquecido con gas carbónico. Se les explicaba que esta inhalación de aire modificado les iba a provocar sensaciones físi-

cas desagradables: aceleración del ritmo cardíaco, transpiración, dificultad para respirar, etc. A la mitad del grupo se le dijo que intentara no pensar en estas sensaciones y que procuraran hacer todo lo posible para que el resto de personas de la sala no notaran su malestar. A la otra mitad se les dio consignas totalmente opuestas: que observaran bien lo que iban a notar y que no intentaran controlarlo ni disimularlo. Las personas que tenían como costumbre huir de sus sensaciones físicas (es decir, las más ansiosas habitualmente) y que se les había ordenado que intentaran evitar pensar en sus sensaciones, en el momento de la experiencia se mostraron más estresadas que las que habían recibido la orden de "dejarse llevar".[62] No pensar en las sensaciones físicas no "funcionó" más que en las personas que ya eran poco emotivas y poco ansiosas.

## *Las evitaciones sutiles que ayudan a sobrevivir, pero no a vivir bien ni, mucho menos, a vencer el miedo*

Las evitaciones también pueden ser sutiles: a menos que se acepte un nivel de disminución social muy elevado, no siempre es fácil evitar ciertas situaciones. También hay muchos pacientes fóbicos que se enfrentan a sus miedos bajo ciertas condiciones. Ya sea porque se las arreglan para que el enfrentamiento sea incompleto: no miran lo que les da miedo, intentan pensar en otra cosa, procuran que no les inviten a actos sociales, van de compras cuando no hay gente, etc. Ya sea porque utilizan estrategias digamos "contrafóbicas" para afrontar sus miedos con una ayuda: toman tranquilizantes (o los llevan encima), van siempre acompañadas, etc. Pero, por sutiles que sean, no dejan de ser evitaciones y su efecto nocivo y autoagravante es el mismo.

Con frecuencia estas evitaciones sutiles son inapreciables para la propia persona fóbica, que las confunde con *prefe-*

*rencias*, y de este modo transforma algo que ha sufrido en lo que podría llamarse una forma de vida. «No me gusta ir a pasar los fines de semana al campo», en lugar de decir: «tengo un miedo atroz a los insectos»; «no me gusta sentarme en los asientos del metro donde tienes muy cerca a los otros viajeros», en lugar de decir: «me siento incómodo cuando me miran de cerca»; «es más divertido ir de compras cuando no hay gente», en lugar de decir: «me da pánico tenerme que enfrentar a la dependienta».

Se ha podido probar experimentalmente el efecto nocivo de las evitaciones "sutiles": se expuso durante aproximadamente una hora a pacientes zoofóbicos a sus animales ansiógenos (una tarántula, una pitón y una rata, todas ellas en terrarios de cristal que llegaban a la altura de los ojos). Si durante la exposición se distraía a los pacientes, su miedo, paradójicamente, había disminuido menos al cabo de una hora que si no se les había distraído.[63] Es decir que la evitación sutil que representaba la distracción era menos eficaz que la habituación al estímulo fóbico. Pero eso depende también de la intensidad de los miedos: para los pacientes muy ansiosos, la distracción puede ser necesaria y relativamente eficaz para disminuir el miedo en las primeras etapas de los enfrentamientos. Pero en un momento dado será necesario deshacerse de él y enfrentarse a "fondo".

## Evitar, evitar

Por comprensibles que sean, todas estas evitaciones son uno de los principales problemas de las fobias, porque mantienen intacto el miedo. Siempre que una persona evita lo que teme, aunque sea de forma sutil, su ansiedad no puede disminuir a largo plazo.

Por ejemplo, entre las personas que tienen ataques de pánico, los agorafóbicos (que evitan alejarse de sus bases de seguridad) son también aquéllos en quienes la evolución espontánea será más invalidante y los más difíciles de curar: sus evitaciones hacen crónica su enfermedad. En el caso de los sujetos que padecen fobias sociales, los que tienen una personalidad evitadora, es decir que "obedecen" a su fobia dejando de luchar y espaciando sus contactos sociales (bajo un sinfín de pretextos como «la gente es decepcionante», «las conversaciones me aburren»), son más difíciles de curar.

El conjunto de evitaciones fóbicas supondrá, pues, el blanco privilegiado de los esfuerzos de las personas fóbicas: no hay curación posible de un gran temor sin enfrentamiento. No obstante, este enfrentamiento se ha de realizar según reglas muy precisas, permitiendo lo que denominamos una "desensibilización" del miedo, que poco a poco se va desactivando. Es también lo que denominamos una "habituación".

Si no se respetan estas reglas, existe un riesgo importante de que suceda lo contrario, es decir, una mayor "sensibilización": el miedo aumenta poco a poco y a medida que se producen los contactos. En el siguiente capítulo abordaremos estas reglas.

Gracias a los esfuerzos de enfrentarnos a los miedos, costosos emocionalmente y que a menudo necesitan el apoyo de un terapeuta, vamos descubriendo que los peligros que tanto rehuíamos no existen. Pero esto se descubre por experiencia y sobre el terreno, afrontando la emoción del miedo y no en calma, a distancia del peligro. Esta diferencia es fundamental, ya lo veremos, para "convencer" a nuestro cerebro emocional, que es un poco como santo Tomás, que no se creía nada más que lo que veía. Si es necesario enfrentarnos a nuestros miedos para verificar que no hay peligro, no es para convencer a nuestra razón o inteligencia; éstas saben perfectamente que no existe tal peligro. Todos los fóbicos saben que sus miedos son, si no imaginarios, al menos exagerados. Si es necesario afrontarlos, es porque *vivir* la ausencia de catástrofe durante los enfrentamientos es infinitamente más fuerte que simplemente *imaginar*. Nuestro cerebro emocional es escéptico: necesita no sólo argumentos, sino pruebas.

Sin embargo, forzarse a llevar a cabo esta experiencia puede no ser suficiente, es también necesario cambiar la visión del mundo y de los peligros que puede encerrar. En la práctica, la visión del mundo que tienen los fóbicos es especialmente problemática.

## Mecanismos psicológicos: el miedo tiene ojos grandes

«El miedo tiene ojos grandes», dice un proverbio ruso.

Estos grandes ojos de los fóbicos les sirven a la vez de telescopio (es decir, captan los peligros de muy –demasiado– lejos) y de lupa, incluso de microscopio: detectan hasta los menores detalles, por temor a perder su capacidad de hacerse atrás. También son extraordinariamente lúcidos: ven mucho más allá de los hechos y no dudan en extrapolar y anticipar las peores consecuencias imaginables de las situaciones.

De este modo, un fóbico social al que se le ha invitado a una velada empezará a pensar en ella con varias semanas de antelación. Llegado el día, examinará a fondo los rostros de las personas para detectar el menor signo de desprecio o de agresividad. Dudará en tomar la palabra o en dar su opinión, pensando que eso puede ponerle en ridículo para siempre si cometiera la locura de arriesgarse.

Los estudios modernos sobre la forma en que los fóbicos perciben su entorno demuestran que:

–Su atención está focalizada de manera patológica sobre sus miedos: no miran su entorno, lo vigilan.

–En caso de duda, prefieren disparar la alarma: vale más tener miedo pronto que demasiado tarde.

–Siempre están construyendo escenarios catastróficos: para protegerse vale más prever lo peor e incluso aumentarlo.
–Se ahogan en sus sensaciones de miedo.

Estos fenómenos psicológicos se producen de manera automática y se escapan a la voluntad de la persona, a veces incluso de su conciencia. De ahí la necesidad de conocerlos para no dejarse engañar, a falta de poder impedir su aparición, lo cual llevará un poco más de tiempo.

## *«No miro, vigilo»*

Las personas fóbicas, en general son muy controladoras frente a todo lo que puede provocarles un estímulo fobogénico y disponen de una capacidad agudizada para extraer informaciones ansiogénicas de un contexto: en una habitación, un aracnofóbico se fijará en la menor telaraña antes que nadie. En una audiencia, los fóbicos sociales enseguida buscarán los rostros más simpáticos, de los que no habrá nada que temer que venga de ellos, y los de aquellos que tienen la capacidad de escrutar, agredir, burlarse, a los cuales valdrá más mantener a distancia y tenerlos siempre vigilados.

Pero según parece esta vigilancia excesiva acarrea también percepciones inconscientes. Por ejemplo, al presentar a los fóbicos de las serpientes imágenes de reptiles sobre una pantalla enmascaradas rápidamente con imágenes neutras –de flores, por ejemplo–, se ha podido observar que su reacción fisiológica de estrés medida de manera objetiva por la conductividad cutánea equivale a la que presentan ante la visión de una imagen no enmascarada.[65] Su cerebro emocional ha "visto" la serpiente y ha disparado la alarma. Con los fóbicos sociales[66] se ha realizado el mismo tipo de experiencia: el estímulo subliminal utilizado esa vez fueron rostros humanos hostiles, que perturbaron la respuesta de los sujetos que miraban la pantalla, mientras que las expresiones neutras o amistosas no les perturbaron. Las reacciones de miedo son pues alimentadas por percepciones que no son conscientes: ésta es la razón por la que las personas fóbicas se pueden sentir mal sin saber la razón, antes de descubrir de dónde viene el problema.

El problema es que esta hipervigilancia automática aumenta también la duración de la enfermedad, pues una vez han localizado el peligro y no pueden huir, lamentablemente prefieren apartar la mirada.[67] Pero tampoco se puede dar la espalda a ese peligro localizado. De ahí su notable incomodidad y sus incesantes idas y venidas entre vigilancia y evitación visual, con estas tres secuencias clásicas: «1) Paso el tiempo indagando de dónde puede venir el peligro. 2) Una vez detectado, me da demasiado miedo y no puedo mantener la mirada sobre ese horror. 3) No debo descuidar mi atención de lo que me asusta, pues podría ser peligroso. 4) Por último, la mejor solución sería huir para no tener que soportar el dilema».

Un equipo inglés llevó a cabo recientemente un estudio con arañas de verdad –tarántulas– que colocaron en un tarro cerca de las personas fóbicas que se habían prestado como voluntarias. El tiempo que pasaban mirando las tarántulas dependía de la posición de las arañas en la habitación: si estaban lejos de la puerta de salida, los voluntarios evitaban mirarlas; si estaban en el camino hacia la salida, *no podían apartar* la mirada.[68] De ahí puede venir la expresión "hipnotizado por el miedo".

Revisemos:

–La persona fóbica no puede evitar "explorar" su entorno en busca de lo que le da miedo, para saber si está segura o no (para los fóbicos sólo existen dos zonas: la de peligro o la de seguridad). Para estas personas sólo hay dos cosas importantes: ¿Presencia de peligro? El que tiene fobia a los gatos al llegar a una casa enseguida ve las huellas de los arañazos sobre los sillones del salón o el plato de la comida en el suelo de la cocina. ¿Presencia de solución? El claustrofóbico repara enseguida en cuanto entra en una habitación dónde están las salidas de emergencia, los sistemas de cierre de puertas y ventanas, etc.

–La persona fóbica es una experta en su miedo, detecta antes que nadie la posible presencia de un problema.

–En ese caso, tiene el dilema de no mirar (pues le da miedo) o de mirar (pues sería peligroso no hacerlo).

–En resumen, su vida es muy complicada, y por eso prefiere evitar esos lugares.

## *«Nunca se sabe»*

Debido a su sentimiento de extrema vulnerabilidad frente a lo que le da miedo, el fóbico se siente obligado a vigilar un entorno donde los peligros pueden surgir en cada instante, aun a riesgo de agotarse por esta vigilancia ansiosa y también desatar falsas alarmas, y como es un acechador convencido de la peligrosidad y salvajismo del enemigo, prefiere disparar la alarma a la más mínima duda.

Los estudios han demostrado que en los grandes miedos existe una tendencia a interpretar los estímulos neutros de manera negativa. Los fóbicos sociales, por ejemplo,[69] si se les da un cuestionario para que describan situaciones "ambiguas" de todo tipo (es decir, dando pie a una interpretación personal, positiva o negativa), interpretan negativamente las situaciones sociales (amigos invitados a cenar que se van antes de lo previsto), pero no hacen lo mismo cuando se trata de situaciones no sociales (recibir una carta certificada).

Los estímulos "ambiguos" son numerosos en la vida cotidiana y los fóbicos los interpretan por lo general de forma negativa: un animal inmóvil para el zoofóbico («Prepara su ataque y se va a lanzar sobre mí sin avisar»), para un fóbico social una sonrisa («Debo inspirar lástima o menosprecio»), las palpitaciones para el que sufre de ataques de pánico («Ya está, esta vez sí que es un infarto»).

La consecuencia práctica es que *a veces* las fobias tienen razón, pero lo cierto es que se equivocan *muy a menudo*. Por ejemplo, si a unos fóbicos sociales se les propone reconocer expresiones en los rostros que aparecen en fotos que se les presentan rápidamente,[70] no dejarán pasar casi ningún rostro hostil (ni de "falsos negativos"), pero también se equivocarán clasificando como hostiles rostros considerados neutros por los experimentadores y por los sujetos que no son fóbicos sociales (que verán muchos "falsos positivos"). Esta tendencia a la interpretación negativa puede que sea útil para sobrevivir, pero no tanto para gozar de una buena calidad de vida. ¿No vale más desconfiar menos y correr el riesgo de equivocarse que vislumbrar todos los riesgos y no aprovechar la existencia?

Pero los fóbicos suelen tener el sentimiento de que renunciar a su hipervigilancia les pone en peligro. Esto suele ser falso, pero no siempre es así. ¿Quién me puede asegurar que esta persona a la que he curado de su fobia a los perros no se dejará morder de nuevo? A mí, que no me dan miedo los perros, me han mordido muchas veces. Si hubiera sido fóbico lo habría evitado. No obstante, al final he pensado que una mordedura de vez en cuando es un trastorno menos grave que un miedo obsesivo y la huida ante cualquier perro que se me acerque. Yo he tenido la suerte de conseguir este razonamiento por mí mismo, pues mi amígdala cerebral me lo ha "permitido". De no haber sido así habría tenido que hacer una terapia.

Por la misma razón –«Vale más inquietarse pronto que no lo suficiente»–, los fóbicos también tienen la tendencia a percibir las cosas como dicotomías, es decir, a bipolarizarlas en dos categorías –sólo dos– extremas: seguridad o peligro. Este razonamiento de "todo o nada" hace que les cueste introducir matices en su percepción del entorno fobogénico. Por ejemplo, una persona que tenga fobia a los perros los verá a todos como mordedores potenciales, mientras que una persona que no les tenga miedo podrá distinguir entre un perro agresivo (orejas echadas hacia atrás, exposición de colmillos, gruñidos) y un perro inofensivo. Un agorafóbico con ataques de pánico se dirá que esos latidos rápidos y repentinos de su corazón no se deben a que está andando demasiado deprisa o a que se ha pasado tomando café, sino a un infarto de miocardio en ciernes. Ésta es la razón por la que es necesario desarrollar una lectura gradual y flexible de la peligrosidad de las situaciones. Entre el «es demasiado arriesgado» del fóbico y el «no te arriesgas nada» de su entorno, convicción contra convicción, el terapeuta intenta hacer progresar un discurso matizado: «se puede ver venir el peligro y aprender a hacerle frente».

## Me monto películas terroríficas

«Tengo pavor a las alturas. Evidentemente, ni me planteo pasar unas vacaciones esquiando en la montaña o cruzar un viaducto, pero esto no me importa demasiado. El problema es que hasta los balcones y las ventanas de los pisos me ponen enfermo. Incluso cuando veo que los demás se acercan a ellos, tengo miedo. Lo peor de todo es que, cuando mi hija se acerca a un balcón, al momento la veo precipitarse al vacío y caer muerta. Todo va tan deprisa que hasta puedo imaginármela en un ataúd.»

«Anticipo, interpreto y aumento», ésta es de alguna forma la consigna psicológica de los fóbicos. Estas tendencias forman parte de su paisaje mental y ellos no son conscientes de ellas. Por lo tanto, han de vigilar esta fuerza extrema de su imaginación, pues puede que ni tan siquiera necesiten "ver" el objeto que les aterra para encontrarse mal. En efecto, la mayor parte de los estudios sobre las percepciones fóbicas son conducidos a través de estímulos visuales, pues se considera que la imagen es el desencadenante más fuerte del miedo. Pero esto no es tan evidente. Un estudio sobre las personas que padecen aracnofobia intentó averiguar si un estímulo visual (la imagen de una araña) era mejor desencadenante que un estímulo lingüístico (la palabra "araña"). Sin embargo, contra los pronósticos de los investigadores, la palabra resultó engendrar más perturbación que la imagen,[71] lo que confirma el rol principal de las representaciones mentales, es decir la imaginación, en las fobias: es probable que la palabra "araña", en ausencia de más información, evoque inmediatamente en un fóbico una araña enorme, negra, velluda, con uñas, vibrante y dispuesta a saltar sobre todo lo que se mueva. ¡Mucho más terrorífico que ver una imagen de un arácnido en una pantalla!

## *«Me ahogo en mí misma»*

Las personas fóbicas tienen la tendencia a focalizar su atención en ellas mismas debido especialmente a la intensidad de sus emociones negativas. Muy a su pesar, están más atentas a su enfermedad interior que a la situación exterior. Tras una interacción con los demás, las personas que padecen grandes miedos sociales recuerdan muchos menos detalles de esa comunicación que las personas con miedos sociales leves: durante la conversación, la mayor parte de su energía está orientada a autoprotegerse y a disimular su enfermedad.[72]

También son víctimas de lo que denominamos *razonamiento emocional*: juzgan la peligrosidad de lá situación según sus propias respuestas emocionales. Si mi corazón late fuerte, es porque hay peligro. Si no me *siento* a gusto, es que *estoy* mal, etc.

Esta tendencia al razonamiento emocional puede verse en el niño[73], pero también en el adulto.[74] Eso conduce a una interpretación no crítica de sus propias sensaciones físicas como señales válidas de peligro. Como se ha disparado la alarma, pensamos que existe un peligro real. En las fobias esta alarma está gravemente estropeada.

Esto explica que los pensamientos vinculados al miedo, automáticos y muy rápidos, pueden conducir en algunos casos a una verdadera espiral de pánico: el fóbico empieza a sentirse mal físicamente (palpitaciones, sensaciones de vértigo, opresión respiratoria y necesidad de respirar a fondo o cualquier otro signo físico). En ese momento interpreta sus signos como una amenaza («Me va a pasar algo»), lo que todavía aumenta más su miedo y agrava los síntomas, que empieza a observar atentamente, y al centrarse en ellos de este modo los percibe todavía con mayor claridad, lo que interpreta como una agravación de la situación («Los noto cada vez más; no cabe duda, esto se agrava, es una mala señal»), de ahí que aumente la angustia hasta llegar al pánico.

## La inteligencia secuestrada por el miedo: ¿podemos hacer algo?

Se dice que todos estos procesos son "previos a la atención", pues no dependen de la voluntad de la persona. Suelen desatar alarmas que con frecuencia son inútiles y agotadoras para el sujeto. ¿Forman parte de las causas o de las consecuencias de los grandes miedos? No lo sabemos, pero pueden mejorar. Algunos estudios han demostrado el efecto benéfico de las psicoterapias adaptadas a las perturbaciones de la atención: han podido poner de manifiesto que después de una sesión de terapia conductista de exposición los pacientes fóbicos están mucho menos perturbados por los estímulos fobo-génicos subliminales.[75]

No se trata de ejercer un control total sobre los procesos mentales desencadenados por el miedo, eso no sería ni deseable ni posible. Puesto que de algún modo son detectores de alarma, es necesario que sean sensibles, pero no demasiado: es preciso ajustarlos correctamente en función de las circunstancias de la vida, normales o excepcionales. Tengo que poder aumentar la sensibilidad de mi detector de alarma por mi miedo a los animales en ciertas circunstancias –si me voy al Amazonas– y disminuirla en otras –si me voy a dar un apacible paseo por el campo.

En las fobias, el sistema de alarma del miedo es demasiado rígido: siempre es excesivamente sensible. En la terapia se enseñará al paciente a modular todo esto mediante técnicas psicológicas específicas. Por una parte, ayudándole a que se esfuerce a mirar lo que le asusta y no a vigilar tanto su entorno. Por la otra, procurando que aprenda a regular sus interpretaciones automáticas. No es fácil, pues la capacidad de razonamiento de las personas fóbicas se encuentra bajo el efecto de sus procesos emocionales: nuestra inteligencia se encuentra pues bajo la influencia de esos procesos. Ahora veremos por qué y también cómo, junto a los esfuerzos conductistas y los distanciamientos psicológicos, ha de tener lugar un tercer tipo de trabajo, esta vez sobre las emociones.

## Mecanismos emocionales: ¿podemos escapar de la psicobiología del miedo?

«En esos momentos, me pongo como loca.»
«Tengo miedo de hacer cualquier cosa bajo la influencia de la emoción.»

«Ni mi cuerpo ni mi inteligencia me obedecen; soy como el conductor de un coche al que no le funcionan ni la dirección ni los frenos: pierdo el control.»

«Me siento impotente, paralizada, incapaz de actuar o decidir, como un conejo cegado por los faros de un coche, que terminará arrollándole, porque no puede ni avanzar ni retroceder.»

Todas las personas que han experimentado el miedo pueden describir perfectamente la intensidad de su dimensión emocional, y los sujetos fóbicos, que lo sienten regularmente, pueden contar hasta qué punto esta activación emocional es penosa, difícil de controlar e invalidante. Para un fóbico es tan difícil controlar un ataque de pánico como para un alérgico una crisis asmática. La razón es simple: la reacción de miedo se basa en una realidad biológica de mucha fuerza. En el cerebro hay un centro del miedo, una zona que se denomina "amígdala cerebral". El nombre viene de la palabra latina *amygdalus* o almendra, por la forma ovalada de esta región.* La amígdala es la que decide enviar esta reacción de alarma que es el miedo. En condiciones normales, su funcionamiento está regulado por estructuras cerebrales vecinas, encargadas a su vez de filtrar la información que será evaluada para ver si la reacción de miedo es o no necesaria, pero también de controlar su intensidad, para que no sea contraproducente: si es demasiado intensa, no servirá para tomar las mejores decisiones frente al peligro.

Se ha podido demostrar el papel de la amígdala de diferentes formas. En los animales de laboratorio, si se les deteriora o anestesia esta región, sus componentes de miedo se modifican considerablemente. Hemos conseguido hacer desaparecer el miedo a las serpientes en los monos, que se acercan a los repti-

---

\* Hablaré en singular de la amígdala cerebral, aunque existen dos, una en cada hemisferio. También se dice que estas amígdalas se componen de muchos núcleos, cada uno con una función concreta. Pero estos detalles no son indispensables aquí: para los lectores que estén interesados, véase la obra de referencia de Joseph LeDoux, *Psychobiologie de la personalité*, que se cita en la bibliografía.

les y los manipulan sin temor. Parece que incluso el recuerdo del miedo también se altera. Incluso los monos que habían padecido mordeduras de serpiente se acercaban a ellas. En la rata es el miedo al gato el que desaparece: se atreven a mordisquearle la oreja, lo cual en un entorno natural les causaría graves problemas. Quiero aclarar que los gatos habían sido anestesiados previamente, de lo contrario ¡esto no habría sido posible! En cambio, la estimulación de la amígdala cerebral con electrodos provoca reacciones de miedo exagerado, incluso en ausencia de peligro o de cualquier contexto que pueda evocarlo.

## El circuito cerebral del miedo: escenario biológico de una secuencia de terror

Actualmente conocemos bastante bien, en términos generales, el circuito cerebral del miedo.

Hace ya ahora unos cuantos años que sabemos que bajo nuestra corteza cerebral –zona de aptitudes mentales complejas, especialmente en su parte central– existe un cerebro emocional algo más rústico que compartimos con nuestros primos animales. Cuando se enfrenta a los fóbicos con el objeto de sus temores, se observa un aumento muy significativo del riego sanguíneo en esta zona del cerebro, sede de la activación emocional.[76] ¿Cómo describir de forma simplificada este circuito cerebral del miedo?

Nuestros órganos sensoriales (vista, oído, olfato, etc.) reciben información del entorno señalando la presencia o la posibilidad de un peligro: por ejemplo, una serpiente o una rama en el suelo que parece una serpiente.

Estas informaciones van a activar la amígdala cerebral, que pone en marcha una primera alarma corporal bajo la forma de una reacción de despertar, sobresalto y tensión.

Después la pertinencia de dicha alarma es evaluada por distintas estructuras cerebrales vecinas a la amígdala, implicadas en el "circuito del miedo", especialmente el hipocampo, zona que pertenece también al cerebro emocional y actúa fuera de nuestra voluntad, y la corteza prefrontal, que actúa en parte –sólo en parte– en función de la misma.

El núcleo cerebral denominado "hipocampo" desempeña entre otras funcionas la de comparar nuestras experiencias pasadas: «¿He estado antes en esta situación y me ha creado problemas graves?». El hipocampo también es capaz de tener en cuenta el contexto que rodea al objeto del miedo: por ejemplo, un león en una jaula nos provoca un discreto escalofrío (la amígdala lanza una pequeña señal de alarma), pero el hecho de que esté enjaulado frena nuestro miedo. Los fóbicos no pueden beneficiarse del contexto: para ellos todos los estímulos fóbicos van en serio y son de primer orden. El contexto sólo desempeña un papel secundario; por ejemplo, los miedos de los fóbicos sociales graves pueden aparecer incluso con amigos o familiares si las miradas y la atención se posan sobre ellos.

La corteza prefrontal actúa como reguladora de las reacciones automáticas del miedo. Es ella la que ha de integrar todas las informaciones sensoriales, emocionales, culturales y personales para ejecutar un plan de acción que se adapte a las necesidades y al contexto de la situación.*

---

\* Es evidente que las nociones de anatomía que doy en este libro están muy simplificadas. Los conocimientos científicos actuales nos permiten suponer la existencia de un circuito mucho más complejo: ciertas informaciones sensoriales, particularmente las visuales y auditivas, pasan por un primer filtro, el tálamo, una zona central del cerebro; existen dos circuitos cerebrales capaces de activar la alarma del miedo, uno corto entre el tálamo y la amígdala, y otro largo, en el que la corteza se interpone entre estas dos estructuras. También hay otras partes del cerebro implicadas, como el *núcleo ventral de la estría terminal*, que de algún modo asegura la transformación del miedo en ansiedad o como el *locus* cerúleo, que obedece órdenes de la amígdala y desata reacciones físicas de miedo en el organismo. Vuelvo a remitir al lector al libro de Joseph LeDoux, *Psychobiologie de la personalité* y también a su página web, patrocinada por el centro de neurociencia de la Universidad de Nueva York: cns.nyu.edu/home/ledoux.

Volvamos al ejemplo de la serpiente o de la silueta de la serpiente que vemos en el suelo durante un paseo. Nuestros ojos captan la silueta: «Forma sinuosa en el suelo, oscura, aparentemente inmóvil». Transmiten la información a nuestra amígdala cerebral, que lanza una primera alarma («¡Atención, atención, forma sospechosa!») y activa un primer procedimiento de supervivencia («¡No te muevas!»). Entonces nuestro hipocampo recurre rápidamente a su archivo de recuerdos («¿Esta forma está almacenada en mi memoria colectiva o personal como una fuente de peligro?»). Durante ese tiempo nuestra corteza prefrontal intenta tomar el mando de las operaciones («Sigue teniéndome al corriente, pero me acercaré poco a poco para ver de qué se trata sin arriesgarme mucho»).

Si por una razón u otra estas dos estructuras, el hipocamo y la corteza prefrontal, no frenan la alarma activada por la amígdala, el miedo ya no tiene fronteras, se instaura el pánico: emprenderemos la huida ante una inofensiva culebra o una rama de árbol. De existir un peligro real –lo cual puede suceder–, nos quedaremos aterrados ante la visión de una víbora que huye y a continuación sobrevendrá un miedo aún mayor («A partir de ahora, mis hijos no irán a pasear más por el bosque, es demasiado peligroso»). Cuanto más se repite el pánico o los comienzos del mismo, más tiempo dura la fobia sujeta a los mandatos de la conducta cotidiana y más se refuerzan los circuitos biológicos del miedo hasta que se vuelve funcional. Las crisis de miedo se pueden desatar solas, de forma aparentemente absurda, como si se tratasen de un programa informático que se vuelve loco después de haber tocado una tecla a la que ni siquiera hemos prestado atención.

*El circuito cerebral del miedo*

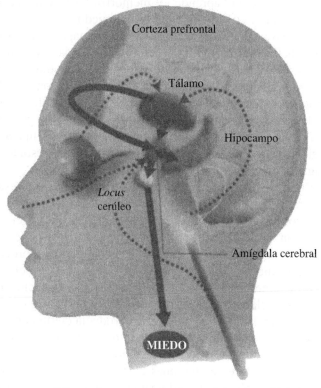

Corteza prefrontal

Tálamo

Hipocampo

*Locus* cerúleo

Amígdala cerebral

MIEDO

•••••••➤ Informaciones sensoriales que pueden activar el miedo

➤ Circuito del miedo

## *Las relaciones entre la amígdala y la corteza prefrontal: ¿guerra o colaboración?*

En los miedos patológicos es la amígdala la que tiene el mando. Este fenómeno puede tener muchas causas; la más común es que se trate de predisposiciones temperamentales (véase el capítulo anterior) o de experiencias traumáticas. Pues la amígdala "aprende" y memoriza perfectamente las experiencias y condicionamientos del miedo.

Gracias a las nuevas tecnologías de la imagen que permiten visualizar las regiones del cerebro implicadas en las diferentes situaciones de la vida, se ha podido demostrar el papel de la amígdala. La capacidad de reacción emocional de los pacientes fóbicos sociales a las fotos de rostros enfadados o de desprecio es mayor que en los individuos que no padecen esta enfermedad y su reactividad es objetivada por una activación más elevada (estudio realizado mediante resonancia magnética) de la zona de la amígdala cerebral.[77]

Recientemente se ha realizado un estudio muy interesante para ver qué sucedía en el cerebro cuando se hablaba en público.[78] Todas las personas nos ponemos nerviosas en esa situación, pero en el caso de los fóbicos sociales el nerviosismo va acompañado de una incapacidad total para ordenar los pensamientos, los recuerdos o, lo que es peor –en el caso de un examen oral–, sus conocimientos. Las imágenes del cerebro revelaban que a las personas con un grado de nerviosismo normal hablar en público les producía cierto aumento de irrigación sanguínea en la región de la amígdala (sentían el miedo igualmente), pero sobre todo un mayor consumo de oxígeno en diferentes regiones corticales, correspondientes al aporte energético necesario para la movilización de sus recursos intelectuales a fin de enfrentarse a la situación. En los fóbicos sucedía lo contrario: la activación de la amígdala era muy fuerte en comparación con los no fóbicos y tenían menor irrigación sanguínea en las regiones corticales. Estos resultados corresponden exactamente a lo que nos cuentan nuestros pacientes con grandes miedos sociales: «Tenía la cabeza hueca, no podía hacer funcionar mi cerebro, estaba totalmente en blanco. Pero tenía un pánico excesivo, absurdo, primario».

La impresión de una catástrofe, de una gran enfermedad interior se produce cuando la amígdala funciona a pleno rendimiento. La sensación de tener la cabeza vacía se produce porque las zonas corticales están totalmente descontroladas por la alarma estrepitosa, omnipresente y aterradora que activa la amígdala.

## Conectados por el miedo

¿Por qué se produce esta toma de poder por parte de una zona cerebral arcaica sobre zonas más "nobles" y "evolucionadas"? Porque nuestro cerebro nos ha dotado de redes sinápticas más numerosas en la zona de la amígdala-corteza prefrontal que en las otras zonas. Puesto que la amígdala es la primera en alertarse, frente a una amenaza, nuestro cuerpo siempre tiene miedo antes que nuestra mente.[79]

Estamos conectados por el miedo desde nuestro nacimiento y será la vida la que poco a poco nos irá enseñando a ser selectivos frente a nuestros temores, aprenderemos de lo que veamos a nuestro alrededor, de lo que experimentemos. Nuestro cerebro, el mejor ordenador personal, viene equipado de serie para la evolución, con un programa que nos prepara para sentir el mayor número posible de miedos. Es probable que lo que nos equipa hoy sea lo mismo que lo que equipó a nuestros antepasados: pero los peligros no son los mismos, de ahí la necesidad de una modulación y flexibilidad. Cada ser humano, en función de su entorno, debe ajustar su programa de miedos, disminuyendo la sensibilidad a ciertos temores y aumentando la que se asocia a los miedos útiles para la supervivencia cotidiana. En todos los casos, podemos modificar estos ajustes si cambian nuestras necesidades del entorno. Además, la activación de nuestras reacciones de miedo no hacen que nuestro ordenador se cuelgue cada dos por tres: no sentimos constantemente ataques de pánico cuando tenemos problemas.

De modo que no necesitamos *aprender a tener miedo* (estamos equipados por naturaleza para ello), sino ¡aprender *a qué* hemos de temer y también qué es lo que *ya no* hemos de temer!

## Alteraciones diversas debidas a la biología del miedo

Todos los estudios científicos que cito aquí no son abstractos, corresponden exactamente a lo que describen las personas que padecen grandes miedos.

En primer lugar, los miedos que se transforman rápidamente en pánico: «Hago todo lo posible para no encontrarme en una situación inquietante, porque si se me desata el miedo sé que no podré hacer nada para frenarlo».

Luego la autoactivación de los miedos que se pueden desatar solos o a partir de un estímulo prácticamente insignificante: un pensamiento, una mirada o un silencio, un latido del corazón más fuerte que otros, despertarse por la noche sin más. Veremos que el sistema nervioso simpático de los pacientes fóbicos siempre está funcionando al máximo de sus posibilidades (en lenguaje de la calle, las personas que siempre "están tensas"), esto es lo que explica sus estallidos, como si fueran las típicas tormentas eléctricas de verano después de un día extraordinariamente caluroso.

El retorno del miedo: la fobia del recuerdo lejano. Aunque se hayan hecho progresos, afrontado victoriosamente los miedos, cambiado la visión del mundo (menos escenarios catastróficos), el miedo siempre puede regresar, como una antigua estrella de la canción que ya nadie quiere escuchar. Lo cierto es que nuestro cerebro no olvida nunca sus miedos, los archiva en los sueños. Puede suceder que, aunque se hayan vencido los temores, si se debe hacer frente a una situación que anteriormente había producido pánico y un estado de baja forma, regrese el miedo. Esto puede desanimar a los más frágiles: «Tanto esfuerzo para nada». Pero, en realidad, estos retornos del miedo son controlables para los pacientes que ya han sido avisados y sobre todo los que han trabajado con terapia conductista: saben perfectamente qué han de hacer para limitar su expansión y devolverlos a la sombra, si por casualidad los viejos reflejos emocionales empiezan a salir de nuevo a la luz.

## ¿Cómo calmar la amígdala cerebral?

El hecho de que un fenómeno se deba a la biología no significa que sea inamovible.

Lo que funciona en un sentido –la sensibilización del miedo– puede funcionar en otro –la desensibilización. Los apasionantes y recientes estudios que se han realizado han demostrado que las anomalías cerebrales asociadas a los trastornos fóbicos podían normalizarse con un tratamiento, ya fuera químico o psicológico.[80] Este fenómeno, denominado "neuroplasticidad cerebral", es una de las apuestas más apasionantes de estos próximos años para la investigación en psicología y en psicoterapia:[81] sencillamente nos recuerda que nuestro cerebro evoluciona continuamente en función de las experiencias que vivimos. Podemos actuar sobre nuestro cerebro, podemos reconfigurarlo, para lograr que las emociones patológicas que padecemos ya no sean una fatalidad.

Pero esto sólo se puede hacer progresivamente. Se trata de un verdadero aprendizaje. Si quiero aprender a tocar un instrumento o a hablar inglés, tendré que dedicar tiempo. No se tratará sólo de teoría, sino también requerirá una práctica regular. Lo mismo sucede con la lucha contra las fobias; puedo aprender a dominar mis miedos excesivos, pero ello requerirá esfuerzo y también cierto tiempo. Unas semanas o unos años según la fobia y su antigüedad. Esto no quiere decir que será necesario todo ese tiempo para estar mejor: los primeros beneficios pueden ser muy rápidos. Lo que quiere decir es que será necesario todo ese tiempo para sentirse verdaderamente seguro; es decir, no para librarse del miedo (eso no es ni posible, ni deseable), sino para ser capaces de regularlo.

Uno de mis pacientes me propuso un día la siguiente comparación: «Hoy soy como un domador de leones en la jaula con mis miedos. Sigo desconfiando, pero soy yo quien manda. No estaré siempre en la jaula, pero sé que todas las veces que tenga que volver a ella podré hacerlo. Y a veces, sólo a veces, admito que dominar mi miedo en estas circunstancias me proporciona cierto placer».

## Valor y discernimiento

La lucha contra los miedos fóbicos obedece bastante a los principios de la filosofía estoica y de su célebre plegaria: «Dame el valor para cambiar lo que puedo cambiar, la fuerza para soportar lo que no puedo cambiar y la inteligencia para reconocer la diferencia».

Las personas fóbicas necesitan valor, pues los miedos contra los que luchan son invisibles a los ojos ajenos. Nadie admitirá su justo valor, ni familiares, ni terapeutas. Tendrán que combatir en la sombra.

También necesitarán fuerza de ánimo para afrontar las dificultades con las que se encontrarán en el camino y los fracasos, aunque sean transitorios. El miedo es un feroz adversario, y no basta con decidir luchar contra él y hacerlo para que la partida sea fácil. Los progresos se hacen a trompicones, más que de forma lineal. No se trata de ganar una batalla, sino la guerra.

Los sujetos fóbicos tendrán que dar prueba de su tenacidad, pues hemos visto que el trabajo de pacificación emocional que tienen por delante es largo: se trata nada más y nada menos que de reconfigurar el funcionamiento cerebral de las zonas menos accesibles a nuestra voluntad.

Necesitarán discernimiento para que sus esfuerzos a la hora de hacer frente a sus miedos no resulten actos de violencia contra sí mismos. Veremos que necesitarán encontrar estímulos y animarse, pero no obsesionarse ni reprocharse nada. La mezcla sutil de exigencia y de tolerancia consigo mismos será lo que les dé mejor resultado.

En la práctica, suele ser el terapeuta el que enseña el camino y estimula a su paciente, sin olvidarse jamás de que lo que le pide es difícil. El día en que pido a mis pacientes fóbicos que afronten las situaciones que les angustian, a veces me vienen escrúpulos, pues me doy cuenta de que lo que les pido va a hacerles pasar un mal momento. A fin de cuentas estaríamos más tranquilos hablando de su infancia en mi consulta que paseándonos por el metro, corriendo detrás de las palomas o preguntando a otros transeúntes cómo llegar a algún sitio.

Pero cuando al final de la terapia les pregunto qué ha sido lo que más les ha ayudado, todos sin excepción me responden: «Que usted me haya obligado a hacer frente a mis miedos».

# 4. CÓMO ENFRENTARSE AL MIEDO: PRIMERAS PISTAS

*Hemos de hacerles la vida imposible a nuestros miedos, de lo contrario son ellos los que nos la hacen imposible a nosotros. He aquí algunos consejos para llevar a buen término la reconquista de nuestra libertad. Aquí proponemos algunos ejercicios para fomentar nuestra capacidad de enfrentarnos al miedo. También veremos cómo preparar y prolongar los tratamientos de los que hablaremos en otro capítulo. Pero ante todo la regla de oro: es imposible que el miedo retroceda si no salimos al ruedo. Para dominar los miedos es necesario afrontarlos, muchas veces y con regularidad.*

«¡Al ataque! He de aprovechar mi vida, encontrar la felicidad, de lo contrario estoy perdido. Pero ¿cómo?, ¿cómo hacerlo?»

ALEXANDRE JOLLIEN, *El oficio de ser hombre*

«Si sigues haciendo lo que siempre has hecho, no te sorprendas si consigues lo mismo de siempre.»

Mi paciente Philippe está muy orgulloso de enseñarme esta frase escrita en un trozo de papel: «He encontrado esta cita y pensé que le haría gracia, doctor». Durante algunas sesiones trabajamos la modificación de todos los hábitos cotidianos que alimentan el miedo, que lo refuerzan y hacen que perdure. Philippe comprendió bien el mensaje: lo más importante de una terapia es lo que pasa en torno al paciente cuando el terapeuta no está delante. Aunque veamos al paciente una hora a la semana, hay más de un centenar de horas durante las cuales el paciente se enfrenta solo a su fobia.

En el capítulo siguiente veremos qué es lo que ocurre durante una terapia, pero antes pasaremos revista a los esfuerzos personales indispensables que se han de realizar cada día. Si usted padece una fobia grave desde hace mucho tiempo, todos los consejos que contienen estas páginas nunca podrán sustituir una verdadera psicoterapia. Pero son el acompañamiento indispensable de la misma, complemento y prolongación de los esfuerzos que le pedirá su terapeuta. Son también, y ante todo, la base de su esfuerzo para mantener su objetivo una vez lo haya conseguido: hacer retroceder al miedo y mantenerlo en límites normales y aceptables.

He aquí los diez mandamientos de la lucha antimiedo que detallaremos a continuación:

1. Desobedezca a sus miedos.
2. Infórmese *bien* sobre lo que le da miedo.
3. Deje de tener miedo a tener miedo.
4. Modifique su visión del mundo.
5. Enfréntese a su miedo según las reglas.
6. Respétese y haga que los demás respeten sus miedos.
7. Reflexione sobre su miedo, su historia y su función.
8. Cuídese.
9. Aprenda a relajarse y a meditar.
10. No deje de intentarlo.

## 1. Desobedezca a sus miedos

Imagínese que un día alguien se instala en su casa sin que usted le haya invitado. Se acomoda y le roba sus costumbres. Se sirve de lo que hay en la nevera, duerme en su salón, le acompaña a todas partes y empieza a darle órdenes: «Ráscame la espalda, tráeme el desayuno a la cama, límpiame los zapatos, déjame tu habitación y vete a dormir al salón». Si usted obedece, ¿qué motivo tendrá esa persona para marcharse de su casa? Ninguno; al contrario, cuanto usted más se someta, más a sus anchas estará su indeseado huésped y no tendrá intención alguna de marcharse.

Esto es justamente lo que sucede con el miedo, si usted le obedece cada vez que le dice: «No hagas esto», «Baja los ojos», «Da media vuelta», «Huye», «No salgas solo», no tendrá razón alguna para disminuir, ni mucho menos para desaparecer.

A menudo les cuento a mis pacientes esta metáfora del "invitado indeseable" para que reflexionen sobre la exagerada tolerancia y sumisión que conceden a su miedo exagerado, a veces sin que se den demasiada cuenta. Hay que considerar las fobias como huéspedes indeseables a los que haremos la vida imposible para que no les queden ganas de prolongar su estancia. Hay que fastidiar a la fobia, de lo contrario será ella la que nos fastidie a nosotros.

A muchas personas fóbicas esta evidencia no les resulta tan clara: tras muchos años de evolución, terminan por no distinguir entre sus propios intereses y los de la patología. Sin embargo, esta reflexión y distanciamiento son indispensables, pues los intereses de ambas partes son radicalmente opuestos: en aquello en que las personas fóbicas quisieran volver a recobrar la serenidad y ser autónomas, es en lo que la fobia tiende a someterlas bajo la dependencia del miedo. Por lo tanto, es de vital importancia que se distancien del miedo, que comprendan que los intereses de éste difieren de los suyos. De lo contrario, al cabo de cierto tiempo de evolución, las evitaciones impuestas por el miedo tenderán a presentarse como pseudoopciones personales. De modo que dirán: «No voy a fiestas porque me pongo de mal humor, sólo se habla de dinero y de cosas superficiales». En lugar de decir: «No voy porque no sé qué decir, me da miedo quedarme en un rincón o hacerme ver por mi emotividad o mi silencio forzado». O dirán: «No tomo el metro porque es siniestro y no me gusta», en lugar de: «Tengo mucho miedo de que el tren se quede parado entre dos estaciones, de ahogarme y de que me entre el pánico». Al cabo de un momento, las evitaciones se convierten en una forma de vida para la fobia y pasan inadvertidas. Por lo tanto, prosiguen con sus renuncias tóxicas.

Es necesario desobedecer al miedo, al menos a sus excesos, y declararle la guerra.

Como es natural, el miedo no se va a dejar. Al afrontar lo que la fobia nos ordena que evitemos, automáticamente sentiremos que aumenta el miedo y el malestar emocional. Pero recordemos que al obedecer a la fobia mediante las evitaciones estamos comprando a un precio muy alto nuestra tranquilidad: por un poco de paz momentánea sacrificamos el futuro. Ceder ante este tipo de comodidad del presente supone renunciar a la libertad en el futuro.

También veremos que los esfuerzos para enfrentarse al miedo no son tan costosos: el placer de empezar a coleccionar pequeñas victorias sobre el miedo nos hace olvidar el precio emocional de esos enfrentamientos, sobre todo cuando empezamos a comprender que disponemos de un método coherente que nos asegura la permanencia de nuestro progreso.

Recordemos que la lucha contra la fobia no es una batalla, sino una guerra de desgaste. No basta con ganar un combate y hacer huir al enemigo, hay que ir ganando todas las batallas hasta conseguir una retirada completa y duradera. Se trata de volver a colocar al adversario en su lugar, detrás de las fronteras del miedo normal, y de mantener la capacidad de hacerle retroceder cada vez que se le ocurra aparecer para emprender un nuevo ataque (lo que denominamos el retorno del miedo). Siento mucho tener que importar este lenguaje guerrero en la psicología, pero he de decir que corresponde a la realidad. No pacte más: ¡pelee! Ha de aceptar el hecho de que su vida no será tan tranquila durante algún tiempo, pero de todas formas la vida con una fobia no es el tipo de vida con el que uno sueña, ¿no le parece? Ninguna guerra es agradable, pero algunas son necesarias: esta guerra de liberación lo es.

En los capítulos anteriores ya hemos visto que no somos culpables de nuestra fobia. Nadie elige ser fóbico, ni nadie goza siéndolo.

Sin embargo, sí es responsable de la lucha contra la fobia. Es importante que cambie su actitud mental, pasará de sufrir a actuar, de la actitud de la víctima a la del combatiente. Pero, atención, quiero remarcar que este espíritu bélico no debe hacernos olvidar una cosa: no es el miedo lo que queremos que retroceda, sino la fobia, es decir, el exceso de miedo y el conjunto de reacciones inadaptadas al miedo. El problema es el desajuste de este sistema de alarma natural. Veremos que, paradójicamente, es necesario aceptar el miedo, la sensación de miedo. No se trata de no volver a tener miedo, sino de no aceptar más la fobia, de no someternos más a ella. Cuanto más colaboremos con ella, más se alargará el problema.

## 2. *Infórmese bien sobre lo que le da miedo*

Una de mis pacientes claustrofóbicas estaba convencida de que podía morir asfixiada en pocos minutos en un ascensor bloqueado o al quedársele una píldora atravesada en la garganta. Otra tenía fobia a la sangre, a los pinchazos y a las extracciones: «Cuando me vayan a pinchar, no me podré controlar, me moveré y se me romperá la aguja en el brazo», «Un trozo de aguja me subirá hasta el cerebro y me provocará un accidente vascular cerebral», «La aguja me atravesará el brazo», «Me sacarán demasiada sangre para los análisis y seguro que tendré alguna enfermedad».

La mayoría de los fóbicos cosechan tales creencias, aunque a los ojos de los demás parecen absurdas y excesivas. El psicoterapeuta americano Albert Ellis definió además los trastornos fóbicos como «conductas estúpidas realizadas por personas inteligentes».[82] La definición da en el blanco, pero en realidad el problema es un poco más complicado visto desde dentro.

No es que los fóbicos no se interesen por lo que les da miedo, el problema es que se interesan mal, de un modo demasiado parcial y superficial.

Parcial, puesto que tienden a recoger sólo las informaciones que confirman sus temores. Los que tienen fobia a volar en avión suelen acordarse de las grandes catástrofes aéreas; pero no se fijan en la inmensa mayoría de aviones que vuelan con normalidad. Los que tienen fobia a los perros recuerdan perfectamente todas las historias de personas que han sido mordidas cruelmente en su entorno, pero la inmensa mayoría de los perros son tranquilos o las mordeduras no son graves. Los que temen sonrojarse recuerdan a la perfección los comentarios mordaces que les han hecho, pero olvidan enseguida todas las conversaciones en las que nadie se ha burlado de su enrojecimiento. Como decía el filósofo Hegel, vale más «escuchar el avance del bosque, que el árbol que cae».

El conocimiento que tienen los pacientes de lo que les da miedo es también superficial, pues es un reflejo comprensible por su parte que eviten todo lo que les recuerde la fobia. Muchos fóbicos de los pájaros o de las arañas, por ejemplo, lo desconocen todo de estos animales: rehuyen cuidadosamente todo artículo de periódico, libro, programa de radio o de televisión que trate del tema que tanto temen. Pero al actuar de ese modo se mantienen en un estado de ignorancia tal que les permite seguir fantaseando sobre toda una gama de supuestos peligros: que si los pájaros se asustan pueden picarles en los ojos o que las arañas sólo piensan en atacar ferozmente a los seres humanos. Muchas personas que padecen ataques de pánico piensan que realmente se pueden volver locas cuando padecen una crisis de angustia, mientras que los psiquiatras saben que la "locura" nada tiene que ver con la espiral de la angustia. Muchos fóbicos sociales se sienten siempre observados y juzgados por los demás, mientras que todos los estudios sobre las interacciones sociales muestran que nuestros interlocutores suelen ser bastante indiferentes a nuestros estados de ánimo y resultan ser malos observadores de los demás.

Es importante enfocar de un modo distinto el objeto de nuestros temores a fin de conseguir toda la información necesaria. Ninguna de sus preguntas es ridícula y ha de atreverse a plantearla a las personas que tienen las respuestas. ¿Podemos morir de miedo? ¿Por qué sacan la lengua las serpientes? ¿Puede un perro matar a un humano? Muchos tratamientos de fobias conllevan esta fase de ponerse al día con la información. Por ejemplo, muchas compañías aéreas proponen a las personas que tienen miedo a volar visitas a los aviones en la pista, acompañadas por pilotos o asistentes de vuelo que les explican cómo puede volar un objeto más pesado que el aire, lo que sucede cuando se avería un reactor, etc. Una de mis pacientes me explicó lo que le sucedió en su primera crisis de pánico durante un vuelo: el piloto había indicado a los pasajeros que estaban sobrevolando el Mont Blanc, que podía verse por uno de los lados del aparato. Entonces todo un grupo de pasajeros se levantó para ir al lado en cuestión, aterrando a mi paciente, que estaba convencida de que el peso de los viajeros haría desequilibrar el avión, como si de una barca se tratase, precipitándolo hacia la tierra en un choque mortal e irremediable. Era evidente que, dada la masa del aparato y su velocidad, el riesgo era nulo.

Muchos pacientes ni siquiera se toman la molestia de iniciar el proceso de búsqueda de información, por la sencilla razón de que es emocionalmente desagradable para ellos, aunque eso representa en sí mismo un primer esfuerzo para hacer frente al miedo.

Estas informaciones no pueden sustituir al tratamiento, pero son una preparación muy eficaz. De todos modos se tendrán que "verificar" sobre el terreno: recuerde que el cerebro emocional no escucha nunca al racional. Como santo Tomás, que sólo creía en lo que veía, el cerebro emocional sólo cree en lo que siente.

*Las preguntas más frecuentes que plantean*
*las personas fóbicas y algunas de las respuestas*

| Tipo de fobia | Temores posibles | Respuestas racionales |
|---|---|---|
| Fobia a la asfixia. | ¿Puedo ahogarme si se me queda algo atravesado en la garganta? | No, a menos que usted sea bastante mayor o que padezca alguna enfermedad específica, en cuyo caso ya estaría informado. |
| Fobia a las arañas. | ¿Puede una araña ser agresiva si está asustada? | Al igual que le ocurre a usted, su primera reacción es huir. No siente ningún deseo de atacar, sobre todo si usted se encuentra a cierta distancia. ¡Usted es una presa enorme para ella! |
| Fobia a la impulsividad. | ¿Puedo perder el control y hacer daño a alguien, pegándole o insultándole? | Sólo si se encuentra bajo el efecto de la cólera, no sólo del miedo, y eso nada tiene que ver con la fobia. |
| Claustrofobia. | ¿Cuando se queda parado un ascensor (o un tren en un túnel) puede llegar un momento en que falte el aire? | No, el aire circula bien en los ascensores y en los túneles. No es un aire de primera calidad, pero es suficiente para que pueda pasar algunas horas sin que corra peligro alguno. Desde luego, no se sentirá cómodo, pero no hay que confundir incomodidad con peligro. |
| Fobia al agua. | ¿Me puedo ahogar si soy presa del pánico? | Un adulto con una constitución normal siempre tiene reflejos de supervivencia que le permiten aguantar mientras llega la ayuda. |

| Tipo de fobia | Temores posibles | Respuestas racionales |
|---|---|---|
| Trastorno de pánico (fobia a la enfermedad y a la pérdida de control de uno mismo). | ¿Puedo volverme loco durante una crisis de angustia? | No. Se tiene esa sensación, pero no se conoce ningún caso en la historia de la psiquiatría moderna. |
| Fobia a las tormentas. | ¿Pueden los rayos alcanzar a alguien dentro de una casa? | No. Un rayo sólo puede alcanzarle en el exterior, si está de pie en medio de un campo o bajo un árbol. Sí puede afectar –aunque pocas veces– algunos de sus electrodomésticos conectados con la red eléctrica, la línea telefónica o la antena de la televisión. Pero usted no corre ningún riesgo si no manipula ninguno de estos aparatos durante la tormenta. |
| Fobia social. | ¿Se juzga más negativamente a las personas que se sonrojan? | La mayoría de las veces las personas con las que hablamos son tolerantes con el rubor.[83] Además, también debe darse un factor importante: que los otros se den cuenta de que se ha ruborizado. |
| Fobia a las alturas. | ¿Podemos perder la cabeza y lanzarnos al vacío si padecemos un vértigo muy fuerte? | No. Pero la mayoría de los acrofóbicos se "ven" haciéndolo: sus temores se transforman en terribles imágenes. |

| Tipo de fobia | Temores posibles | Respuestas racionales |
|---|---|---|
| Fobia a conducir. | ¿Puede darse el caso de que tengamos una enfermedad grave que no hayamos notado y que al conducir podamos provocar un accidente? | Para ello tendría que padecer una enfermedad concreta (por ejemplo, epilepsia mal controlada por el tratamiento, narcolepsia, etc.), y lo más probable es que usted ya supiera que la sufre. |
| Muchas fobias. | ¿Se puede morir de miedo? | No, a pesar de las múltiples historias que circulan sobre este tema. Tendría que padecer alguna enfermedad cardíaca y tener las arterias coronarias en muy mal estado, pero si esto fuera así, se supone que usted estaría al corriente. |

## 3. Deje de tener miedo a tener miedo

«Tiemblas, esqueleto, pero más temblarías si supieras adónde te llevo».

Esta frase se atribuye al mariscal Henri de Turenne (1611-1675). Famoso por su bravura, De Turenne tenía miedo antes de cada batalla, pero no se dejaba intimidar por él. Este programa es perfecto para los fóbicos. Es normal tener miedo. El problema no es empezar a sentir miedo, sino nuestra reacción al mismo, es decir, tenerle pánico. La solución no es evitar a cualquier precio que sobrevenga el miedo, sino aprender a no temerlo entrenándonos a controlarlo. Esto es lo que permitirá desarticularlo y disminuir su intensidad.

El enfoque de la persona fóbica no ha de basarse únicamente en enfrentarse al miedo, sino en la aceptación de cierta dosis del mismo. Recordemos que hemos de concebir la lucha contra la fobia como una forma de reeducación de la alergia a lo que nos produce miedo, como el ajuste de un sistema de alarma que se ha descontrolado. Repito, el miedo es normal: la meta no es pues suprimirlo, sino hacer buen uso del mismo y regularlo para que nos sea útil sin que nos resulte molesto.

Este trabajo de aceptación es tan útil y necesario como lo son las múltiples emociones negativas para que regrese el miedo: aceptar el miedo significa ser capaz de no sentir temor, vergüenza ni tristeza frente a él. Significa no considerar el miedo como una falta de fuerza o de voluntad, y no juzgarlo, sino simplemente verlo como un problema que hemos de intentar resolver una semana tras otra.

## No temer más al miedo

«Cuando noto que me vuelven esas sensaciones, el corazón que palpita o se acelera, el eco de sus latidos en mis oídos, la respiración que se corta... empieza el pánico. Ni siquiera necesito estar en esa situación, me basta pensar con la suficiente intensidad en ella para comenzar a sentir el miedo y enloquecer. Me asusto de mi propio miedo, del miedo que aflora, como un animal que se asusta de su sombra.»

El fenómeno del miedo al miedo se caracteriza por este sentimiento, muy frecuente en las personas fóbicas, de pérdida de control cuando el miedo empieza a aflorar. Por esta razón, intentan por todos los medios no hacer nada que pueda desencadenarlo, pues no saben cómo acabará ese miedo incipiente. O más bien, sí creen saberlo: acabará en locura, en un ataque cardíaco o en algo similar. Pronto veremos que la única solución es entrenarse regularmente a tener miedo en circunstancias controladas, es lo que se denomina la terapia de exposición, de la que hablaremos en el capítulo siguiente.

## No avergonzarse más del miedo

«No es normal ser así a mi edad. Tener pánico por semejantes tonterías. En esos momentos me siento débil, impotente, sin voluntad.» Este tipo de afirmaciones negativas es igualmente muy frecuente. Muchas personas fóbicas se avergüenzan de sus miedos. ¿Sentirían vergüenza de ser miopes, diabéticas o hipertensas? No; sin embargo, son tan responsables de la existencia de sus fobias como lo serían de estos otros trastornos. No emita un juicio moral sobre su miedo. Considérelo como un problema que ha de resolver. La pregunta más importante no es: «¿Por qué soy tan débil, tan miedoso?», sino: «¿Qué puedo hacer para limitar poco a poco la intensidad de este miedo que me molesta y que desapruebo?».

## No volver a estar triste por tener miedo

«Había progresado y luego, ¡patapum!, volví a tener otra crisis de pánico. Estaba hundido, pensaba que no saldría jamás de esto, que mis esfuerzos estaban condenados al fracaso.»

Todavía existen muchas creencias erróneas en lo que se refiere al cambio psicológico. Aún se cree que ocurre tras un *clic*: una vez haya comprendido la razón del problema o lo haya afrontado, se habrá solucionado. Evidentemente, se trata de una visión ilusoria de la psicoterapia, popularizada por algunas películas de Hollywood: el héroe o la heroína comprenden de golpe la causa de sus problemas, sus ojos se llenan de lágrimas (por lo general hay música de violines de fondo) y todas sus preocupaciones se desvanecen para siempre.

Las verdaderas terapias –desgraciadamente– no funcionan así. Más bien se parecen a aprendizajes, es decir a lo que sucede cuando se intenta dejar de fumar o cuando se quiere aprender a esquiar: se sufre, se intenta, primero funciona, luego no funciona, después vuelve a funcionar. Es un poco descorazonador, pero si perseveramos, siempre lo conseguimos: un buen día, cuando nos enfrentamos a nuestro miedo de forma imprevista, nos damos cuenta de que los viejos automatismos han desaparecido.

Lo que sirve al principio de los esfuerzos de cambio –lo que ayer funcionó no necesariamente funcionará hoy– también sirve para las recaídas temporales. El miedo a los recuerdos lejanos puede despertarse al cabo de unos años, incluso después de un tratamiento satisfactorio y de haber recobrado la libertad de movimiento. Entonces tendremos que apretarnos de nuevo el cinturón y no pensar de ningún modo, como consecuencia de ese "retorno del miedo" (el ROF [*return of fear*] de los terapeutas anglosajones): «Nunca me libraré de esta mierda», sino: «No es un retorno de la enfermedad, sino un retorno del miedo».

## 4. Modifique su visión del mundo

¿El antónimo del adjetivo "fóbico" es "valiente" o "inconsciente"? Para el filósofo francés del siglo XVII Helvetio, «el valor suele ser el efecto de una visión poco clara del peligro que se afronta o la ignorancia total del mismo». Este riesgo de miopía psicológica frente al peligro ¡no es una amenaza para las personas fóbicas! La fobia sería más bien, parafraseando a Helvetio, el efecto de una visión *demasiado* neta del peligro que se ha de afrontar o de una *conciencia extrema* del mismo.

Ya hemos hablado de la capacidad de las personas fóbicas de descubrir todos los signos de un posible peligro. Esto con frecuencia conduce a errores, sus reacciones de miedo resultan ser falsas alarmas. Pero hay que comprender que estas reacciones se encuentran en un contexto todavía más amplio, y se basan en una verdadera visión del mundo que descansa sobre tres grandes pilares de miedos fóbicos:

–*El mundo es peligroso*: tengo miedo de todo lo que puede pasar (el peligro reina en el exterior).

–*No soy de fiar* y tengo miedo de mis propias reacciones (el peligro también puede venir del interior).

–*No soy capaz* de enfrentarme a esta situación y no puedo fiarme de mí (sólo sobreviviré si huyo o si evito).

## El mundo es peligroso: el papel de los escenarios catastróficos

Si la persona fóbica teme muchas cosas es porque suele aferrarse a numerosos "escenarios catastróficos": son las predicciones catastróficas, normalmente erróneas, de lo que *seguramente* va a suceder en caso de que tenga que enfrentarse a aquello que teme:

–«La paloma se va a asustar, se lanzará sobre mí en su vuelo de huida y me picará en el ojo. Como estos animales son sucios y transmiten muchas enfermedades, la herida se me infectará, perderé el ojo y tendré una septicemia.»

–«Si cierro con llave esta puerta se quedará bloqueada, no podré salir y me pondré enfermo. Nadie sabrá que estoy agonizando en los retretes. Sólo me encontrarán cuando esté muerto.»

–«Si hago una pregunta, me voy a sonrojar, todo el mundo se dará cuenta y me considerarán inferior y estúpido. Poco a poco me irán dejando de lado. Las personas que estén a mi alrededor se burlarán de mí y se alejarán; al final todos me abandonarán.»

A la persona fóbica estos escenarios catastróficos le parecen muy probables y tienen dos consecuencias principales: favorecen las evitaciones y provocan sentimiento de impotencia. Una evocación muy bella de este tipo de anticipaciones catastróficas es la que aparece en la novela *La paloma*,[84] de Patrick Süskind, que narra una fobia increíble a los pájaros. Sin atreverse a regresar a su hotel por temor a encontrarse de nuevo cara a cara con las palomas que se habían cruzado en su camino un poco antes de llegar a la escalera, el protagonista se proyecta de golpe a un terrible escenario catastrófico sobre su futuro: «Tu habitación hace tiempo que ya la has perdido. Se ha instalado allí una paloma; no, toda una familia de palomas que la ensucia y la destroza, la cuenta del hotel sube a una cantidad enorme, te emborrachas para olvidar tus preocupaciones, bebes cada vez más, te bebes todo tu dinero, acabas siendo un esclavo de la botella, enfermas, la decadencia, la miseria, la decrepitud te conducen a la puerta de la última y más barata de las pensiones, estás sin blanca, ante ti sólo tienes la nada, estás en la calle, duermes y vives en la calle, defecas en la calle, serás un vagabundo harapiento que se acuesta en el banco de una plaza como ese desgraciado de allí, que es tu hermano...».

Pocas obras ofrecen una visión tan clara y perturbadora de la desproporción absurda, al menos vista desde fuera, entre el problema inicial y el sufrimiento causado por una "simple" fobia.

Enfrentarse a estos escenarios catastróficos mediante la reflexión, y sobre todo la acción, lo que los terapeutas cognitivos denominan acertadamente "pruebas de realidad", son sin duda los pilares de toda terapia para las fobias.

Pero también sucede que algunos pacientes no experimentan contenidos tan "mentalizados" de sus miedos: simplemente sienten un miedo devastador y visceral, sin tener muy claro, al menos de momento, qué es lo que les asusta. Pero no por ello sus fobias son menos dolorosas.

## No soy de fiar y mis reacciones pueden perjudicarme: el peligro está en mí

Ya hemos hablado del fenómeno del miedo al miedo, del temor a perder el control bajo el efecto del terror. La espiral del miedo al miedo está principalmente alimentada por el "razonamiento emocional", que consiste en interpretar las reacciones físicas originadas por el miedo como prueba de que hay un peligro real: «Si me siento mal, es una prueba de que el peligro está allí o que va a aparecer en cualquier momento»; «Si me *siento* ridículo, es porque *soy* ridículo»; «Si mi corazón late de esta manera, probablemente es que voy a tener un infarto».

De este modo, partiendo de una enfermedad moderada, el fóbico se engancha en una espiral de interpretaciones erróneas o exageradas, basadas esencialmente en una fe excesiva en sus sensaciones o intuiciones. Esta confusión entre lo que se siente y lo que realmente está en juego ilustra bien otra de las paradojas fóbicas: el mal uso de una hipersensibilidad que más bien nos conduce a la locura que a recurrir a estrategias de adaptación al entorno.

## No soy capaz: el sentimiento de falta de control

Las personas fóbicas suelen tener la convicción de que apenas disponen de recursos para hacer frente a la situación.

Si no pueden evitarla, las pocas veces que osarán enfrentarse a ella tenderán a depender de soluciones externas: ir siempre acompañadas, tener siempre a mano el teléfono portátil, medicamentos en caso de...

Esto explica también que enseguida inspeccionen todas las posibilidades de ayuda en las situaciones angustiosas: el claustrofóbico que entra en un cine localiza las salidas de emergencia y se las arregla para no estar muy lejos de ellas; el fóbico social que ha de hacerle una pregunta a un vendedor se pasa horas observando cuál es el más amable y esperando un buen momento para no arriesgarse a que le desairen; el fóbico a los pájaros se parapeta detrás de una persona robusta para atravesar una plaza llena de palomas.

Una de mis pacientes con fobia a volar, pero que se veía obligada a hacerlo de vez en cuando para visitar a su familia que vivía en el norte de África, preguntaba sistemáticamente a los asistentes de vuelo si por casualidad había algún médico a bordo o, en su defecto, si podían acomodarla al lado de alguna persona a la que le gustara hablar, pues eso la distraía de sus temores.

Estas precauciones suponen una forma atenuada de evitación y plantean los mismos problemas: impiden verificar que el peligro no existe. Poco a poco también se irán venciendo, aunque tengan la ventaja relativa, con respecto a las "verdaderas" evitaciones, de permitir cierto grado de enfrentamiento.

## Miedo antes, miedo durante y miedo después: miedo siempre

Cuanto más grave y compleja es una fobia, más presente estará en la vida cotidiana de la persona, incluso fuera de los momentos que considera peligrosos: estará mal antes, durante y después.

Tener miedo con antelación cuando sabemos que nos hemos de enfrentar a algo es un fenómeno clásico. Una de mis pacientes me explicaba que tenía un verdadero calendario en su cabeza, donde tenía presentes todas las salidas y los "riesgos" que éstas a su parecer implicaban: «En este caso, quince días antes, ya empiezo a no dormir. Entonces ya me paso un tiempo sin dormir bien...»

Esta ansiedad anticipatoria es muy conocida, pero todavía hay un fenómeno por estudiar que me parece muy importante: la obsesión postenfrentamiento. Hace mucho tiempo que se dice que los deprimidos dan muchas vueltas a las cosas y que frente a situaciones de fracaso empiezan a recordar todos los fracasos anteriores, lo cual agrava su tristeza. La memoria de los fóbicos también parece obedecer a estos mecanismos.[85,86] Esto se pone de manifiesto cuando hablas con ellos de sus miedos: los fóbicos tienen archivos casi infinitos de recuerdos y de historias de batallitas que confirman sus temores.

### Secuencias cronológicas del miedo exagerado

| Momento | Mecanismo psicológico predominante | Consecuencias |
|---|---|---|
| Ante el enfrentamiento. | Preveo todos los problemas posibles (escenarios de catástrofe). | Aumento del miedo anticipado (ansiedad) y del sentimiento de vulnerabilidad. |
| Durante el enfrentamiento. | Me centro en las señales de peligro (externas o internas) y hago una lectura negativa de los elementos ambiguos. | Aumento del miedo, disminución de las capacidades de adaptación a la situación. |
| Después del enfrentamiento. | Recuerdo los elementos angustiosos o de desvalorización de lo que ha sucedido. | Vergüenza, mantenimiento de un sentimiento de vulnerabilidad frente a los siguientes enfrentamientos. |

## 5. *Enfréntese a su miedo según las reglas*

«Cuando vaya en metro, no iré acurrucado en un rincón, ni de espaldas a la puerta con la cabeza baja, entraré por un extremo del vagón, lo atravesaré con la cabeza bien alta y miraré a todos los pasajeros como si estuviera buscando a alguien. En la siguiente parada, me subiré en el vagón de al lado y realizaré la misma operación. Esto es lo que haré durante los treinta minutos de mi trayecto, mañana y tarde. Haré lo mismo cuando viaje en tren: atravesaré todo el tren, subiré en todos los vagones, miraré los rostros de los pasajeros como si buscara a algún conocido. En verano, cada vez que pase por delante de la terraza de un bar, me pararé delante y miraré a todo el mundo, como si buscara a un amigo...»

Nosotros proponemos estos ejercicios cotidianos a muchos de nuestros pacientes que presentan fobia a la mirada, de la que hablaremos en el capítulo dedicado a los miedos sociales.

Estos ejercicios son básicos y esenciales para trabajar las fobias. No se puede progresar de ningún modo sin enfrentarse al miedo, esto es lo que la terapia conductista denomina técnicas de exposición. Si usted padece una fobia, es probable que tenga que tratarla con la ayuda de un profesional de la salud; más adelante detallaré la forma en que se trabajan las fobias dentro del contexto de la terapia. Pero ahora voy a presentar las bases del tratamiento, que ha de conocer y respetar para que funcione mejor. Como verá, el método sólo es sencillo en apariencia: para hacer frente al miedo hay que obedecer reglas muy precisas para ser eficaces.

### ¿Por qué enfrentarse al miedo?

Gide, en su novela *Los monederos falsos*, escribió: «La experiencia enseña más que el consejo». Para curar un gran miedo, la inteligencia y los buenos consejos no bastarán: se ha de salir al ruedo para aprender a regular las emociones vinculadas a la fobia, en lugar de limitarse a padecerlas. Para utilizar nuevas formas de actuar y reaccionar, en lugar de huir. Para adquirir nuevas formas de pensar y de percibir las situaciones, en lugar de ver siempre sólo el peligro, sin comprobar jamás si éste existe realmente.

Ya hemos visto que las evitaciones hacen que la fobia se vuelva crónica. Los médicos descubrieron muy pronto que ciertos pacientes, al enfrentarse regularmente a sus temores, habían llegado a eliminarlos. Desde principios del siglo XX, el gran psicólogo francés Pierre Janet proponía a sus pacientes fóbicos estrategias de enfrentamiento progresivo muy similares a las terapias actuales de exposición.[87] La estrategia de no huir más de la angustia responde a una cierta lógica, y no se olvida del entorno de los fóbicos, proporcionándoles buenos consejos o empujándoles, a veces vigorosamente, a "lanzarse al agua". Tampoco se olvida de los pacientes que con frecuencia han intentado, aunque en vano, exponerse a sus miedos. ¿Por qué no han funcionado estos esfuerzos? Estos intentos espontáneos o forzados no siempre son productivos, pues el enfrentamiento de los miedos fóbicos debe obedecer ciertas reglas bastante estrictas para que su eficacia sea duradera.

## Las reglas que hay que respetar para terminar definitivamente con las fobias

Para que un enfrentamiento sea eficaz a la hora de vencer un gran miedo, hay que exponerse al mismo según unas reglas estrictas.

*La exposición ha de ser larga*: hay que permanecer en la situación angustiosa el tiempo suficiente para observar el inicio de la disminución del miedo. En la práctica, se considera que la angustia ha de haber disminuido como mínimo un 50%

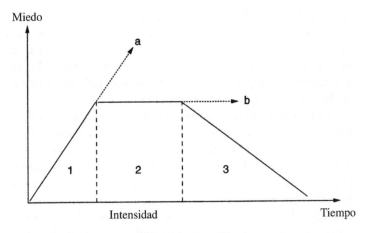

Miedo

1 | 2 | 3

Intensidad | Tiempo

Fase 1: subida. Fase 2: estabilización. Fase 3: descenso.
Punteado: a) anticipación de una subida sin límites del miedo (escenario catastrófico); b) anticipación de una conservación indefinida del miedo en su nivel máximo.

antes de dar por terminado el ejercicio de enfrentamiento. Los ejercicios de exposición difícilmente pueden durar menos de cuarenta y cinco minutos. A mis pacientes les recomiendo, cuando los realizan solos, que siempre dispongan de al menos una hora o dos. ¿Mucho tiempo? Sí, mucho. Pero piense que la fobia es una enfermedad a tiempo completo; si pretende que disminuya en plan aficionado y a tiempo parcial, sus posibilidades de éxito son escasas. Los estudios experimentales sobre el desarrollo de una secuencia de miedo muestran que si la persona permanece el tiempo suficiente enfrentándose con la situación que teme, su miedo termina siempre por disminuir notablemente. El problema es que, en general, los pacientes no aguantan la situación angustiosa, porque creen que el miedo va a crecer indefinidamente hasta alcanzar un nivel insoportable o peligroso; o bien que permanecerá en su nivel más alto y que no volverá a descender. Llegan pues a la con

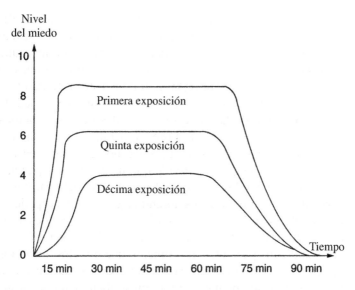

Nivel
del miedo

10

8    Primera exposición

6    Quinta exposición

4    Décima exposición

2

0
    15 min    30 min    45 min    60 min    75 min    90 min

Tiempo

Evolución del nivel del miedo durante las sesiones de exposición repetidas.

clusión de que para sobrevivir hay que huir de la situación, física o mentalmente. Estas dos previsiones son del todo erróneas, pero mientras el paciente no llegue hasta el final para verificarlas seguirá la duda: «Si no hubiera huido, seguro que habría pasado algo».

*La exposición ha de ser completa*: es necesario que durante la confrontación no haya evitaciones "sutiles". En los fóbicos a los animales podría ser desviar la mirada para reducir el sentimiento de miedo. En las personas con ataques de pánico, apoyarse sobre un mueble para prevenir la aparición de un desmayo. En los fóbicos sociales, hablar mucho para evitar un silencio y soportar la mirada del observador. Existen infinitas variantes. Cada persona ha de aprender a reconocer sus pequeños trucos inconscientes que ponen en juego la eficacia de los ejercicios.

*Las exposiciones han de ser repetidas*: para tratar con eficacia un gran miedo, una vez no basta y los ejercicios se han de repetir regularmente. La repetición será la que hará que tanto la intensidad como la duración del miedo disminuyan de forma paulatina y duradera, porque nuestro esfuerzo tendrá un impacto biológico a través de la neuroplasticidad, la reconfiguración de las sinapsis cerebrales de la que hemos hablado al principio de este libro. A medida que vayan produciéndose exposiciones, la ansiedad no será tan intensa y durará menos tiempo. No olvide que ha de enseñar paulatinamente a su cerebro emocional que no hay peligro, y este aprendizaje, como todos los aprendizajes, necesita repeticiones regulares. En materia de fobias, una vez nunca es suficiente. Tendrá que "usar" la reacción condicionada del miedo; una de mis pacientes me comentó que mientras hacía los ejercicios se consagraba a "cansar al miedo". Ésta es la razón por la que los terapeutas siempre prescriben ejercicios a sus pacientes para que los realicen cada día entre las sesiones. Estos ejercicios equivalen a las escalas que hace practicar un profesor de música. Al igual que éstas, los ejercicios de exposición son indispensables para su progreso.

*La exposición ha de ser progresiva*: en la mayoría de los casos se recomienda realizar exposiciones progresivas a situaciones de dificultad creciente. No sirve de nada forzarse y sentirse inseguro, eso resultaría contraproducente. Si le pasara eso, significaría que ha apuntado demasiado alto y que ha de fijarse un objetivo más modesto. Deberá establecerse una lista de objetivos, que representarán distintas etapas que tiene que superar una tras otra. Por ejemplo, para una persona con fobia a la altura, la serie podría ser la siguiente: subirse encima de una silla, después de una mesa, luego a una escalera de mano, asomarse a un balcón, a un puente, etc. Recuerde que la fobia representa un conjunto de costumbres antiguas que no se pueden erradicar de una sola vez. Tal como escribió Mark

Twain: «no nos deshacemos de una costumbre tirándola por la ventana, sino que hay que bajar la escalera paso a paso».

A continuación expongo a modo de ejemplo la lista de objetivos que hizo una de mis pacientes de acrofobia (pánico a las alturas y al vacío) durante una terapia de exposición gradual. Estos ejercicios resumen en general lo que ya habíamos hecho juntos durante las sesiones y que la paciente debía practicar regularmente entre las mismas. Están clasificados por grado creciente de dificultad:

–Mirar la calle desde su ventana, en el tercer piso, todas las mañanas y tardes, durante bastante tiempo, asomada al vacío hasta que la sensación de malestar desaparezca, en lugar de retirarse precipitadamente a los primeros segundos.

–Cada vez que tenga que bajar la escalera, permanecer de pie en el rellano de su piso frente a la escalera y mirar al vacío, sin agarrarse a la barandilla.

–En la calle, pararse a observar los monumentos o edificios altos, llevando la cabeza hacia atrás; permanecer en esta posición aunque vengan sensaciones de vértigo.

–Subirse encima de una silla sin sujetarse a ningún sitio; permanecer bastante tiempo.

–Apoyarse en la barandilla del balcón sin agarrarse desesperadamente.

–Subirse hasta el último escalón de una escalera de mano sin sujetarse con las manos.

Para finalizar la terapia, le pedí a la paciente que celebrara el acontecimiento subiendo con su amigo al último piso de la Torre Eiffel. Pero eso ya no se trataba de un ejercicio que tuviera que hacer regularmente, sólo era un símbolo de victoria contra el miedo, o más bien un tratado de paz con el mismo. La finalidad de estos esfuerzos no es esclavizar al miedo como él ha hecho con usted, sino convivir con él con inteligencia: el miedo puede prestarnos todavía muchos servicios. Sin embargo, hay que vigilarlo de cerca, porque tiende a ser dictatorial, ya que es un poco primitivo.

## 6. Respétese y haga que los demás respeten sus miedos

Los esfuerzos de enfrentamiento que acabamos de citar son infinitamente más sutiles y delicados de lo que podríamos imaginar. Curarse de una fobia no es sólo intentar superar a la fuerza los miedos, sino reconstruir en el tiempo una relación diferente con los miedos alérgicos que son los miedos fóbicos. Este trabajo se realiza en el tiempo, lo cual implica conocer las propias fuerzas, saber economizarlas y sobre todo respetarse: estimularse sin violencia. La consigna en lo que respecta a enfrentarse a los miedos es ir siempre un poco más allá de lo que hubiéramos hecho espontáneamente, pero sin entablar batallas estresantes, y recordar que el objetivo no es no tener miedo, sino no dejar que nos dirija ni nos desborde.

Insisto en que no hemos de someternos a las fobias complejas que tienden a invadir nuestra existencia en todos los aspectos y a provocar graves pérdidas de autoestima y estados depresivos.[88] Por esta razón recuerdo a mis pacientes de los grupos de terapia: «Ustedes no *son* fóbicos, y mucho menos ¡sólo fóbicos!, aunque el sufrimiento les haga olvidar el resto, como sucede en las enfermedades crónicas. Ustedes son simplemente *personas normales que padecen fobia*, pero que poseen también muchas otras características y capacidades». No se ocupe sólo de sus síntomas, ¡sino también de su persona!

Sea respetuoso consigo mismo. Esto incitará a las demás personas a comportarse del mismo modo con usted, sin que tenga, como creen muchos fóbicos, que disimular sus miedos. Agnès, una de mis pacientes fóbicas al agua, me contó un día la siguiente anécdota. Como le daba miedo nadar cuando no tocaba pie, planificamos juntos una serie de ejercicios que debía realizar en la piscina que había cerca de su casa: principalmente consistían en alejarse primero uno o dos metros del borde del lado más profundo. Valiente, pero no temeraria, le pidió al socorrista que la vigilara: «¿Le importaría vigilarme un poco, por favor? Tengo miedo cuando no toco pie». El socorrista, simpático pero paternalista, le preguntó si sabía nadar, lo cual era su caso, después añadió lógicamente: «¡Entonces no hay razón para tener miedo!». A lo cual, Agnès, que no se callaba una, respondió: «Escuche, no necesito un psiquiatra, sino un socorrista, por si empiezo a ahogarme. ¿Ha salvado alguna vez a alguien? Muy bien, entonces me soltaré del borde». Realizó sus ejercicios bajo la mirada desconcertada pero atenta del socorrista.

Agnès tuvo una relación muy simple con su miedo: consideraba que no había por qué avergonzarse por padecer una fobia y que se puede pedir ayuda sin tener que aguantar actitudes paternalistas por parte de la persona que presta la ayuda. Las personas fóbicas se preguntan muchas veces si es una buena idea hablar de sus miedos. Si hay que aceptarlos o disimularlos. También se preguntan cómo hablar de su fobia. En términos generales, la regla más adoptada parece ser simplificarse la vida, hablar claramente sin desvalorizarse.

Muchas personas fóbicas tienen la tendencia de ocultar sus miedos para evitar críticas o consejos inútiles que ya han escuchado cien veces y que de momento no pueden aplicar, porque se sienten inferiores debido a su incapacidad de superar sus temores, porque consideran que eso no les concierne a los demás. Sin embargo, hay que saber que ocultar algo representa un coste emocional importante. Un estudio psicológico experimental demostró que cuando se le da a alguien la consigna de evitar hablar de un tema en particular durante una conversación, sube claramente su estado de tensión y de incomodidad emocional.[89] Necesita toda su energía para luchar y hacer frente a su miedo; no la despilfarre inútilmente disimulando a cualquier precio la realidad de sus temores.

Pero, entonces, ¿cómo hablar de su fobia? Esto se puede hacer de una forma muy sencilla, sin tener que recurrir a la actitud de víctima o de enfermo. Muchas veces con mis pacientes hacemos juegos de rol para probar todas las posibles formas de hablar de sus miedos en función de los contextos y de los interlocutores. En general, el discurso más común en la mayoría de las situaciones es parecido al siguiente: «Sé que esto puede parecer un poco absurdo o asombroso, pero tengo mucho miedo a esta situación. Este miedo es difícil de controlar, casi tanto como una crisis de asma o una migraña. Intento afrontarlo poco a poco, pero de momento todavía no he llegado a un control perfecto. Podrías ayudarme haciendo esto o aquello». Un sujeto fóbico tiene todo el derecho a pedir a otra persona que le respete sin que se piense que es su terapeuta. Si usted tiene miedo de los gatos o de los perros, puede explicárselo tranquilamente a los propietarios del animal. Si le da miedo volar, puede hablar con los asistentes de vuelo. Si tiene miedo escénico, no dude en decirlo, eso no tiene nada de raro: casi un 30% de la población tiene el mismo problema, y aunque sólo fuera un 1%, ¡tendría el mismo derecho! No obstante, no abuse del derecho a que respeten sus miedos, no se trata de aprovechar la comunicación de los mismos para no hacer nada contra ellos. El objetivo de esta franqueza con su entorno es preparar los momentos para programar las confrontaciones y la "dosis" de miedo que se va a inocular.

A este respecto, recuerdo a una de mis pacientes con fobia social que era visitadora médica para unos grandes laboratorios farmacéuticos. Cuando visitaba a los médicos se encontraba más o menos bien, pues estar frente a una sola persona no la angustiaba demasiado. Sin embargo, todos los lunes por la mañana tenía que asistir a una reunión con su director regional y una docena de colegas. Estas reuniones la angustiaban enormemente. Nunca tomaba la palabra, pero temía que pudieran preguntarle su opinión, lo que sucedía a veces. Llegó un momento en que ya no podía soportar estas reuniones y estaba dispuesta a dejar el trabajo. Fue entonces cuando vino a verme.

Intenté convencerla para que no renunciara a su trabajo por ese motivo, no sólo porque le gustaba lo que hacía y obtenía unos buenos ingresos, sino porque hacerlo sería una forma de sumisión a su fobia. Durante la discusión me confesó que nunca se había atrevido a comentarle a su superior su problema patológico. Entonces hicimos un pequeño juego de rol para ver las distintas posibilidades de abordar el tema. Después le pidió una entrevista a su jefe, le confesó sus miedos y le explicó que si no decía palabra en las reuniones no era por falta de motivación para trabajar en grupo, sino por miedo. Para su sorpresa, su director regional se mostró muy aliviado al oír esto, pues le dijo que había notado algo, pero que pensaba que se debía a que no le gustaba el trabajo en equipo, y él también le habló de sus propias experiencias de miedo escénico antes de una aparición en público.

## 7. Reflexione sobre su miedo, su historia y su función, ¡pero no se pierda por el camino!

Durante mucho tiempo las soluciones propuestas por los terapeutas en cuestión de grandes miedos han sido siempre las mismas: «vamos a reflexionar sobre su pasado». Para muchos de los pacientes fóbicos que visitamos en nuestro hospital, las terapias que habían seguido antes, a menudo se limitaban a "hablar de la infancia", con lo que habían conseguido muy pocos beneficios para vencer sus miedos.

Nuestro pasado es sin duda importante para nosotros y para la comprensión de nuestros miedos. Pero se ha de hacer buen uso del mismo para trabajar la fobia: siempre es importante reflexionar, pero también lo es no obsesionarse, ahogarse o divagar.

## Es importante reflexionar sobre la historia de nuestros miedos

En general, eso no basta para librarse de los miedos, pero puede ayudarnos mucho a aprender sobre los errores que nos han podido llevar a agravarlos para no volver a repetirlos. Esto también nos ayudará a no transmitírselos a nuestros hijos mediante la educación o la observación. La lucha contra los miedos siempre se gana en el presente: darle vueltas al pasado nunca es la solución para deshacerse de las fobias. Pero esto no significa que haya que olvidarlo por completo. Reflexionar sobre la historia de las fobias es pues una etapa útil, porque nos permite comprender cómo se instalaron y cómo –inconscientemente– las hemos estado manteniendo y alimentando. De todos modos, también hemos de tener presente que la historia que nos explicamos de nuestra fobia siempre es una reconstrucción incierta y aproximada. No es más que un conjunto de hipótesis explicativas; en materia de fobias, como de muchas otras cosas, a menudo preferimos dar explicaciones simples y coherentes. No obstante, la realidad siempre es más complicada; ya hemos hablado de los orígenes múltiples de los miedos en el capítulo anterior.

## ¿Tiene ventajas ser fóbico?

En mis primeros años de práctica en psiquiatría, muchos de mis colegas que llevaban más años estaban más interesados en la investigación de lo que llamaban "beneficios secundarios" de la fobia que en su tratamiento. ¿Tal vez porque no dispusieran de métodos de tratamiento eficaces y por esa razón fueran más testigos que actores de la evolución de los miedos de sus pacientes?

El postulado básico de esta hipótesis de los beneficios secundarios consistía en suponer que existían más ventajas que inconvenientes en ser fóbico. El miedo excesivo permitía, por ejemplo, estar sobreprotegido o castigar a los allegados complicándoles la vida. Según este tipo de teoría, las mujeres agorafóbicas podían también, gracias a su fobia, tener siempre a alguien para que las acompañara a todas partes. Incluso podían autoinmolarse en el altar de la agorafobia, perdiendo totalmente su autonomía para –inconscientemente– complacer a un marido celoso.

El hecho de haber recurrido sistemáticamente a este tipo de teorías les ha restado credibilidad. Concederles tanta importancia fue sin duda un error, como lo sería no concederles ninguna. A veces existen beneficios en ser fóbico, pero nunca he encontrado un paciente que no los hubiera cambiado por la dicha de una verdadera curación. Prudencia pues con los terapeutas obsesionados por la puesta al día de los famosos beneficios secundarios.

## ¿Tienen los miedos algún sentido oculto?

Para algunas personas las fobias tienen un sentido: éstas son un mensaje de nuestro inconsciente que nos alerta de los problemas que no hemos solucionado en la vida. Un poco como ocurre con "la interpretación de los sueños", en la que cada sueño tiene un determinado significado. En el caso de los sueños se ha demostrado que esta visión es errónea, y lo mismo sucede con las fobias. En este aspecto, la psicología ha abusado mucho de este tipo de reflexión, en detrimento de enfoques más eficaces.

Las secuelas del psicoanálisis lacaniano y la moda de los juegos de palabras a modo de reflexión psicopatológica han aportado muchos errores al mundo de la psicología.[90] De ahí que un gran número de fóbicos haya sido víctima del diván, a veces durante muchos años.

Me acuerdo de una paciente que presentaba miedo a asfixiarse. Un psicoanalista al que había ido durante muchos años le había dicho que su fobia se debía a que había vivido "alguna experiencia muy difícil de asimilar". Observemos que él no arriesgaba nada al afirmar tal cosa, pues ¿qué ser humano no ha vivido "experiencias difíciles de asimilar"? La paciente había buscado en vano siguiendo esa pista, sin hallar ninguna mejora.

Ésta es una historia que contaba mi amigo el psicólogo Jacques Van Rillaer:[91] «En la época en la que trabajaba en un centro de psicología clínica de tendencia psicoanalítica, una estudiante vino a la consulta de uno de mis compañeros con la esperanza de superar su miedo a los exámenes. Desde la primera visita el psicoanalista le había explicado que su miedo a los exámenes se debía a su miedo a la masturbación. Su argumento se resumía en una frase: "El miedo a los exámenes es el miedo al sexo en solitario". Desconozco si esta brillante interpretación permitió a la paciente masturbarse sin sentirse culpable y obtener así su diploma».

A una de mis amigas que tenía un miedo incontrolable a las arañas, un terapeuta le dijo que su fobia no era más que una representación de su angustia frente al sexo opuesto: oscuro y velludo.

No hace mucho vino a mi consulta una joven que tenía pánico a que se le escaparan las heces en un lugar público, miedo bastante frecuente en algunos fóbicos sociales graves. También había padecido interpretaciones salvajes desde su segunda (¡y última!) sesión con un psicólogo que le había dicho: «¿Se desprecia usted hasta el punto de llegar a cagarse encima?». El efecto terapéutico fue nulo. Como revancha se había negado a visitarse durante seis años, convencida de que todos los psicólogos se parecían a aquel terapeuta, lo cual es absolutamente falso, tanto en lo que se refiere a los psicoanalistas serios como a las otras escuelas de psicoterapia.

Esta visión de la fobia como traducción de un conflicto intrapsíquico supone uno de los pilares de la teoría del psicoanálisis. Aunque sea poco funcional en la terapia, su dimensión poética y misteriosa ha contribuido a su gran éxito gracias a muchos escritores cuyo talento ha permitido que llegara a popularizarse. En la novela *La peur*, el escritor Stefan Zweig, muy influenciado por las teorías psicoanalíticas, describe las angustias fóbicas de Irène Wagner, una burguesa adúltera:[92] «Cuando Irène salía del apartamento de su amante y bajaba la escalera, de nuevo un miedo súbito e irracional se apoderaba de ella. Una peonza negra giraba ante sus ojos, las rodillas se le anquilosaban y se veía obligada a agarrarse a la barandilla para no caerse de bruces... Fuera le esperaba el miedo, impaciente por arremeter contra ella y que le comprimía el corazón de tal modo que desde los primeros escalones ya estaba sin aliento... ¿Crees... que siempre es el miedo... lo que paraliza a la gente? ¿No será a veces... la vergüenza... la vergüenza a abrir el corazón... a desnudarlo ante todo el mundo?». Según Zweig, la culpabilidad de Irène era el origen de todas sus enfermedades fóbicas.

También es posible que este enfoque sea válido en algunas ocasiones. Pero parece que se aleja mucho de ser la norma general. El problema es que si empezamos a investigar sobre las causas de los conflictos intrapsíquicos pronto encontraremos docenas. Por una parte, estos conflictos pueden desempeñar un papel no específico, aunque sean un factor global de estrés, sin que se les haya de atribuir forzosamente un simbolismo. Si una persona fóbica tiene problemas conyugales o sexuales, no hay nada que pruebe que éstos sean el origen de sus miedos; por el contrario, está claro que van a empeorar.

## 8. *Cuídese: miedos, fobias e higiene de vida*

A continuación un conjunto de *pequeños* consejos de modesta eficacia, que no son realmente suficientes y totalmente necesarios; todos estos pequeños detalles simplemente son *útiles*. En una cuerda cada hebra es insuficiente por sí sola para un buen rendimiento, pero todas juntas son eficaces. El principio es simple: todo lo que es bueno para su salud es bueno para tratar su fobia.

### *Ejercicio físico*

Todo ejercicio físico es favorable para las personas que padecen grandes miedos.

En primer lugar, por razones generales: el ejercicio físico regular aumenta el bienestar en todas las personas.[93]

A continuación por el efecto favorable de la actividad física sobre el humor. Se dice que el ejercicio aumenta ligeramente el nivel medio de nuestra moral.[94] Ligeramente, es decir que la actividad física se deberá realizar con regularidad. Tampoco hay que esperar ningún milagro, sino verla como una inversión a largo plazo.

En resumen, la actividad física puede ejercer un efecto específico sobre la hipersensibilidad ansiosa, este "miedo al miedo" del que ya hemos hablado.[95] El ejercicio físico reproduce en parte las sensaciones fisiológicas vinculadas al miedo, como la aceleración del ritmo cardíaco, la hiperventilación, el sudor, etc. Familiarizarse con estas sensaciones hace que luego no se sea tan reactivo a las mismas en las situaciones angustiosas. Las personas que padecen una fobia a sus sensaciones fisiológicas, como ocurre cuando se experimenta pánico, tienen que hacer ejercicios bastante intensos, pero son precisamente estas personas las que encuentran mayor dificultad en realizarlos, por temor a que se les desencadene una enfermedad. A veces el terapeuta se ha de convertir en profesor de gimnasia: con frecuencia hago pequeñas carreras a pie con mis pacientes, saltamos a la cuerda (excelente medio para acelerar el ritmo cardíaco, como bien saben los boxeadores) o les mando subir cuatro o cinco pisos de nuestro edificio. A veces se cruzan con mis colegas, que ya no se extrañan de nada que proceda de nuestro pequeño grupo de conductistas.

La dosis de ejercicio deseable parece que es el equivalente a media hora de caminata tres veces a la semana al ritmo más rápido posible. ¡Póngase el chándal!

## Alimentación

En la actualidad, todavía no existe una dieta antifóbica. Si el efecto sobre la regulación emocional de los célebres ácidos grasos esenciales omega 3[96] se confirma en los próximos estudios, entonces será legítimo esperar que resulten eficaces en el tratamiento de los problemas emocionales, tan presentes en las fobias. Pero ahora es un poco prematuro confirmarlo. Recordemos que los ácidos grasos omega 3, que nuestro cuerpo no puede sintetizar, al igual que las vitaminas, se encuentran en alimentos como el pescado azul (caballa, sardinas, salmón, atún, etc.), las nueces, el aceite de colza, algunas verduras como la verdolaga, las espinacas, etc.

También se dice que hay alimentos más bien "tóxicos" que se deben evitar. Algunos de ellos son claramente ansiógenos, como el café, que se ha demostrado que incrementa la sensibilidad al miedo. Si consume mucho café experimentará aumentos del miedo más violentos y difíciles de controlar.

Tomar grandes dosis de cafeína conduce además a una dependencia y mantiene un estado de tensión elevado. En la práctica, las personas más fóbicas procuran evitarlo, pues no soportan la sensación de tensión física que provoca. Pero hay muchas otras que lo consumen en exceso, lo cual a menudo agrava, sin que ellas lo sepan, su estado emocional.

Algunos pacientes utilizan el alcohol y el cannabis para intentar controlar sus miedos. Ambas sustancias pueden calmar la tensión psíquica, de ahí que creen una rápida dependencia, pero ello supone importantes efectos nocivos para la salud. No obstante, aunque hay personas que consumen hachís o alcohol en exceso, como si fueran medicamentos, algunos pacientes no soportan la sensación de pérdida de control que producen, y los evitan. Lo que confirma que cada miedo obedece a leyes biológicas y psicológicas propias.

El tabaco, presenta un doble problema: por una parte, los pacientes suelen tener la impresión de que fumar les calma a corto plazo y, por otra parte, saben que el tabaco es un factor nocivo a largo plazo. Los estudios actuales muestran que efectivamente hay muchos fumadores que presentan trastornos fóbicos. El tabaco parece que les ayuda a regular su humor. Pero sus dos inconvenientes son que aumenta la ansiedad y que cuando falta se desencadenan síntomas como nerviosismo e insomnio, que son los más habituales y la mayoría de la veces empujan al paciente a "recaer".

Es inútil culpabilizarse si no es capaz de prescindir de estas sustancias, pero en tal caso le recomiendo que busque la ayuda de un terapeuta especialista en dependencias para que le explique el camino que debe seguir.[97]

## El estrés agrava los miedos

Todos los pacientes fóbicos saben que hay "días con y días sin". Días en los que curiosamente los miedos no oprimen tanto y otros en los que se duplica su intensidad. Una de las explicaciones de estas fluctuaciones suele ser el grado de estrés general. Cuanto más estresado esté por los acontecimientos de la vida cotidiana, más notará su fobia y más fobia generará.

Se dice que la activación del sistema nervioso simpático, que es uno de los causantes del estrés, facilita claramente los condicionamientos de la ansiedad: si ya estamos estresados por otras razones, una experiencia desagradable dejará en nosotros huellas más profundas y duraderas. Muchos pacientes con ataques de pánico cuentan que antes de su primer ataque, que recuerdan perfectamente pues es un recuerdo traumático, habían pasado una temporada de estrés existencial importante, de rupturas reales o simbólicas, de cambios diversos.[98] Cuanto más tenso esté, más se transformarán las experiencias emocionales desagradables en ocasiones para desencadenar el miedo y dejarán huellas más duraderas y dolorosas. Es una de las razones de la eficacia –indirecta– del efecto del estrés en las personas fóbicas.

## *9. Aprenda a relajarse y a meditar*

Las fobias son enfermedades psicosomáticas en el sentido estricto de la palabra, todos los síntomas se experimentan a través del cuerpo. Estas manifestaciones somáticas alimentan y agravan a su vez los fenómenos psicológicos. De ahí la importancia de romper este círculo vicioso.

### *¿Por qué relajarse y cómo hacerlo?*

Las personas fóbicas tienden con frecuencia a padecer una tensión psicológica y física excesiva.[99] Los ejercicios de relajación pueden ejercitar el sistema de "frenado emocional" que es el sistema nervioso parasimpático, pues la tensión depende de la activación del sistema simpático, del que el parasimpático es su antagonista. La relajación activa el sistema parasimpático, lo que facilita la ralentización del ritmo cardíaco, la relajación muscular y otras manifestaciones opuestas a las que desatan el miedo.

La relajación es muy útil. Pero no puede ser la única forma de tratamiento. Curar una fobia sólo con la relajación sería insuficiente. La relajación, más que un método eficaz para controlar las explosiones de miedo, es un instrumento para mejorar la calidad de vida y regular las emociones. Es una forma de inversión a largo plazo.

Existen diferentes grados de complejidad en la práctica de la relajación.*

Un primer nivel puede consistir en una simple toma de conciencia de las sensaciones corporales y en sencillos ejercicios de relajación (respiración profunda, postura cómoda) realizados con la mayor frecuencia posible y en diferentes situaciones para disminuir la tensión. Esto es lo que denominamos "minirrelajaciones".[100]

En un nivel de mayor perfeccionamiento, se pueden realizar ejercicios más completos, para experimentar la relajación física e ir introduciendo poco a poco automatismos (cuanto más a menudo me relajo, más facilidad tengo para conseguir estados de relajación). En efecto, la memoria corporal actúa afortunadamente en los dos sentidos, aunque, desgraciadamente, resulte más fácil y natural crisparse que relajarse. Siempre la prioridad natural es reproducir los reflejos que facilitan la supervivencia, en lugar de aquellos que facilitan la calidad de vida.

Al bajar el nivel medio del tono simpático, la persona fóbica puede esperar alejarse de la zona peligrosa, pero tam-

---

* Encontrará propuestas de ejercicios de relajación y meditación al final de este libro.

bién puede ocurrir que el elevado nivel de tensiones físicas facilite el desencadenamiento de brutales crisis de angustia.

Atención: la relajación no tiene como meta hacer desaparecer por completo la sensación de ansiedad. No hay que percibir el retorno del miedo como la prueba del fracaso o de la inutilidad de la relajación. Ha de considerar la relajación como una herramienta útil para mejorar la calidad de vida en general, más que como una terapia.

## ¿Puede la meditación ser útil frente a los miedos exagerados?

Las técnicas de meditación, de reciente introducción en el campo de los trastornos fóbicos, están en cierto auge. Sus beneficios sobre el bienestar psicológico general están probados.[101] En el terreno de las fobias y de los trastornos por ansiedad en general, probablemente se trate de un campo prometedor, pero todavía nos faltan más pruebas sobre su eficacia terapéutica.[102] La meditación, bajo su forma de "conciencia plena" (en inglés: *mindfullness* o atención plena o vigilante), consiste en entrenar paulatinamente a la conciencia a permanecer en un estado de tranquila aceptación de lo que nos rodea (por ejemplo, los ruidos) y de lo que sentimos (por ejemplo, pensamientos, emociones y sensaciones).

La tarea es mucho más difícil para las personas fóbicas que habitualmente están en un estado de alerta y de lucha contra el entorno, sus pensamientos y sensaciones físicas. Para ellas los beneficios de la meditación se podrían situar en tres niveles.

El primero sería el de facilitar la relajación. A muchas personas ansiosas les cuesta relajarse, pues son muy receptivas a la más pequeña molestia, a la menor señal que capte su atención. Sólo consiguen relajarse en calma, sin ruido alguno a su alrededor; condiciones que rara vez se cumplen en la vida cotidiana. Aprender a relajarse a pesar de los ruidos exteriores («¡Ay, esos motores de los coches!») o de los pensamientos paralizantes («¡Cuando pienso en todo lo que he de hacer después de la relajación...!») es fantástico para los fóbicos.

También se puede sacar otro beneficio de este trabajo respecto a la atención vigilante y dispersa a la vez de las personas fóbicas. Ya hemos descrito hasta qué punto los miedos fóbicos suelen ir acompañados de trastornos de la atención, más o menos importantes según la persona. La mayoría de los fóbicos tienen problemas en fijar su atención, porque ésta se halla consagrada a la vigilancia inquieta más que a la observación relajada. Los fóbicos se esfuerzan por deshacerse de su reflejo de vigilar el entorno. La paradoja es que al mismo tiempo, una vez han detectado lo que les asusta, les cuesta mucho fijar su atención sobre el objeto del miedo por un reflejo de evitación, cuando éste podría ser el único modo de habituarse paulatinamente a dicho objeto. Las sesiones de meditación pueden suponer un tipo de entrenamiento para dominar mejor estos procesos de la atención, con la finalidad de facilitar los enfrentamientos con las imágenes, pensamientos o sensaciones inquietantes.

Para terminar, un último beneficio psicológico puede ser el que se obtiene de algunos métodos de meditación como el de desarrollar la capacidad de aceptación de los estados emocionales negativos. Éste es, por ejemplo, uno de los objetivos de la meditación budista.[103] De ahí que se utilice en ciertas terapias, especialmente para la prevención de las recaídas depresivas,[104] pero también, desde hace poco, en los tratamientos psicoterapéuticos de diferentes problemas de miedos y ansiedad.[105] Para las personas fóbicas, los ejercicios consisten en dejar que aparezcan sensaciones, pensamientos, emociones e imágenes desagradables y aceptarlos sin buscar el momento de rechazarlos o discutirlos. Basta con decirse: «Lo que me da miedo puede suceder. No ha pasado, nunca me va a pasar, pero también puede pasar. He de aprender poco a poco a soportar estas imágenes o ideas y a actuar si es necesario para impedir la llegada de las catástrofes que temo. Pero mi inquietud no me servirá para nada. No cambiará el curso de las cosas. Serán mis actos los que lo conseguirán».

Con mis pacientes utilizamos con frecuencia en estos momentos la imagen del tapón de corcho que flota en el mar: las olas del miedo lo harán subir y bajar, pero seguirá flotando. Aunque las olas sean gigantescas, basta con dejarlas pasar.

## 10. No deje de intentarlo

¿Podemos curar una fobia? ¿Puede llegar el día en que nos libremos definitivamente de nuestros miedos o bien hemos de aceptar que siempre existirán ciertas tendencias fóbicas? Éste es el problema de la definición de la curación de una fobia, del que hablaremos en el capítulo siguiente.

Según parece siempre queda de algún modo una "antigua fobia". La experiencia de los grandes miedos se extiende en general a lo largo de muchos años de vida y representa una parte de uno mismo que no se puede borrar. Por otro lado, las vulnerabilidades emocionales que fueron las causantes suelen seguir donde estaban. Pero eso no es lo más importante. Lo más importante es que si se ha superado una vez, es como montar en bicicleta, nunca más se olvida. Pero se olvida menos si continuamos yendo en bicicleta con regularidad.

El seguimiento que tenemos de nuestros antiguos pacientes fóbicos muestra que la mayoría están mejor protegidos del retorno de los miedos patológicos si mantienen en el tiempo todos los esfuerzos de los que hemos estado hablando. Esto les resulta más fácil con el tiempo; lo que antes era esfuerzo, tiende poco a poco a convertirse en un automatismo y en un estilo de vida.

Continuar con los ejercicios de exposición al miedo a modo de "gimnasia psicoemocional" es, sin duda, el método más eficaz. De este modo animamos a nuestros pacientes a practicar con regularidad enfrentamientos con sus "miedos favoritos". Por ejemplo, para los fóbicos sociales, hacer teatro después de haber finalizado una terapia o inscribirse en un club de amigos donde tendrán la oportunidad de tomar la palabra delante de un grupo. Para las personas que padecen de ataques de pánico, es bueno seguir sumergiéndose en la muchedumbre, haciendo de vez en cuando sus compras los sábados y yendo a las rebajas todos los años. Para los fóbicos a las palomas, esforzarse en darles comida en las plazas.

Estas "inyecciones de recuerdo" parecen desempeñar un papel importante a fin de mantener el progreso realizado y son una buena arma contra recaídas. Consolidan los mecanismos naturales de cicatrización de los miedos fóbicos, pues, en el fondo, la meta de todos los esfuerzos es la de permitir que las experiencias de la vida nos enriquezcan en lugar de hacernos más frágiles. El destino "normal" de un miedo no justificado (no me estoy refiriendo a miedos vinculados a un peligro objetivo e inmediato) es desaparecer, y aunque una o muchas experiencias nos hayan marcado dolorosamente, darse cuenta de que después, durante enfrentamientos ulteriores, el peligro temido no aparece, ha de sanarnos poco a poco. Esto es lo que hace que después de una mordedura de perro la mayoría de las personas no sienta fobia a estos animales. Los mecanismos de estas enfermedades del miedo que son las fobias no permiten justamente esta cicatrización psicológica. Éste es el objetivo de los esfuerzos que acabamos de describir.

Nuestros antiguos pacientes fóbicos son cada vez más fuertes frente a los regresos del miedo. Uno de cada dos escapa de un trastorno de pánico grave y viene a verme todos los años para una visita anual, ritual poco útil dados los progresos, pero que les reafirma. Un día comparamos el trabajo que hacíamos en la terapia con la construcción de un edificio antisísmico: «Antes me hundía cada vez que tenía un ataque de pánico. Ahora, tengo la impresión de estarme reconstruyendo como un edificio capaz de resistir los movimientos sísmicos; esto me ha sucedido muchas veces. Tal como usted me había recomendado continúo probándome regularmente ante la mayoría de las situaciones que me dan miedo. Me doy cuenta de que aguanto bien. Entonces ya no tengo miedo. He decidido no anticiparme más al miedo, no vivir con la obsesión de una recaída y vivir la vida».

# 5. TODO SOBRE EL TRATAMIENTO DE LAS FOBIAS

*¿Qué significa curarse de los miedos?*

*Curarse es reencontrar la libertad de movimiento, en lugar de adaptarse a los miedos excesivos o habituarse a su tiranía.*

*Es también haber aprendido a hacerles frente en el futuro. Pues los grandes miedos tienen mucha memoria y muchas veces intentan regresar.*

*No son fenómenos inmateriales: anidan en lo más profundo de nuestro cerebro. Ésta es la razón por la que todo tratamiento ha de tener en cuenta la dimensión biológica de los miedos excesivos.*

*Los medicamentos van bien, por supuesto. Pero el increíble descubrimiento de estos últimos años es que las psicoterapias también son eficaces: nuestros esfuerzos pueden modificar la arquitectura de nuestro cerebro. Esto se llama neuroplasticidad. Es el tratamiento más ecológico que podamos imaginar contra los grandes miedos. Es una gran noticia para las personas cuya vida está regida por el miedo.*

> «La ciencia que instruye y la medicina que cura son muy
> buenas sin duda alguna; pero la ciencia que se equivoca y la
> medicina que mata son malas. Aprende a distinguirlas.»
>
> JEAN-JACQUES ROUSSEAU, *Emilio, I*

Si usted padece de miedos graves, es probable que necesite recurrir a la ayuda de un terapeuta. Paradójicamente empezarán nuevos problemas para usted. ¿Cómo encontrar la buena terapia y al buen terapeuta?

Imaginemos que usted tiene problemas cardíacos y acude a diez cardiólogos; es probable que la mayoría de sus opiniones se parezcan, al igual que sus propuestas de tratamientos. Pero si por problemas psicológicos usted acude a diez psiquiatras, psicólogos o psicoterapeutas, el cuadro se complica. Es probable que de diez visitas salga con diez opiniones diferentes y una gran variedad de propuestas terapéuticas.

Los optimistas dirán que esta variedad es una suerte. Vale más tener muchos métodos para curarse que uno solo. Los pesimistas señalarán que esto plantea muchos problemas.

El primero de ellos es que los pacientes suelen sentirse perdidos en semejante escenario, compuesto de ofertas de cuidados tan variados y que obedecen a una lógica totalmente imprevisible. Como es natural, se preguntarán si todas serán igualmente eficaces. Además, muchos detractores de la psicología se basan en este flujo artístico para llegar a la conclusión de que no se puede considerar una disciplina científica fiable. Para completar el cuadro, muchos terapeutas agravan alegremente este desorden comportándose ellos mismos de manera irresponsable: con frecuencia presentan su método como el único capaz de curar, mientras que todos los demás son ineficaces o nocivos. Esto se debe a su formación, porque en las facultades de psicología algunos profesores aleccionan a sus alumnos de modo tal que no sean capaces de desarrollar su tolerancia o apertura de espíritu. También existe un error de perspectiva: cuando un terapeuta pertenece a una escuela, sólo conoce los fracasos de las otras. Un conductista se pasa la vida recibiendo a los pacientes del psicoanalista que no ha funcionado, pues los que han observado una mejoría no vienen a su consulta.

Pero volvamos a lo esencial, las personas que padecen grandes miedos. Su esperanza es sencilla: curarse. Pero la definición de curación en psicología no siempre es sencilla.

## ¿Se puede curar una fobia?

Curar a alguien no es simplemente hacer que disminuyan los síntomas o incluso suprimirlos, sino haber aprendido a hacerles frente si vuelven a aparecer.

Debido a sus raíces biológicas, la fobia es una forma de vulnerabilidad crónica, donde el tratamiento supone todo un aprendizaje destinado a cortar los miedos que la fobia engendra. Esto influye pues en la manera de definir lo que es la curación de una fobia.

### Curarse es principalmente ver cómo disminuyen o desaparecen los síntomas

La curación de una fobia supone la clara disminución de sus síntomas, tanto en número como en intensidad. Entre estos síntomas, los más molestos, por los que los pacientes vienen a vernos y de los que desean deshacerse, son las manifestaciones emocionales (miedo y a veces vergüenza) y las de comportamiento (evitaciones).

Por ejemplo, curar una fobia a las palomas es dejar de temerlas o tenerles un miedo moderado, que supone no más evitaciones («Ya no doy largos rodeos para evitar pasar por el parque»), ni incapacidad para hacerle frente («Si una paloma más intrépida que las otras se acerca demasiado a mí o a mi hijo en el jardín de casa, soy capaz de cazarla sin temblar de miedo»).

Pero entonces se plantea otra pregunta: ¿es necesario hacer que los síntomas del miedo desaparezcan *por completo*? ¿Es que curarse de una fobia significa no volver a estar expuesto al riesgo de sentir miedo?

No; la finalidad de una terapia es que el miedo sea de intensidad moderada (objetivo cuantitativo), pero sobre todo superable (objetivo cualitativo). Pues el problema de las fobias no es sólo el miedo en sí mismo, sino la incapacidad de controlarlo. La vulnerabilidad al miedo.

## Curarse también es haber aprendido a enfrentarse a los miedos

Ésta es la razón por la que el segundo criterio indispensable para hablar de curación es la capacidad para hacer frente al retorno del miedo. Este retorno del miedo suele ser el factor que descorazona a los pacientes: después de haber hecho progresos, se vuelven a ver afectados por otro ataque de miedo, que puede llevarles de nuevo a la huida. ¿Se trata de una recaída o es la prueba de que sus esfuerzos no han servido para nada? No, simplemente es el proceso de curación normal: el miedo no desaparece de golpe, habrá nuevos brotes, pero cada vez serán más raros, menos intensos, menos desestabilizadores.

Por ejemplo, en el caso de los ataques de pánico, a menudo asociados a la agorafobia, curarse supone no volver a tenerlos. Pero antes de que llegue esta etapa, implica ser capaz de frenarlos rápidamente cuando notemos que empiezan, como puede suceder en los momentos de estrés en nuestra vida. Frente al regreso del miedo, los pacientes son capaces de guardar la calma y hacer lo necesario para limitar la subida de intensidad e impedir que se convierta en un ataque de pánico.

Esto implica que la persona se ha convertido en una parte activa en su proceso de mejora, que ha comprendido los mecanismos del miedo y que ha experimentado sobre el terreno con la ayuda de un terapeuta cómo luchar contra un brote de angustia. Como veremos, ésta es la razón por la que simplemente tomar medicamentos o las remisiones espontáneas, raras pero posibles, pueden aliviar y permitir remisiones (ésta es la palabra que utilizamos para describir la retirada de los síntomas), pero no auténticas curaciones, según nuestros criterios.

## ¿De qué instrumentos disponemos hoy en día para curar?

Existen muchas vías hacia la curación, lo cual no es de extrañar dada la complejidad de los mecanismos de las fobias. Es probable que cada método de terapia pueda curar a pacientes fóbicos. También están las personas fóbicas que no acuden al terapeuta y que se curan mediante métodos muy personales.

De todos modos, las personas fóbicas tienen derecho a saber qué es lo que va mejor o qué es lo más habitual. Es decir, lo que se debería intentar primero.

Es necesario pues realizar estudios de evaluación que permitan responder a preguntas que todos los pacientes tienen derecho a preguntar.

En cuanto a los medicamentos, las preguntas más frecuentes son: ¿cuáles serán los efectos de esta molécula sobre las diferentes manifestaciones de la fobia? ¿Estaré tranquilo? ¿Podré afrontar las situaciones que me asustan? ¿Notaré efectos indeseables? ¿Se mantendrá el progreso cuando deje de tomar el medicamento? La legislación actualmente exige a todos los laboratorios que fabrican medicamentos para las fobias que respondan a estas preguntas, lo cual implica que se han de someter a rigurosos estudios antes de poder afirmar la eficacia de una molécula en el tratamiento de ciertas fobias. Veremos que en la actualidad no hay tanta tendencia a utilizar tranquilizantes en los medicamentos y que se prefieren algunos antidepresivos concretos que actúan sobre un neurotransmisor denominado serotonina, de ahí la denominación de "serotoninérgicos". Son los medicamentos que han sido objeto del mayor número de estudios respecto a su eficacia en el tratamiento de las fobias.

Respecto a las psicoterapias, las preguntas son las siguientes: ¿cuánto durará el tratamiento? ¿En qué consiste exactamente? ¿Qué pruebas hay de su eficacia? ¿Serán duraderos sus efectos? ¿Qué porcentaje de pacientes con el mismo tipo de fobia ha mejorado con esta terapia? Por sorprendente que pueda parecer, a día de hoy no existe una evaluación de las terapias que se haya dado a conocer al gran público en Francia. ¡A pesar de que las psicoterapias sean más antiguas que los medicamentos! Sin embargo, una evaluación así es de vital importancia para los pacientes, que de lo contrario se ven obligados a fiarse de los terapeutas que conocen. Afortunadamente, las cosas empiezan a cambiar, en especial, gracias a la reciente publicación de un informe del Instituto Nacional de la Salud y de la Investigación Médica (INSERM) respecto a la eficacia de las psicoterapias.[106] Este trabajo de síntesis de todos los estudios disponibles recuerda lo que la comunidad científica ya sabía desde hacía muchos años: las psicoterapias que se deben recomendar en primer lugar para el tratamiento de los trastornos fóbicos son las terapias conductistas y cognitivas (TCC). Lo que no significa que el resto de las terapias no sea eficaz. Pero en todo caso, bajo su forma actual, no lo son tanto o lo son con menor frecuencia.

Si las TCC y los medicamentos son en la actualidad los dos únicos tratamientos que han probado resultados satisfactorios, probablemente sea porque disponen de la misma capacidad de acción sobre la dimensión biológica de las fobias,[107] lo cual no es sorprendente en el caso de los medicamentos, moléculas que actúan sobre la química del cerebro, pero que es realmente revolucionario en el caso de las psicoterapias. Una de las ventajas de las TCC sobre los medicamentos es que los cambios biológicos provocados en el cerebro son de algún modo "autoproducidos", como si el paciente hubiera fabricado de alguna manera un medicamento endógeno. ¿Cómo pueden las psicoterapias modificar el funcionamiento del cerebro? Éste es el objeto de uno de los mayores avances en psiquiatría de estos últimos años.

## Las necesarias vías biológicas de la curación

En los capítulos anteriores ya hemos hablado de este tema, pero recordemos rápidamente los datos sobre el "por qué" de las fobias: 1) la naturaleza nos ha preparado para tener miedo de cierto número de cosas (animales, altura, oscuridad, desconocidos, etc.); 2) estos miedos están grabados en circuitos cerebrales comunes a todo el género humano; 3) los azares de la genética o de la vida han hecho que algunas personas tengan "grandes miedos"; 4) estos grandes miedos que son los miedos fóbicos se deben a un desajuste de los circuitos cerebrales del miedo normal, demasiada activación e insuficiente regulación. Del mismo modo que las alergias se deben a un desarreglo del sistema inmunológico o la hipertensión arterial a un desarreglo de los mecanismos que regulan nuestra presión sanguínea.

## Sanar el cerebro para sanar la mente

Por complejo que sea, el cerebro es un órgano de nuestro cuerpo, y nuestros pensamientos, al igual que nuestros sentimientos, tienen una base *material*. Éstos están formados por intercambios de información entre nuestras neuronas (las células de nuestro cerebro) a través de las sinapsis (sistemas de conexión entre las células). Un tratamiento eficaz actuará obligatoriamente sobre esta dimensión biológica de forma directa, como hacen los medicamentos o de forma indirecta como es el caso de las TCC.

Recordemos que en el capítulo anterior hemos explicado cómo los desajustes de las fobias se podían esquematizar como un desequilibrio en la armonía del diálogo entre la amígdala cerebral, el verdadero centro del miedo, y la corteza prefrontal, una de cuyas funciones es regular los miedos para que podamos hacer buen uso de ellos.[108] Respecto a la curación de los trastornos emocionales mediante psicoterapias,[109] los neurocientíficos dicen que es difícil hacer que disminuyan los miedos fóbicos simplemente hablando y reflexionando sobre ellos. Éste es el problema de las psicoterapias únicamente verbales: su influencia sobre las fobias es casi nula o muy lenta, pues, resumiendo, es probable que no ejerzan ningún efecto sobre la amígdala y que no provoquen ninguna reconfiguración sináptica, lo que denominamos neuroplasticidad, entre la amígdala y la corteza prefrontal. Esta modificación de la arquitectura funcional cerebral es sin duda alguna necesaria para la sanación de los trastornos emocionales graves como son las fobias.

## ¿Se puede modificar la estructura cerebral con la psicoterapia?

Las psicoterapias más eficaces son aquéllas en las que existe una activación emocional, que permitirá una reconfiguración, un ajuste de las nuevas conexiones sinápticas. Toda terapia que pretenda actuar sobre las fobias ha de basarse en la experiencia emocional. Pero no se trata sólo de "liberar las emociones" o de sentirlas con fuerza para poder progresar. Es indispensable que esta experiencia de enfrentarse a los miedos, bastante dolorosa por cierto, esté enmarcada y canalizada por conductas y estilos de vida adecuados. Lo que proponen la TCC es que, una vez se reactivan los miedos, éstos sean objeto de estrategias destinadas a neutralizarlos y a desarticularlos.[110]

Los esfuerzos exigidos durante las TCC han de ser repetidos, pues existe una desigualdad flagrante de intercambios y conexiones cerebrales en favor de la amígdala: las conexiones de ésta última en relación con la corteza son muy numerosas, mientras que las de la corteza respecto a la amígdala son muchas menos. En resumen, la amígdala puede decirle y ordenarle muchas cosas a la corteza prefrontal, pero ésta escucha poco.

Para dominar los miedos hay que convocarlos, incitarlos para hacerles frente de distintas formas. Una vez, diez veces. Poco a poco, las nuevas conexiones cerebrales se irán colocando en su lugar, según la teoría de la neuroplasticidad. Ésta es la meta de las terapias conductistas, que primero ayudarán al paciente a enfrentarse a sus miedos, luego a ejercitar sus capacidades para controlarlas con ejercicios diarios, que éste seguirá aplicando una vez terminada la terapia, igual que un diabético o un hipertenso continúan con su régimen alimentario. Poco poético, pero eficaz.

Ironías del destino: hubo un tiempo en que los psicoanalistas predijeron que las TCC sólo actuarían superficialmente y que habría recaídas, mientras que el psicoanálisis actuaba a un nivel más profundo; pero parece ser que ha sucedido a la inversa. Los psicoanalistas sólo razonaban en términos corticales, descuidando por completo el cerebro emocional y las reacciones corporales en general, viendo únicamente las TCC bajo el prisma de las terapias de aprendizaje, de un condicionamiento simple. En realidad, las TCC son en efecto terapias que pasan por aprendizajes tan numerosos y complejos, tanto en el plano emocional, psicológico, conductista como de otra índole, que con el uso han dado prueba de todo, salvo de los procedimientos simplistas que a veces se les han achacado. Pero lo más importante es que pueden curar los trastornos fóbicos. Uno de mis pacientes, que había seguido dos tipos de terapias, me dijo un día: «El psicoanálisis seduce, pero el conductismo cura».

## La prueba a través de la imagen

Hoy en día podemos demostrar, gracias a las tecnologías de diagnóstico por imagen, el efecto biológico de las psicoterapias, al menos en las TCC, y el probable vínculo entre esta eficacia biológica y la del "terreno". Lo que es todavía más interesante es que también se ha podido demostrar que actuaban sobre las estructuras cerebrales con la misma eficacia, y a veces incluso con mayor eficacia, que los medicamentos más logrados. Hasta en el caso de patologías tan graves como los estados depresivos agudos[111] o los trastornos obsesivos compulsivos (TOC).[112] En cuanto a las fobias, los primeros estudios que demostraron esto fueron los que se realizaron con las fobias a las arañas[113] o con las fobias sociales.[114] Actualmente se están haciendo otros. Los resultados se irán verificando poco a poco en el marco de lo que denominamos "trastornos emocionales" o el desajuste del funcionamiento normal y bien adaptado de las emociones: la depresión como trastorno de la tristeza, las fobias como trastornos del miedo. La psicoterapia puede entonces modificar la estructura funcional del cerebro, incluso la que provoca las reacciones de miedo exageradas.

## ¿Medicamentos contra las fobias?

No existe ningún medicamento "antifóbico" como los "antidepresivos", pero hay muchas moléculas que tienen un efecto sobre los miedos fóbicos.

### Los tranquilizantes, calmantes y otros ansiolíticos no hacen más que adormecer el miedo

Los tranquilizantes pueden tener un efecto rápido en las sensaciones subjetivas de la angustia y del miedo. Entre los más utilizados se encuentran el Lexomil (nombre genérico: bromazepan) o el Xanax (alprazolam). En la actualidad todavía se trata de los tratamientos psicotrópicos más recetados o autoadministrados por los propios pacientes.

Sus beneficios son reales: disminuyen rápidamente la sensación de miedo y reducen su intensidad. Ésta es la razón por la que muchos pacientes fóbicos los llevan siempre encima "por si acaso". Pero estos medicamentos plantean también cierto número de problemas.

En primer lugar su acción es muy incompleta, y lejos de ser satisfactoria, muchos fóbicos los toman con la idea de "tapar" su angustia, sin más. Además, suelen provocar una dependencia y dejar de tomarlos se vuelve problemático, pues provocan el síndrome de abstinencia, creando un verdadero rebrote de la ansiedad al interrumpir la ingestión del medicamento (aunque no sea muy dramático, esto nunca resulta agradable). En fin, esto puede que sea lo más molesto y es que se sospecha que la clase de tranquilizantes más prescritos, las benzodiazepinas, pueden dificultar el proceso de aprendizaje para controlar la angustia que conduce a la curación. En otras palabras, cuando se es fóbico, tomar grandes dosis de estos medicamentos durante mucho tiempo ayudaría sin duda alguna a reducir la intensidad de los miedos, pero también a hacerlos crónicos. De hecho, la mayoría de los pacientes que visitamos en nuestra unidad de cuidados hace muchos años que toman tranquilizantes, lo cual hay que reconocer que les ha ayudado a sobrevivir día a día, pero no a deshacerse de su fobia.

Un estudio realizado con pacientes que tenían fobia a volar también demostró esto.[115] Los investigadores propusieron a veintiocho personas con fobia a volar que realizaran dos vuelos en el espacio de una semana. La mitad del grupo, elegida al azar, recibió para el primer vuelo una dosis apropiada de benzodiazepinas, mientras que la otra mitad tomó un placebo. En el segundo vuelo no se distribuyó ningún medicamento. Durante el primer vuelo, los pacientes bajo los efectos de los tranquilizantes no presentaban un nivel de miedo tan elevado como los otros; en cambio, durante el segundo estaban mucho más ansiosos, mientras que el resto del grupo notaba que su miedo había disminuido en relación con el primer vuelo. Dicho de otro modo: las benzodiazepinas pueden ser eficaces para reducir la ansiedad, pero al dejar de tomarlas, ésta se manifestará todavía con más fuerza y se alterará la eficacia de las experiencias de exposición. Serán necesarios más estudios de este tipo para confirmar estas hipótesis, pues todavía existen muy pocos trabajos y no se pueden generalizar sus conclusiones.

Sin embargo, la tendencia actual de los médicos es de no recetar sistemáticamente benzodiazepinas para las fobias y proponer un uso controlado, tanto en lo que respecta a las dosis como a la duración, y sólo a personas con picos de miedo demasiado intensos. También existen otros ansiolíticos que pertenecen a otras familias de fármacos para tratar la tendencia a la ansiedad generalizada.

Otro problema de las benzodiazepinas es su modo de acción. En los estudios con tecnología de imagen se ha podido comprobar que desactivan parcialmente, durante el sueño, el sistema emocional amigdalino.[116] Se dice que durante el sueño nuestro cerebro repite y almacena lo que se ha aprendido durante el día. Quizás estos trabajos indiquen otra pista para explicar la intuición de numerosos terapeutas de que los pacientes bajo el efecto de las benzodiazepinas progresan con menor rapidez en la terapia conductista que otros pacientes.

Según parece, el buen uso de las benzodiazepinas ha de ser el siguiente: utilizarlas puntualmente en caso de miedo intenso, como en un ataque de pánico, para acortarlo y limitar su intensidad. Pero se ha de evitar tomarlas de forma regular debido a ciertos problemas, como el riesgo de dependencia, que tiene mala solución; el de habituación, pues la acción del medicamento puede disminuir, y también el de mantener el problema en un grado intermedio, donde hay un alivio pero nunca una curación real. Es posible que el modo de acción de las benzodiazepinas, los tranquilizantes más recetados, esté en tela de juicio: los receptores cerebrales de las benzodiazepinas se concentran en las entradas de la amígdala cerebral[117] y por eso bloquean la activación de esta última, que se encuentra más arriba. La alarma no se activa, lo cual sin duda es un alivio, pero es menos pedagógico que permitir que lo haga aunque sea débilmente, a fin de que se pueda aprender a regularla. Esto es lo que me decía una joven paciente de forma muy gráfica: «Los tranquilizantes drogan mi miedo, lo anestesian, pero cuando se ha pasado el efecto, todo sigue exactamente igual».

## Algunos antidepresivos permiten regular el miedo

Hay otra categoría de psicotropos que se utiliza cada vez más en ciertas fobias graves, especialmente en las fobias sociales y en los ataques de pánico: se trata de los antidepresivos.

Desde los trabajos realizados en la década de 1960,[118] se descubrió que efectivamente los antidepresivos tenían también una acción antifóbica, aunque el paciente no estuviera deprimido. Se trataba pues de un efecto específico sobre el miedo y la ansiedad, no sobre la depresión. Los antidepresivos que tienen esta acción son sobre todo aquellos que aumentan el nivel de serotonina, un neurotransmisor cerebral, por eso también se les llama "serotoninérgicos". Después de haber utilizado antidepresivos denominados "tricíclicos" (reciben este nombre por la estructura química de su molécula), en la actualidad los médicos recetan más estos antidepresivos serotoninérgicos de nueva generación, que no siempre son más eficaces que sus antecesores, pero sí mejor tolerados. Estos medicamentos, que también se llaman inhibidores de la recaptación de la serotonina (IRS), pueden ser "selectivos" (actúan principalmente sobre los neurotransmisores) o no (actúan también sobre otros neurotransmisores). Citaremos algunos de los que en Francia poseen la autorización de venta en el mercado del Ministerio de Salud (AMM) para ciertos trastornos fóbicos: Deroxat (nombre genérico: paroxetina), Effexor (venlafaxina) y Seropram (citalopram).

Si los pacientes "responden" a la acción de estos antidepresivos (lo cual no siempre es así y explica que a veces haya que probar muchos antes de conseguir un buen resultado), ven que sus manifestaciones de ansiedad disminuyen tanto en intensidad como en frecuencia, pero no desaparecen del todo. De este modo les resulta más fácil hacer frente a lo que temen, enfrentándose sólo a un miedo, sin duda importante, pero que no llega al pánico. Con frecuencia los pacientes que están en tratamiento con serotoninérgicos hablan de que tienen mayor capacidad para distanciarse de los pensamientos fóbicos asociados al sentimiento de miedo: «Al principio del tratamiento tenía los mismos temores, pero llegaba a desobedecerlos, criticarlos y a no someterme. Después, paulatinamente he empezado a ver las cosas de otro modo». Este efecto de modulación emocional hace posible un distanciamiento y una crítica de los estilos de pensamiento fóbico y permite al paciente exponerse más a las situaciones que teme.[119]

A pesar de sus ventajas sobre las benzodiazepinas, estos medicamentos también plantean algunos problemas; en primer lugar tienen efectos secundarios: debido a su intensidad a veces tienen efectos indeseables, como náuseas, irritabilidad o simplemente la sensación de "estar bajo los efectos de un medicamento". Estos efectos pueden hacer que a veces los pacientes interrumpan su tratamiento o incluso desatar crisis de angustia en las personas en las que la fobia tiene una dimensión interoceptiva, es decir una inquietud frente a las sensaciones corporales percibidas como anormales o no habituales. Además, un número considerable de pacientes puede recaer al interrumpir la medicación. Por último, todavía no se sabe exactamente cuánto tiempo debería durar un tratamiento. Se cree que lo ideal es entre seis y doce meses para una depresión grave; el tiempo suficiente para que la persona pueda cambiar su estilo de vida, en cuanto a evitaciones y visión del mundo: comprender emocionalmente y darse cuenta de que las situaciones que temía no eran tan peligrosas.

Pero en realidad, estos cambios de perspectiva parece que se deben menos al medicamento que a los esfuerzos de la persona. En resumen, los medicamentos desempeñan el papel de muleta para afrontar los miedos y llegar a conclusiones. Es el enfrentamiento en sí mismo lo que es terapéutico. Los medicamentos son buenas herramientas, pero sin la implicación del paciente en su deseo de cambio, sus efectos serían limitados o transitorios.

## ¿Existen medicamentos naturales con efecto antifóbico?

Desde las recientes confirmaciones del efecto del hipérico (la tradicional hierba de San Juan) para el tratamiento de los estados depresivos moderados,[120] en la psiquiatría se ha vuelto a prestar atención a los medicamentos de origen natural. Se han realizado algunos estudios con los mismos sobre los trastornos fóbicos, pero todavía no son suficientes como para recomendar este tipo de tratamiento.[121] Además hay que recordar que las "plantas" o los "remedios naturales" no significa que sean inofensivos; los artículos sobre toxicología de las revistas médicas recuerdan constantemente casos de intoxicación o de incompatibilidades con otros medicamentos. De modo que el hipérico no debe tomarse con antidepresivos serotoninérgicos ya que puede producir graves efectos secundarios. No obstante, sería deseable que esta vía de investigación sobre los remedios naturales siga desarrollándose; todas las ayudas serán bien recibidas en la lucha contra las fobias graves.

## El buen uso de los medicamentos

Es preferible no presentar el tratamiento químico como único remedio, sino como una ayuda para los esfuerzos personales a fin de modificar la conducta fóbica: no más evitaciones, afrontar las situaciones fobogénicas, modificar la visión del mundo. El tratamiento es una valiosa muleta, pero jamás podrá sustituir los esfuerzos personales. Lo mismo sucede en muchas otras patologías: la hipertensión arterial también requiere unos esfuerzos por mantener una higiene de vida, como el asma, la diabetes y el conjunto de patologías que se deben a una vulnerabilidad crónica.

Toda prescripción de un psicotropo debería considerarse siempre como una ayuda psicológica mínima, basada en los consejos de vida cotidiana que recomiendan las terapias actuales más eficaces, las conductistas. En los casos graves, se requiere una auténtica terapia conductista.

## Las TCC

Presentadas durante mucho tiempo como terapias del aprendizaje, del "adiestramiento" como decían sus detractores, han demostrado ser las más eficaces para curar las fobias. Es también en este tipo de trastornos donde marcan claramente la diferencia respecto a todas las demás terapias. Las TCC aumentan la libertad de acción de la persona fóbica y de su autoestima. Reducen la servidumbre a la fobia. Pero también son las que tienen menos efectos secundarios clásicos: la dependencia a la terapia y al terapeuta.

### ¿En qué consisten las TCC?

Las TCC son desde hace más de una década las psicoterapias más recomendadas en primer lugar para el tratamiento de los estados fóbicos.[122] Se basan en una serie de datos de la psicología científica y experimental, y adoptan este enfoque evaluando sistemáticamente sus resultados. De modo que, lejos de ser un corpus de conocimiento estancado, sus técnicas evolucionan de forma regular: algunos métodos ampliamente utilizados hace diez años, en la actualidad no se utilizan tanto, pero aparecen otros nuevos.

Las TTC conceden una prioridad al trabajo sobre los síntomas y sobre la adaptación al entorno, más que a la com-

prensión de los elementos del pasado, que se centra únicamente en el individuo. El terapeuta adopta un estilo de relación directivo, en el que transmite información y consejos al
paciente, le hace practicar ejercicios en las sesiones y entre
las mismas. La finalidad de la terapia es que el paciente pueda volverse a enfrentar a lo que le asusta y reencontrar de
este modo una autonomía y dignidad satisfactorias.

Las TCC pretenden volver a colocar a los pacientes en la
buena dirección, en el sentido de la marcha, es decir, a tener
capacidad de autocuración de sus miedos. Muchas veces, la
lógica interna de la fobia puede más, lo hemos observado, con
conductas que son agravantes: evitar, aumentar sus miedos,
etc. Lo que hace que casi ningún enfrentamiento les resulte
positivo. El objetivo de las TCC es que los enfrentamientos
vuelvan a ser experiencias de las que se pueda sacar un provecho, en vez de ser traumáticas o confirmaciones de su impotencia. El paciente continúa progresando solo, sin el terapeuta. Éste se sitúa además como un pedagogo que va a
enseñar a su paciente a utilizar métodos eficaces. Una vez que
el paciente haya entendido cómo emplearlos, el terapeuta no
tendrá otra función que la de animarle a continuar. ¡No hay
nada más sencillo que una TCC! El paciente a menudo oye
cosas que ya le han aconsejado otras veces; pero esta vez se
las dicen en la situación, sobre el terreno del miedo. Un día
una de mis pacientes, al finalizar su terapia, me explicó esto
de forma maravillosa: «Todo lo que usted me ha explicado
durante nuestro trabajo, ya me lo habían *dicho*. Pero sólo aquí
me lo han *enseñado*. Y sólo aquí lo he *comprendido*».

## Elogio al sentido común

Las TCC pueden parecer tremendamente simples a los
ojos del profano. Enfrentarse al objeto del miedo e irlo aceptando progresivamente, ¿qué es en el fondo sino sentido co-

mún? Así es en efecto. Pero, curiosamente, este sentido común no siempre ha estado de moda en la psicoterapia. Algunos terapeutas preferían vías mucho más complejas y explicaban a los pacientes que lo más importante era no enfocarse demasiado en la curación y en la desaparición de los síntomas, llegando incluso a burlarse de la "pasión por curar" de algunos de sus colegas. Fue el filósofo Raymond Aron, eclipsado por Sartre, el que habló de la "sonrisa del sentido común". Otro olvidado de la literatura, Franc-Nohain, escribió: «El sentido común no existe para que logremos grandes cosas, sino para impedir que cometamos locuras».[123] En la psicoterapia el sentido común ha sido relegado durante mucho tiempo. Ahora ha regresado y eso es una buena noticia.

Se han aceptado ideas que van en contra del sentido común, por ejemplo, la de que el sufrimiento engrandece o que te hace más creativo. Recuerdo haber leído una entrevista a Woody Allen, gran ansioso ante lo Eterno, a quien se le preguntaba si su ansiedad no podía ser en última instancia el motor de su talento. El bueno de Woody, maestro en ansiedad y creatividad, para responder políticamente pero con firmeza dijo: «No creo que la creatividad aumente con al angustia. Todo lo contrario, si estás sereno, tu trabajo es mucho mejor. Jamás me ha angustiado la idea de dejar de estar angustiado.»[124]

## El pequeño Peter: primer caso de fobia tratado con terapia conductista en 1924

Se podría decir que la primera terapia conductista moderna de una fobia específica basada en los datos de la psicología científica la realizó en 1924 la psicóloga americana Mary Jones con un niño.[125] Peter era un niño de tres años que tenía fobia a los conejos y en menor grado a las ratas, ratones y ranas. Mary Jones decidió que para tratarle utilizaría dos técnicas conjuntas: el descondicionamiento por habituación progresiva y la limitación de modelos.

Durante las sesiones, el pequeño, instalado en su trona, se ocupaba de actividades agradables: jugar o comer sus alimentos preferidos. Durante ese tiempo, se llevaba un conejo enjaulado al otro extremo de la habitación. Tras los signos de miedo iniciales, Peter se acostumbraba poco a poco a la presencia del conejo. Al cabo de unas cuantas sesiones, fueron acercando el conejo a la silla de Peter. En una etapa de la terapia, trajeron a otros tres niños de su edad para que jugaran con el conejo delante de él, mientras Peter observaba la escena. Tras unas cuarenta sesiones, el niño fue capaz de jugar afectuosamente con el conejo. Su temor a otros animales pequeños también había desaparecido. El efecto se mantuvo durante todo el período de seguimiento, durante muchas semanas.

Pero una historia de curación de un caso, por convincente que sea, no puede considerarse una prueba de eficacia generalizada.

## ¿Cómo evaluar científicamente una psicoterapia?

Imagine que ha creado un método revolucionario para curar las fobias. Primero lo probará con algunos pacientes, que le parecerá que han mejorado. Pero ¿habrán mejorado realmente? No le correspondería sólo a usted juzgarlo (nadie puede ser juez en causa propia), sino a los propios pacientes (a través de cuestionarios válidos) y también a otros psicoterapeutas (digamos "evaluadores"), que utilizarían igualmente baremos de evaluación comprobados en otras investigaciones. Después, aunque los primeros resultados sean buenos, verificará si lo que ayuda a los pacientes es su nueva técnica de psicoterapia (factor específico) o simplemente el hecho de haber pasado tiempo escuchándoles y apoyándoles (factor no específico). Entonces tendrá que realizar un estudio "controlado", es decir con un número suficiente de pacientes candidatos a psicoterapia, los dividirá en dos grupos al azar: los que se beneficiarán de su método y los que sólo se beneficiarán de una terapia de apoyo (pasarán el mismo tiempo con el terapeuta que los otros, pero éste se limitará a escucharles y animarles). Si los resultados son claramente mejores en los pacientes que han seguido su psicoterapia, estará en el buen camino.

No obstante, todavía será necesario que describa su método de forma bastante precisa para que otros equipos de terapeutas puedan reproducir sus resultados con el mismo tipo de pacientes. Esto demostrará que la eficacia de su técnica no depende sólo de su carisma personal como terapeuta. En ese momento, la comunidad científica reconocerá que su método es innovador y eficaz. ¡El camino es largo para que una psicoterapia acceda al rango de técnica validada por la investigación!

Actualmente, las TCC son las que han sido objeto del mayor número de validaciones científicas de este tipo.

## Pruebas y debates

Existen bastantes estudios controlados que ratifican la eficacia de las TCC en el tratamiento de las fobias.[126] Los trabajos de seguimiento[127] muestran que después de muchos años estos buenos resultados han demostrado ser duraderos. En algunos casos también destacan la necesidad de programas de "mantenimiento", con un seguimiento regular del paciente, al que se le anima a aplicar de forma habitual las estrategias psicológicas y conductistas aprendidas durante la terapia y a detectar precozmente los síntomas temporales de fragilidad, antes de que éstos puedan organizarse en una recaída formal. Un antiguo fóbico que se enfrente a dificultades corre el riesgo de sentir de nuevo las manifestaciones iniciales de su trastorno. Pero al aplicar las estrategias aprendidas en la terapia, tendrá la oportunidad de poderlas corregir y controlar con mayor facilidad.

De cualquier modo, las reservas que mostraron en su día los psicoanalistas sobre la posibilidad de sustitución de los síntomas ("suprime la fobia y el paciente se llenará de eccemas") o sobre las recaídas sistemáticas ("mientras no se haya resuelto el problema de fondo, los síntomas seguirán reapareciendo") jamás han sido confirmadas por ningún estudio. Si existen tales casos, distan mucho de suponer un número significativo. Observemos que, además, estas reservas conciernen a todas las formas de psicoterapia, incluido el psicoanálisis, puesto que las investigaciones detalladas han demostrado que los pacientes "históricos" de esta disciplina, cuyos casos se vienen presentado como pruebas para los psicoanalistas desde hace lustros, casi siempre han sido fracasos terapéuticos, con una ausencia de mejoría o con rápidas recaídas, incluso empeoramientos.[128]

## Las técnicas utilizadas en las TCC

Las principales técnicas que se emplean son las de exposición (enfrentarse a los miedos) y las de reestructuración cognitiva (modificar y criticar los sistemas de pensamiento). Hay también otras herramientas terapéuticas que a veces se asocian a estos dos "ingredientes" básicos: la relajación y el control respiratorio (cuando el miedo es muy fuerte, entrenamos a los pacientes a hacerlo disminuir mediante estas técnicas en el momento de afrontar las situaciones) y la autoafirmación (que consiste en aprender mediante juegos de rol a experimentar lo que quieren o sienten). Estos dos métodos, como veremos, tienen como finalidad ayudar a la persona fóbica a recobrar en parte el control de las situaciones, en lugar de sentirse desbordada por las sensaciones físicas, percibidas como totalmente incontrolables y que las someten a otras personas que ellas consideran más fuertes.

## ¿En qué consiste la terapia por exposición?

En el capítulo anterior ya hemos citado unos cuantos principios del enfoque de la exposición. Esta técnica consiste en proponer al paciente que afronte una serie de situaciones fobogénicas de intensidad creciente, sin buscar, al menos al principio, sentirse relajado durante la exposición, sino simplemente ser capaz de estar frente a lo que le asusta, hasta que el miedo se reduzca al menos en un 50%.

Esta exposición puede tener lugar en la imaginación (exposición a imágenes mentales) antes de practicar los ejercicios en vivo. Pero la exposición directamente en vivo es la preferida de los terapeutas y es la técnica recomendada actualmente en los tratamientos de las fobias.

Cada sesión de exposición ha de ser bastante larga, al menos de una hora. Es importante que el paciente no abandone la situación antes de que su miedo haya disminuido de manera significativa. Durante la exposición, el paciente se ha de concentrar en el estímulo fobogénico y haber recurrido lo menos posible a las estrategias de distracción (pensar en otra cosa, mirar hacia otra parte, etc.); éstas parecen alterar los buenos resultados de la exposición.[129] Es esencial que el terapeuta lleve regularmente la atención del sujeto al ejercicio que está realizando, el objeto fobogénico y las sensaciones de miedo, sobre todo en las situaciones más ansiógenicas.

Además, durante las sesiones de exposición es frecuente que el terapeuta sirva de modelo y preceda al paciente en las tareas que debe realizar, para servirle de ejemplo de conducta enfrentativa frente al objeto de sus temores.

Por sencillas que puedan parecer, las técnicas de exposición requieren una gran habilidad por parte del terapeuta, que nunca debe olvidar que suponen un estrés importante para el paciente, de ahí la regla de la repetición que mencionábamos en el capítulo anterior.

Recuerdo una historia bastante emocionante respecto a este tema, que me llegó durante un curso de formación sobre la fobia social que estaba impartiendo a otros terapeutas. Cuando estaba terminando mi sesión dedicada a la exposición y a sus reglas, una de las participantes pidió la palabra, parecía bastante turbada, y empezó a contar su historia: «Me parece bien lo que usted quiere decir. Mi padre era fóbico social. Cuando mi madre murió, sufrió terriblemente, pero también comprendió de repente que ya no podía protegerse tras ella, como había estado haciendo hasta entonces. Eso empezó muy pronto, desde el mismo día del entierro, donde tuvo que dar la mano a las doscientas personas que asistieron a la ceremonia». Todo el grupo, incluido yo, empezó a vislumbrar un final feliz de la historia, del estilo: «Al día siguiente de esta prueba, su fobia había desaparecido». Pero la compañera se tragó un sollozo y prosiguió: «Al día siguiente cuando fui a verle a su casa estaba muerto. Creo que ante todo fue la pena lo que le mató. Pero esas doscientas manos que tuvo que estrechar, esos doscientos rostros a los que tuvo que mirar a los ojos, esas doscientas respuestas a las condolencias seguramente precipitaron las cosas. Desde entonces, siempre voy con mucho cuidado y poco a poco cuando expongo a mis pacientes». Al igual que cualquier tratamiento eficaz, la terapia por exposición no ha de suministrarse con sobredosis, sobre todo en personas vulnerables.

## Los principales métodos de la terapia de exposición

Existen muchos tipos posibles de exposición que volveremos a mencionar cuando más adelante abordemos cada tipo de fobia. La meta común a todas estas exposiciones es la de "desensibilizar" a la persona frente al miedo, inyectándole con su consentimiento "pequeñas dosis", del mismo modo que se desensibilizaría a una persona alérgica.

*Las exposiciones de situación* son las más clásicas: se invita al paciente a enfrentarse a lo que teme. Se le invita, por ejemplo, a manipular una jeringuilla, en el caso de que sea fóbico a las inyecciones, a acercarse al animal que teme, a subir en ascensor, a hablar en público. De ahí el carácter tan concreto y vivo de las TCC, que conducen a los pacientes y a los terapeutas a descender regularmente al terreno de la práctica, a salir al ruedo de los miedos. En efecto, es frecuente que el terapeuta esté dispuesto a salir de la consulta para acompañar al paciente a los lugares de exposición: una perrera, un puente, unos grandes almacenes, etc. Incluso es recomendable desde el comienzo de la terapia. La exposición acompañada presenta muchas ventajas: permite al terapeuta verificar *in situ* la conducta de su paciente frente al miedo y también le ofrece la oportunidad de trabajar sobre sus reacciones "en caliente". Pero es sacrificado para los terapeutas, porque les obliga a abandonar la comodidad de su consulta.

*Las exposiciones interoceptivas*: la interocepción designa el conjunto de sensaciones físicas que proceden del cuerpo. Muchas personas fóbicas temen empezar a sentir esas sensaciones, signos precursores de la llegada del pánico. Estas sensaciones físicas se asocian a un reflejo condicionado del miedo, lo que denominamos "fobia interoceptiva". El terapeuta intentará desencadenar estas sensaciones físicas durante la sesión para enseñar al paciente a soportarlas sin angustiarse y a dominarlas. Se le propone al paciente una hiperventilación (respirar muy rápida y profundamente durante varios minutos), se le hace girar de forma rápida sobre una butaca giratoria hasta que le entren ligeros vértigos, se le propone subir las escaleras de cuatro en cuatro escalones para conseguir palpitaciones, o bien permanecer de pie bastante tiempo para provocar ligeras sensaciones de hipotensión ortostática, abrigarse mucho para sonrojarse o sudar delante de otra persona.

*Las exposiciones en la imaginación* se adaptan a los pacientes cuya angustia es demasiado fuerte para que puedan enfrentarse directamente a sus miedos. En este caso, antes de pasar a las exposiciones en vivo, se les propone una desensibilización mediante la imaginación, que todavía se denomina "desensibilización sistemática". Consiste en afrontar de forma progresiva, en la imaginación y bajo el efecto de la relajación, la situación fobogénica, previamente clasificada en etapas de valor ansiógeno creciente. El paciente está tendido, y le ayudamos a relajarse con los ojos cerrados. Luego ha de empezar a imaginar las situaciones que le asustan. A menudo lo que se produce (aunque no siempre) es una subida refleja del miedo. Esta técnica fue la primera en ser utilizada a gran escala en el tratamiento de las fobias. Debido a su duración y pesadez, actualmente se tiende a las exposiciones en vivo. Pero sigue siendo interesante en los casos de fobias donde la carga de miedo es demasiado fuerte o donde los enfrentamientos no son posibles al menos de inmediato. De todos modos han de haber también exposiciones en vivo.

*Exposiciones por imágenes virtuales.* Las exposiciones en vivo o acompañadas no siempre son fáciles de realizar, como en el caso de la fobia a volar. Ésta es la razón por la que las tecnologías de la imagen virtual despiertan un gran interés en los conductistas: si se equipa adecuadamente a los pacientes, es posible que puedan vivir las sensaciones que tanto temen sin moverse del sitio. Estas terapias ya han sido probadas con éxito en pacientes acrofóbicos, que tienen miedo a las alturas o al vacío,[130] con pacientes con aracnofobia,[131] con miedo al avión[132] o con fobias sociales.[133,134] Estas terapias con tecnología de imagen virtual pueden resultar suficientes para pacientes que presentan fobias moderadas, aunque siempre pueden servir de preparación para las TCC "de verdad".

## Modificar los pensamientos automáticos

«Si me asomo, me sentiré atraído por el vacío», «Si me sonrojo todo el mundo se dará cuenta y voy a hacer el ridículo».

Las formas de pensar de los pacientes fóbicos suponen un blanco importante en las intervenciones de los psicoterapeutas.[135] En la jerga de los terapeutas llamamos "cognición" a un pensamiento automático que sobreviene a la mente de la persona. Es a este tipo de pensamientos, a menudo subconscientes (es decir, no conscientes, pero accesibles con un pequeño esfuerzo de introspección), a los que dirigiremos las terapias cognitivas.

La primera etapa, denominada de autoobservación, consistirá en tomar conciencia clara del funcionamiento de la mente, lo cual no siempre es fácil, pues los pacientes tienden a racionalizar sus puntos de vista: «No subo en ascensor porque es más saludable subir por las escaleras», «Todos los perros son potencialmente peligrosos. Son animales que descienden del lobo; es normal tener miedo». En algunos casos pensar en lo que se teme produce miedo, y por ejemplo, a los pacientes con ataques de pánico no les gusta "escuchar" sus miedos. Evitan pensar o pronunciar palabras como "mareo" o "angustia", porque les provocan crisis de ansiedad. Estos pacientes tienen también estrategias de huida mental (es decir, "evitaciones cognitivas"); por ejemplo, dejan siempre la radio encendida o siempre están a punto de hacer alguna cosa (hablar, leer, etc.) cuando se acerca el miedo.

Tras esta etapa de autoobservación se entrena al paciente a reflexionar sobre las cogniciones y a analizar su pertinencia. No se trata de recordarles que sus miedos no son "razonables" (su entorno ya se ha encargado de ello), sino de ayu-

darles a observarlos de frente y a analizar sus escenarios catastróficos. ¿De qué tiene miedo precisamente? ¿Qué va a
pasar según él si se enfrenta a la situación? ¿Cuáles serán sus
reacciones? ¿Cuáles podrían ser las consecuencias a largo
plazo? ¿Es que se cumplen todas las predicciones? ¿Cómo se
puede comprobar si es así?

Por último, la etapa final e indispensable: el terapeuta incitará a su paciente a proceder con las "pruebas de realidad"
destinadas a verificar si las predicciones fóbicas son fiables.
Por ejemplo, a una persona que padece ataques de pánico
que predice que a los diez minutos exactos de estar en una
cola se le manifestará un mareo o un ataque de pánico, el terapeuta le propondrá probar esta predicción, acompañando a
su paciente a una oficina de correos o a unos grandes almacenes a horas punta. Únicamente asociando este enfoque
cognitivo a la puesta en práctica en la situación, las modulaciones cognitivas serán "creíbles" para el cerebro emocional
del paciente.

## *Una novedad en el enfoque de las fobias en el seno de las TCC:* Eye movement desensitization and reprocessing

*Eye movement desensitization and reprocessing* (EMDR)
es una forma de terapia breve que consiste en hacer evocar al
paciente momentos emocionalmente difíciles de su vida, durante los cuales los síntomas se pueden revelar o volver a aparecer: por ejemplo, un recuerdo de principio de ahogamiento en
una persona con fobia al agua o a la asfixia.

Mientras que el paciente se sumerge psicológica y sensorialmente en los recuerdos dolorosos, el terapeuta le hará seguir con los ojos su dedo o algún otro objeto, que realice movimientos laterales rápidos. Esta maniobra se supone que
primero provocará una desactivación y luego una programa

ción de las emociones dolorosas asociadas al recuerdo. De ahí el nombre de *eye movement desensitization and reprocessing* (movimiento ocular de desensibilización y reprocesamiento).

Aunque no se sepa claramente cuál es el mecanismo por el que actúa el EMDR, ha demostrado su eficacia en el tratamiento de los traumas psicológicos.[136]

Una de las consecuencias más frecuentes de los traumas psicológicos es la persistencia de los pánicos a volverse a encontrar en la situación en la que se ha vivido el trauma: si alguien ha sido agredido en un aparcamiento o si ha padecido un accidente de coche, es fácil que después sea incapaz de volver a enfrentarse a estas situaciones. De algún modo se trata de fobias secundarias, inducidas por el trauma. Ésta es la razón por la que se han realizado algunos estudios para probar el EMDR con pacientes que padecen trastornos fóbicos.[137,138] Los primeros resultados son interesantes, pero habrá que esperar a saber más antes de recomendar sistemáticamente este método.

Según mi experiencia personal, el EMDR también puede ser útil si algunos recuerdos de miedo o vergüenza resultan insostenibles o siguen siendo muy dolorosos transcurridos algunos años. Esto es bastante frecuente en las personas fóbicas sociales que han vivido humillaciones en público y que no pueden recordarlas sin un sentimiento de profundo malestar. También sucede en los pacientes que han padecido violentos ataques de pánico, ya que en general evitan pensar en esos recuerdos.

## *Las fobias y el psicoanálisis*

El psicoanálisis ha sido durante mucho tiempo el único método de psicoterapia disponible. El caso del pequeño Juanito, citado por Freud en 1909, es sin duda uno de los más célebres de la historia de la psiquiatría. Juanito presentaba una fobia a los caballos, tras haber presenciado la caída de un caballo que tiraba de un tranvía en la calle. La cura para el pequeño Juanito, dirigida por su padre siguiendo los consejos de Freud, se ha convertido en un clásico de la literatura del psicoanálisis. El propio Freud reconoció no haber visto más que una vez al niño de cinco años, cuyo tratamiento fue impartido por el padre, un admirador apasionado de las tesis psicoanalíticas, en aquella época muy innovadoras.

He aquí un extracto de una carta que le envió el padre de Juanito a Freud: «Sin duda el terreno había sido preparado por una tremenda excitación sexual debido a la ternura de su madre, pero la causa inmediata de los problemas no sabría indicarla. El miedo de ser mordido en la calle por un caballo parece guardar alguna relación con el hecho de haberse asustado al ver un pene de grandes proporciones, ya sabe usted por observaciones mías anteriores que Juanito vio, ya en edad muy temprana, el pene desmesurado del caballo y dedujo que su madre, siendo tan mayor, debía tener una cosa para hacer pipí como la de un caballo... Aparte del miedo a salir a la calle y de la depresión de cada tarde, Juanito ha seguido siendo el mismo, alegre y juguetón...».[139] Freud tenía la hipótesis de que Juanito vivía una angustiosa rivalidad edipiana con su padre: demasiado penosa como para vivirla conscientemente, esta angustia era el objeto de una *represión* en el inconsciente. Después, para su mayor eficacia intervenía un segundo mecanismo: un *desplazamiento* del objeto de la angustia del padre hacia los caballos, lo que permitía una exteriorización relativa del conflicto de Edipo... Pues el miedo a ser mordido por un caballo representaba una amenaza menos temible que la vinculada a la angustia de la castración (temor de ser castigado por el padre por haber querido ocupar su lugar cerca de la madre).

Aunque sus tesis sedujeron al principio, las psicoterapias psicoanalíticas han retrocedido mucho en cuestión de responsabilizarse de las fobias, por el hecho de que sus resultados fueran decepcionantes según estas indicaciones. Uno de los grandes psicoanalistas contemporáneos especializado en la infancia, Serge Lebovici, recordó «el caso de una fobia escolar que hacía quince años que duraba a pesar de realizar una psicoterapia durante bastante tiempo y en buenas condiciones».[140] Además (¿o a causa de ello?), los psicoanalistas jamás han tenido en cuenta la disminución o desaparición de los síntomas fóbicos como una meta en sí misma, cuando suele ser una de las prioridades de los pacientes. Recordemos la célebre frase de Lacan: «La curación vendrá por añadidura». En una de las obras consagradas a la visión psicoanalítica de las fobias, perteneciente a una colección de referencia para el gran público, sólo hay tres páginas, entre ciento veintiocho, consagradas al tratamiento, ¡un 2,3%![141]

En el relato autobiográfico *Une saison chez Lacan*, el periodista y escritor Pierre Rey, una de las figuras del "todo París" mundano, narra sus diez años de psicoanálisis. Su libro es apasionante, pues permite comprender cómo funcionó el increíble esnobismo de la época en torno a la "necesidad de un psicoanálisis en casa de Lacan". Pero también muestra que la cuestión de la curación tampoco se planteaba: «Confesarlo hoy me hace sonreír: yo también he sido siempre fóbico. Pero mientras tanto he negociado con mis fobias. O bien no me pongo en situación de ponerlas a prueba, o las sufro con resignación inquietante por temor a que atraigan fatalidades exteriores».[142]

Muchos psicoanalistas reconocen actualmente que si lo que pide el paciente es no volver a tener los síntomas fóbicos, el psicoanálisis no es la solución que se debe proponer en primer lugar. Muchos, aunque no todos. Recuerdo a un paciente que me dijo: «Estoy resentido con mi psicoanalista, ha echado a perder mi terapia. Hubiera podido ser apasionante desde el principio al fin, pero las tres cuartas partes del tiempo me las pasé dándole vueltas a mis miedos, mis fracasos, mis evitaciones, mis frustraciones vinculadas a la fobia. Mientras que en diez meses de tratamiento con ustedes, hemos hecho retroceder la enfermedad. ¿Por qué no me dirigieron a ustedes de buen principio, para que pudiera realizar correctamente mi psicoanálisis, que también necesito?».

El otro problema de las terapias inspiradas en el psicoanálisis puede que se deba a la falta de evolución después de mucho tiempo, como si se hubieran quedado ancladas en un dogma que no era más que un punto de partida. Estos últimos años se han hecho tentativas muy interesantes para inventar nuevas formas de terapia basadas en el modelo psicoanalítico.[143]

## Todos los caminos conducen a Roma, pero con mayor o menor rapidez

Con frecuencia el psicoanálisis se opone a las TCC. De hecho, éstas últimas también se desarrollaron como reacción a una concepción "blanda" de la psicoterapia, vista como una serie de reencuentros en los que el terapeuta simplemente deja hablar al paciente de su pasado, sin saber muy bien adónde va a conducirles eso mutuamente. Para los conductistas, «las psicoterapias no han de ser una técnica no definida, que trate problemas abstractos, con resultados que no se puedan comprobar».[144] Lo que a veces se ha propuesto a muchos pacientes fóbicos es el postulado subyacente de los terapeutas de que el mero hecho de hablar de sus problemas ya debía aportar una mejoría. Esto puede que fuera cierto hace un siglo, en los tiempos heroicos de la psicología, en los que no se hablaba de "estas cosas". Pero en una sociedad como la nuestra, en la que la comunicación se ha abierto tanto, un terapeuta digno de usar ese nombre no puede remitirse sólo a las virtudes de la conversación y el intercambio, al menos para el tratamiento de trastornos emocionales tan anclados en la biología como pueden ser los grandes miedos.

Uno de los mejores especialistas mundiales sobre fobias, el inglés Isaac Marks, comparó un día el problema de la elección de una terapia para un trastorno fóbico con el de un itinerario.[145] Elegir una terapia es como elegir la ruta para ir de un sitio a otro, del sufrimiento al no sufrimiento, de la esclavitud a la libertad. Puede que queramos tomar la autopista y que queramos ir a lo esencial, sin mirar mucho el paisaje; entonces elegiremos curarnos mediante las técnicas basadas en la exposición. Puede que prefiramos seguir itinerarios secundarios, carreteras nacionales o comarcales, más cómodas y agradables, pero claramente más lentas; utilizaremos sobre todo enfoques cognitivos, como la relajación y la meditación. También podemos decidir ir campo a través retrasando la rapidez a favor de toda una gama de descubrimientos que realizaremos en el camino, corriendo también el riesgo de perdernos por completo por el camino; ésa será pues la opción del psicoanálisis.

A mis pacientes suelo presentarles esta comparación, que nos recuerda que el método más rápido no necesariamente es el más agradable, ni el más instructivo para uno mismo. También nos recuerda que todas las terapias pueden curar; como se decía antes "todos los caminos conducen a Roma". La elección de una vía lenta o de ir campo a través es igualmente legítima, especialmente cuando los miedos fóbicos no son exagerados, el paciente no se siente bajo demasiada presión o quiere conseguir otras cosas paralelamente ("hacer las paces con las relaciones difíciles en el pasado").

Pero también podemos abordar el problema de otra forma: elegir terapias más breves y más eficaces será la solución que preferirá la mayoría de los pacientes, porque padecer miedos patológicos es un sufrimiento, y con frecuencia el sufrimiento nos cierra las puertas del mundo. Una terapia no ha de ser más que una etapa en la vida, no ha de suponer una meta. Para vivir la vida no hay ninguna necesidad de tener un terapeuta a nuestro lado.

# 6. MIEDOS Y FOBIAS:
# UN POCO DE HISTORIA
# Y UN RETRATO DE FAMILIA

*Los tres mosqueteros eran cuatro. De igual modo existen tres grandes familias de miedos y una cuarta.*

*En primer lugar, los miedos a todo nuestro entorno natural, como los animales, las alturas, el agua, la oscuridad y muchas otras cosas. A continuación los miedos sociales, miedos a las miradas, a las críticas, a las interacciones con nuestros semejantes. Por último los miedos que suelen convertirse en pánicos, a los mareos si estamos enfermos, si nos sentimos encerrados, si estamos fuera de casa: entonces hablamos de claustrofobia o de agorafobia. La cuarta familia son todos los otros miedos, que abordaremos al final de este libro. Pero, sea cual sea el miedo que padezca, no deje que nadie le vuelva a decir que usted es nervioso: el nerviosismo no existe. Usted simplemente es una persona que padece de miedo excesivo.*

Quien abre un hoyo en él caerá;
quien destruye el vallado, mordido será por la serpiente.
El que transporta piedras se lastimará con ellas,
y quien raja leña, herido quedará de ella.

ECLESIASTÉS 10, 8-9

En la Europa cristiana de la Edad Media, el miedo se consideraba una cualidad deseable, y san Agustín recordaba que el temor al castigo divino era un estado de gracia. Entonces se era sensible a las virtudes del miedo, que alejaba a los seres humanos de los peligros y sobre todo de los pecados. Hoy en día, nuestras sociedades, más hedonistas e individualistas, perciben el miedo como un obstáculo: el miedo es lo que nos impedirá acercarnos a los demás, viajar, descubrir, relajarnos, alcanzar nuestras metas; en resumen, aprovechar nuestra vida.[146] No obstante, sea cual sea el juicio moral o religioso que se le atribuya, el miedo siempre ha existido y siempre hace sufrir.

Encontramos descripciones de miedos excesivos y de fobias ya desde la Antigüedad. En la Biblia, un pasaje del Eclesiastés evoca también una descripción de agorafobia: «... y levantárase a la voz del ave y todas las hijas de la canción serán humilladas. Cuando también temerán de lo alto y de los tropiezos del camino...». Hipócrates, pero también Descartes y Pascal, narran en sus obras aprensiones irracionales de algunos de sus contemporáneos. Montaigne en sus *Ensayos*[147] describe cómo «nos sobresaltamos, temblamos, palidecemos y nos sonrojamos con las sacudidas de nuestra imaginación», mientras que Robert Burton cuenta el caso de «alguien que ni siquiera se atrevía a salir de su casa por temor a desmayarse o a morir», en su célebre *Anatomía de la melancolía*, publicado en 1621,[148] el filósofo inglés John Locke fue el primero en describir en 1690 los mecanismos de la formación de una fobia, mientras que el cirujano francés Le Camus propuso una clasificación de las fobias en 1769.[149] Con el paso de los siglos, las observaciones médicas y los relatos literarios fueron revelando regularmente los casos de pacientes que mostraban un miedo anormal en ciertas circunstancias.

Fue en el siglo XIX cuando se analizaron las primeras fobias en términos "modernos", a raíz de la descripción de la agorafobia por parte de Westphall, en 1871. Entonces una avalancha de neologismos griegos permitió a los psiquiatras bautizar todos los tipos de fobias, con un espíritu muy entomológico. Algunos de estos neologismos reflejan bien la ideología de la época que les vio nacer. De modo que la fobia a la cautividad o la drapetomanía viene de la palabra griega *drapeta* ("esclavo evadido"). En el siglo XIX[150] se consideraba que los esclavos negros del sur de los Estados Unidos padecían esta dolencia, cuyo principal síntoma era el "deseo compulsivo de huir", hecho que a los terapeutas de la época les resultaba incomprensible, de ahí que lo consideraran patológico y acuñaran este término.

Desde 1896, Théodule Ribot, uno de los antepasados de la psicología francesa, observó ante esta invasión: «Una verdadera inundación de fobias, cada una con un nombre especial... Toda manifestación mórbida del miedo enseguida recibe una denominación con un vocablo griego o considerado como tal».[151]

Freud también fue irónico respecto a este tema en su *Introducción al psicoanálisis*: «Esta serie de fobias presenta-

## Algunos miedos y fobias originales

La psiquiatría del siglo XIX, enamorada de los términos griegos, fue la que originó semejante profusión de curiosos apelativos, específicos para cada tipo de fobia:

*Acrofobia*: miedo a las alturas (*akron*: lo más alto), equivale a *quenofobia* (*kenos*: vacío) y sin duda también a *cremnofobia* (miedo a los precipicios) y a *orofobia* (miedo a los lugares en pendiente y a las montañas).

*Aerodromofobia*: miedo a los viajes en avión.

*Algofobia*: miedo al dolor.

*Apopatodiafulatofobia*: miedo al estreñimiento.

*Astrapefobia*: miedo a los relámpagos, con frecuencia se relaciona con la *brontemofobia* (miedo al trueno) y la *queimofobia* (miedo a las tormentas y tempestades).

*Hematofobia*: miedo a la sangre, similar a *creatofobia* (fobia a la carne) y a *belonefobia* (miedo a las agujas y alfileres).

*Monofobia*: miedo a estar solo.

*Oicofobia*: miedo de regresar a casa (*oikos*: casa) tras una hospitalización.

*Zoofobia*: miedo a los animales. Puede incluir la *ornitofobia* (miedo a los pájaros), la *ailurofobia* (miedo a los gatos), la *cinofobia* (miedo a los perros), la *musofobia* (miedo a los ratones), la *aracnofobia* (miedo a las arañas), etc. También puede incluir la *tricofobia* o miedo al pelo y la *pterofobia*, el miedo a las plumas.

*Fobofobia*: miedo a tener miedo.

*Siderodromofobia*: miedo a viajar en tren (etimológicamente: "camino de hierro").

*Tapofobia*: miedo a ser enterrado vivo.

Si esta lista le ha indispuesto es porque quizás padece una *helenologofobia* (*hellenos*: griego y *logos*: palabra): el miedo a los términos griegos utilizados para dárselas de listo.

das bajo rimbombantes nombres griegos [...] se parece a la enumeración de las diez plagas de Egipto, con la salvedad de que las fobias son mucho más numerosas».[152]

Entonces propuso su propia clasificación de los estados ansiosos –neurosis fóbica, neurosis obsesiva, neurosis de angustia, etc.–, que pasó alegremente de siglo hasta la década de 1970. En ese momento, tras haber ofrecido buenos y leales servicios, la venerable terminología freudiana empezó a quedarse en la sombra, a raíz de los trabajos de algunos psiquiatras como el americano Klein,[153] que demostró la eficacia de algunos antidepresivos en el tratamiento de los trastornos del pánico, o el sudafricano Wolpe[154] y el inglés Marks,[155] que se fijan en las primeras terapias conductistas eficaces para el tratamiento de las fobias.

## *La fobia no es una neurosis*

Las "neurosis fóbicas", término actualmente casi en desuso, en un principio recibieron el nombre de "histerias de angustia" en la terminología psicoanalítica, lo cual remarcaba su naturaleza sexual. Según los psicoanalistas, las fobias eran la expresión de un conflicto inconsciente (que había que resolver primero para que desaparecieran los síntomas) y también suponían una muralla contra los miedos más intensos (y a este respecto, se tenían que "respetar" los síntomas, a riesgo de ver al sujeto sin su fobia con una descompensación aún mayor). Esta visión de las fobias, aunque revolucionaria en su época, a finales del siglo XIX, y que permitió la aparición de la psicoterapia moderna, se ha quedado obsoleta. Debido en parte a los escasos resultados de las terapias inspiradas en el psicoanálisis para los trastornos fóbicos, pero también al hecho de los resultados claros y duraderos, sin reaparición, ni sustitución de los síntomas que se han obtenido mediante las terapias conductistas, cuyas bases teóricas son radicalmente distintas.

Una de las constataciones que más me ha marcado en mi práctica de la psicoterapia con las personas fóbicas es que la mayoría de las veces son de lo más normal, ¡cuando no están expuestas a su fobia, claro está! Ésta es la razón por la que no me gusta la forma en la que antes se designaban estos trastornos mediante el término "neurosis fóbicas".

Considero que es preferible renunciar a este apelativo de "neurosis" por dos razones. La primera es porque la palabra "neurosis", tras convertirse en un término médico (neologismo acuñado en el siglo XVIII por el médico escocés William Cullen), se transformó en un juicio de valor moral. En la actualidad cuando hablamos de una persona "neurótica" lo hacemos para describir a alguien complicado, que se escucha mucho. Hubo un tiempo en que el *prêt-à-porter* del pensamiento psiquiátrico marcaba que se diagnosticara "neurosis histérica" a toda mujer ansiosa o deprimida. Tal como le decía bromeando a uno de mis amigos psiquiatras: «Jamás he tenido una paciente histérica. Sólo he conocido a mujeres desgraciadas». La segunda razón para que seamos prudentes con el término "neurosis" es porque está estrechamente relacionado con la teoría freudiana de las fobias, en la actualidad muy criticada. No todas las intuiciones de Freud eran falsas, pero muchas sí lo fueron. Es normal que se le respete como figura histórica, pero no que continuemos siguiendo ciegamente sus preceptos y citando repetitivamente sus escritos o los de sus discípulos, con la frase mágica de «Freud escribió o Lacan dijo...». Freud deseaba crear una ciencia. Pero desgraciadamente, también engendró en algunos discípulos una visión religiosa de la psicoterapia: escrituras sagradas, sacrilegios, excomuniones, guerras de religión... Pero todo eso sólo concierne al reducido mundo de los terapeutas y no debería interferir en la ayuda que se puede aportar a las personas fóbicas.

Por mi parte lo que les recuerdo a mis pacientes respecto a su problema es lo siguiente: «Ustedes no son *neuróticos*. Ustedes no son *fóbicos*. Ustedes son personas normales que padecen fobias. Al igual que hay personas que padecen diabetes o hipertensión. No malgasten todo su tiempo intentando averiguar de dónde vienen y por qué son ustedes así. Es importante hacerlo, pues saber de dónde proceden nuestros sufrimientos nos evitará reproducir nuestros errores indefinidamente, pero no hay que eternizarse en ello. Lo importante es saber que ustedes tienen este punto débil y que tendremos que encontrar juntos la forma de corregirlo. Unas veces será posible suprimirlo: dejarán de ser fóbicos. Otras sólo podremos hacer que disminuya: simplemente serán más inquietos que la mayoría de las personas, pero serán capaces de afrontar la situación que antes tanto temían. Por ejemplo, en el caso de una fobia a volar, podrán volver a tomar un avión, pero no se sentirán totalmente relajados durante el vuelo, ¡como tampoco muchas de las otras personas que vuelen con usted! En resumen, siempre es posible hacer que sus fobias bajen al nivel de miedos normales, pero no siempre es posible hacerlas desaparecer».

Rara vez las peticiones de los pacientes se presentan como un deseo de erradicar por completo su miedo. Jamás he tenido ningún paciente con fobia a volar que quisiera ser piloto de avión. Normalmente aspiran a poder viajar en avión con un nivel de miedo razonable.

## Las tres familias de fobias

La clasificación científica actual de las fobias, la que más utilizan los equipos de investigación de todo el mundo,[156] separa las fobias en tres grupos principales, y cada uno corresponde a un tipo de miedo bastante preciso:

–*Las fobias específicas,* que agrupan principalmente a las fobias a los animales, los elementos naturales, la sangre y las heridas. Estas fobias, anteriormente denominadas "fobias simples", conllevan una limitación bastante limitada, pues las conductas de evitación son compatibles con un tipo de vida más o menos normal.

–*Las fobias sociales* consisten en un miedo intenso a la mirada y a las críticas de los demás. Estas fobias a menudo se consideran las más invalidantes, pues las evitaciones sociales privan a la persona fóbica de un número más o menos grande de actividades racionales, básicas para su equilibrio y desarrollo personal.

–*El trastorno del pánico con agorafobia* viene marcado por el temor a marearse, sobre todo en ciertos lugares públicos. Es muy limitador, pues sus violentas y desestabilizadoras crisis de angustia crean rápidamente evitaciones que reducen la autonomía de la persona fóbica: entonces, cualquier desplazamiento fuera de su casa puede convertirse en un problema.

Estas dos últimas familias, las fobias sociales y el trastorno del pánico, también reciben el nombre de "fobias complejas" pues, a diferencia de las "fobias simples" o específicas, pueden acontecer en contextos diversos y sutiles. Lo más importante es que no dejan al paciente que las controle fácilmente: siempre podemos evitar cruzar por donde hay palomas o asomarnos al vacío. Pero evitar a tus semejantes o salir de casa es mucho más complicado. Veremos el gran número de complicaciones asociadas a estas fobias complejas, como la depresión, el alcoholismo y muchos otros estragos en la calidad de vida.

En el último capítulo abordaremos los miedos y las fobias más raras, al igual que cierto número de trastornos psicológicos a los que se les ha atribuido el apelativo de "fobias", aunque revelen mecanismos psicopatológicos diferentes.

No cabe duda de que la tentación es grande, tanto para psiquiatras y psicólogos como para el gran público, de utilizar la palabra "fobia" con una raíz griega para designar aprensiones y aversiones diversas: la xenofobia u homofobia designan más aversiones o desconfianza por los extraños u homosexuales que miedos o pánicos. La triscaidecafobia se refiere más a una superstición a la cifra trece que a una auténtica fobia. En cuanto a la neofobia, frecuente en los niños o en las personas mayores, hace más bien referencia a la aversión hacia todo tipo de cambio (alimentario, de relaciones, etc.) que a una necesidad de huir ante lo nuevo.

La fortuna de la palabra "fobia" está sin duda vinculada a nuestra necesidad de utilizar un término general para designar todas las emociones asociadas al deseo de distanciamiento entre nosotros y alguna cosa que a nuestros ojos, con razón o sin ella, nos resulte desagradable o inquietante. Ahora atención si usted es heptafóbico, porque vamos a abordar el capítulo 7.

# 7. MIEDOS Y FOBIAS "SIMPLES": ANIMALES, AVIÓN, SANGRE, AGUA...

*Estos miedos naturales que se desbocan sólo son "simples" en las nomenclaturas de los psiquiatras. Fáciles de comprender, desde luego: tenemos mucho miedo de algo y hacemos todo lo posible por evitarlo. Pero la simplicidad termina aquí. Estos miedos, si son excesivos, complican considerablemente la existencia: desvíos, renuncias, subterfugios, etc.*

*A veces pueden poner en peligro nuestra salud, como en el caso de la fobia a la sangre y a los pinchazos. Pero en general no amenazan nuestra supervivencia: simplemente alteran nuestra calidad de vida.*

*Afortunadamente existen soluciones –simples– frente a estos grandes miedos a las cosas naturales. Tan simples que a veces los terapeutas se olvidan de ellas.*

«Era presa de grandes tormentos: algunos pensamientos demasiado activos y agudos acababan con todo lo que me quedaba de mente y de mundo.»

PAUL VALÉRY, *La idea fija*


Lo primero que hace Francesca al entrar en mi consulta es mirar las ventanas. Su rostro inquieto se detiene de golpe cuando se ha percatado de que están cerradas. Era una mañana del mes de julio y la primera vez que venía a visitarse. Como siempre ocurre en Toulouse, hacía mucho calor, por lo que las ventanas suelen estar abiertas. Pero no en mi consulta, porque para poder trabajar sin sentir el agobio del calor, acababa de comprarme ¡el día antes! un pequeño aparato de aire acondicionado. Este pequeño detalle permitió a Francesca contarme tranquilamente su historia, sin temor a que una paloma entrara de repente en la habitación. Pues su problema era éste: el miedo a las palomas.

Francesca es una hermosa joven de generosas curvas, casada con un ingeniero italiano que hacía dos años que trabajaba en Toulouse en la industria aeronáutica. Desde pequeña tiene miedo a los pájaros. Su primer recuerdo es bastante preciso: a los tres o cuatro años, durante el día la cuidaba una tía que criaba pájaros en jaulas. Esta anciana, adepta a los métodos pedagógicos antiguos, solía amenazarla con abrir las jaulas para que los pájaros salieran a picarla en las orejas y a tirarle del cabello si no se comía la sopa. Un día, insensible a la amenaza, Francesca se negó a comer la sopa y su tía fue a buscar una tórtola para asustarla, pero el ave se escapó y empezó a volar por toda la habitación, golpeándose con las paredes y las ventanas, provocando un estado de pánico en la niña y cierto grado de histeria en su tía. Desde aquel día Francesca no pudo soportar la presencia de los pájaros ni siquiera enjaulados. Un domingo sus padres volvieron del mercado con una gallina viva que habían ganado en un sorteo y Francesca estuvo aterrorizada hasta que desapareció el animal. Durante su infancia y su adolescencia fue objeto de muchas bromas por parte de sus familiares y conocidos por esta causa. Uno de sus hermanos mayores un día le hizo un falso regalo, había encerrado un pájaro en una caja que voló cuando Francesca la abrió.

Una vez adulta, se las arregló para organizarse la vida de modo que no tuviera que enfrentarse a los pájaros. Su esposo, al que le había explicado su fobia, aceptó sus evitaciones. Pero desde que fue destinado a Toulouse para dirigir un proyecto aeronáutico internacional, Francesca descubrió horrorizada la presencia de muchas palomas en el centro de esta ciudad donde se encontraba la vivienda que les había proporcionado la empresa. Su fobia tiene un nuevo punto de partida, centrado ahora en su miedo a las palomas.

Cuando se presentó en la consulta estaba algo deprimida por el hecho de su aislamiento en Francia y de su limitación debida a sus miedos. Además tampoco podía ver la imagen de un pájaro ni en un libro ni en una revista, menos todavía en la televisión, sin sentir angustia. Tenía que evitar algunos barrios del centro de la ciudad, donde hay muchas palomas, y no podía llevar a sus hijos al parque, porque las personas mayores dan de comer a las palomas. Tampoco podía utilizar el cajero automático que tenía debajo de su casa porque la acera estaba permanentemente ocupada por las palomas.

«Lo que más me disgusta es su aspecto físico: su ojo sin pupila, sus terribles patas rojas y sus uñas siempre sucias, el ruido de sus alas cuando emprenden el vuelo. ¿Qué es lo que me asusta concretamente? No estoy muy segura. Quizás tengo miedo de que me saquen un ojo con el pico al alzar el vuelo para escaparse o de que se les enreden las patas en mis cabellos y que se pongan nerviosas porque son muy tontas. Además me dan asco, no puedo ni imaginar el contacto con sus plumas. Lo más frecuente es que aparezca un miedo reflejo que es más rápido que mi pensamiento.»

De pronto Francesca palideció y dejó de hablar. Fijó la mirada en un punto detrás de mí: una paloma acababa de posarse en el alféizar de la ventana y nos estaba observando atentamente girando su cabeza de izquierda a derecha. La ventana estaba cerrada, pero Francesca empezó a ahogarse. Estaba presenciando el inicio de un ataque de pánico en directo. Me levanté para espantar a la paloma. La ansiedad de Francesca nada tenía de fingida: cuando espanté a la paloma, ¡los latidos por minuto de su corazón superaban a los ciento cuarenta! Tras el incidente, lloraba desconsolada: «Es absurdo, es estúpido, ¡ya ha visto en qué estado me ponen! ¡Y tenía la ventana cerrada! Si llega a estar abierta habría salido corriendo, no puedo controlarme».

Luego empezó a contarme su vida de fóbica: «Estoy a merced de miles de palomas, todas ellas absolutamente imprevisibles». Sólo estoy tranquila de noche, cuando duermen. En mi viaje de novios al norte de Italia, sólo pudimos visitar Venecia de noche. Cuando me veo obligada a ir a sitios donde ellas son las reinas, tengo que recurrir a todos los subterfugios inimaginables para evitar el contacto: me cuelo entre la gente, que utilizo como murallas humanas. Nunca llevo maletas o bolsas, para tener las manos libres y poder defenderme si una paloma se lanza sobre mí. Cuando el cielo se pone algo gris, utilizo el pretexto de la posible lluvia para coger un paraguas con el que sé que podré defenderme en caso de ataque. Todo esto es absurdo y humillante, pero puede conmigo. ¿Puede ayudarme?».

Desde luego les contaré cómo superó Francesca su fobia, pero ahora nos centraremos en los miedos y las fobias denominadas "específicas".

## *Miedos intensos y fobias "específicas"*

Esta familia de miedos es sin duda la más fácil de comprender: una persona teme terriblemente una cosa concreta y hace todo lo posible para evitarla.

Los objetos o situaciones que pueden ser fuente de miedos específicos son múltiples, pero podemos agruparlos en cuatro grandes tipos: miedo a los animales, a los elementos naturales, a las situaciones, a la sangre y a las heridas. Más adelante hablaremos de ellas con mayor detalle.

Recordemos que aproximadamente una de cada dos personas padece miedos excesivos e invalidantes de este tipo. La apelación "específica" recuerda que los miedos suelen estar bastante circunscritos: fuera de los momentos de enfrentamiento a lo que teme o de su anticipación inmediata, la persona se siente bastante segura. Antes hemos llamado a estos miedos y fobias "simples" debido a su carácter limitado. Pero, en realidad, a veces pueden complicar considerablemente la vida de las personas que las padecen.

Al igual que para las otras formas de miedos excesivos, la cuestión del umbral entre miedos normales y miedos fóbicos se basa en muchos elementos: la intensidad de la emoción del miedo que se siente (hasta llegar al ataque de pánico en las fobias), la necesidad imperiosa de huir de lo que se teme (y no únicamente una simple molestia a la que enfrentarse) y la dinámica autoagravante de las fobias (el tiempo que pasa y los enfrentamientos que se repiten no aportan ninguna mejoría). Es preciso definir estos criterios de umbral entre miedos normales y patológicos, pero la realidad es bien distinta: no existe una frontera clara y se considera que los miedos intensos suponen una limitación parecida a la de las fobias, incluso aunque no cumplan con todos los criterios que permiten realizar el diagnóstico médico.

Según los estudios y los medios de evaluación, nos encontramos con que entre un 10 y un 20% de la población general presenta fobias específicas.[157] Estos trastornos fóbicos normalmente afectan más a las mujeres que a los hombres, a razón del doble, salvo en el caso de la fobia a la sangre y a las heridas, donde existe una igualdad entre los géneros.[158]

Los miedos y las fobias específicas son indiscutiblemente los que aparecen en una etapa temprana de la vida. Con frecuencia la reacción de miedo exagerado ya está presente en el primer enfrentamiento. También existen acontecimientos concretos que provocan la fobia, aunque eso ya no es tan habitual. Pero plantean igualmente el problema de un terreno vulnerable: en efecto, un miedo excesivo a los perros puede

*Los principales tipos de miedos y fobias específicas*

| | |
|---|---|
| Miedos y fobias a los animales. | Pájaros (sobre todo palomas), insectos (arañas, cucarachas y avispas), perros, gatos, serpientes, etc. |
| Miedos y fobias a los elementos naturales. | Agua, alturas, oscuridad, tormentas, etc. |
| Miedos y fobias a las situaciones. | Claustrofobia (espacios cerrados, ascensores, almacenes llenos de gente, túneles, etc.) Medios de transporte (avión, tren, coche). |
| Miedos y fobias a la sangre y a las heridas. | Pinchazos, extracciones de sangre, operaciones dentales. |

sobrevenir después de haber sido mordido, pero no todos los niños a los que les ha mordido un perro se han vuelto fóbicos. Los resultados de la mayoría de los estudios abogan a favor de una influencia genética importante en el caso de algunas fobias específicas, que en un plano secundario son reforzadas por los acontecimientos de la vida y por los modelos parentales (el padre o la madre suelen tener los mismos miedos).

También existen variaciones de intensidad en función de la edad: de modo que los miedos a los animales son más fuertes y molestos en los jóvenes, mientras que con viajar en avión sucede a la inversa, y se agrava con el tiempo. Hay muchas explicaciones posibles, pero la más probable es que es más fácil amansar poco a poco los miedos animales: podemos controlar su tiempo de enfrentamiento con fotos, películas, animales de verdad, enjaulados o atados. En el peor de los casos, ¡podemos huir si no nos sentimos preparados para el encuentro!

Mientras que el miedo al avión es además un temor de todo o nada: es imposible empezar con cinco minutos de vuelo la primera vez, después diez, luego quince, etc. En avión, o se vuela o no se vuela. Una vez se ha producido el despegue, no podemos saltar, ni siquiera en paracaídas.

Todos los miedos excesivos que no permiten enfrentamientos progresivos y regulares tienen tendencia a agravarse. Cada enfrentamiento, que a la fuerza es infrecuente y súbito, supone un nuevo trauma. Veremos que éste también es el caso en ciertas fobias escénicas.

## ¿Son enfermedades las fobias específicas?

Hasta que llegan al estado de fobia, la mayor parte del tiempo los miedos específicos sólo entrañan una invalidez limitada: las evitaciones que imponen a las personas que los sufren, en general, no les impiden realizar una vida casi normal. Ésta es la razón por la que estos fóbicos acuden mucho menos a las consultas de los psiquiatras y los psicólogos que los otros fóbicos (los agorafóbicos o los fóbicos sociales).

Entre los factores que empujan a los pacientes a acudir a la consulta por las fobias específicas encontramos:[159]

–Fobia a los perros, gatos, ascensores o a diferentes medios de transporte. Es decir que la demanda de tratamientos está vinculada a la frecuencia de los encuentros con lo que les asusta.

–Padecer varias fobias al mismo tiempo. Este caso es bastante frecuente y conduce al aumento de la limitación cotidiana.

–Sentir ataques de pánico muy violentos en las situaciones temidas. Sentirse a punto de perder la razón o tener un infarto en el momento del miedo.

Lo más habitual es que los pacientes vengan a vernos cuando se ha producido un cambio que perturba la organización de su modo de vida: como el caso de un fóbico al avión, que hasta ahora había podido realizar sus desplazamientos en tren o en coche, pero que al ser ascendido en su trabajo se ve obligado a hacer desplazamientos frecuentes en avión. Como el caso de una joven fóbica a la sangre, que siempre huía de los pinchazos y las extracciones, que encuentra al hombre de su vida y quiere tener un hijo, lo cual requiere pruebas médicas. El de la persona con fobia a las palomas que se acaba de trasladar a otra ciudad y descubre que su calle está llena de estos animales atraídos por las personas mayores que les dan de comer. El de una persona con fobia a las serpientes a la que invitan a un viaje a un país tropical.

## Un poco de ciencia sobre los miedos
## y las fobias específicas

Las fobias suelen aumentar las características inquietantes de lo que da miedo. A los ojos del fóbico, todas las arañas son enormes y muy rápidas, la menor pendiente es vertiginosa, etc. Estos errores de percepción[160] están claramente vinculados a la intensidad de sus temores; puede que, en los momentos en los que las personas fóbicas se sienten amenazadas, demuestren la reaparición de un mecanismo de supervivencia del tipo "efecto lupa" con un aumento automático del peligro. Sea cual sea el entorno, nunca hemos de olvidar lo siguiente: cuando se trata de sus miedos, los fóbicos no viven en el mismo mundo que los que no son fóbicos. Un salto desde un trampolín a dos metros de altura provoca a un acrofóbico los mismos miedos que a otra persona no fóbica le puede provocar un trampolín de diez metros de altura. Tras la terapia estos errores de percepción desaparecen.

Estas distorsiones no se limitan a cuestiones de talla o de altura: al acercarse a los animales temidos, el zoofóbico los "ve" acercarse a él y "siente" su tacto. El acrofóbico, al asomarse al vacío, se siente bascular. Sus activaciones sensoriales confirman el papel de la imaginación en sus miedos fóbicos, pero también los encontramos en la imaginería cerebral, que sugiere una activación de las áreas corticales, especialmente el área visual, bastante alejada de la zona límbica, sede de las emociones ansiosas.[161] En los fóbicos a los animales, sobre todo a las arañas, a los insectos o a las serpientes, la activación de la corteza temporal anterior, denominada "somatosensitiva", parece indicar la entrada en juego de sensaciones táctiles asociadas a la aprensión que se siente.

En resumen, las fobias suelen proceder de una descontextualización de las informaciones; es decir, los fóbicos se centran únicamente en lo que les asusta y se olvidan de ver lo que puede tranquilizarles.[162] De modo que, ante un perro, no se tranquilizarán por el hecho de que el animal sea pequeño, esté atado o sea amistoso. Todos estos elementos contextuales no tendrán más peso que el estímulo central: la presencia o ausencia del perro. Cuanto más grave es la fobia, más funciona como "todo o nada": de ahí que se produzcan ciertos aumentos de angustia al evocar una sencilla palabra o una imagen banal de lo que se teme. Nuestro cerebro racional sabe que no hay peligro, pero la amígdala cerebral, que actúa aún con mayor rapidez, ya ha activado la alarma.

## *Miedos y fobias a los animales*

«Solamente arriba, al acercarse al sexto piso, el corazón se le pone en un puño al pensar en el final del trayecto. Allá, en lo alto, la paloma, la bestia feroz, le estaría esperando. La encontraría al fondo del pasillo, sobre sus patas rojas y ganchudas, rodeada de excrementos y de plumas flotando a su alrededor, estaría allí esperándole, con su ojo espantosamente desnudo, y levantaría el vuelo haciendo ruido con sus alas y rozaría a Jonathan, incapaz de esquivarla en ese exiguo pasillo. Había inclinado su cabeza de lado y miraba fijamente a Jonathan con su ojo derecho. Este ojo, un pequeño disco redondo, negro, con un pequeño punto en el centro, era espeluznante. Su primer pensamiento fue que iba a tener un infarto o un ataque, sin lugar a dudas, y al más ligero movimiento de las alas, breve y seco, fue presa del pánico... Todo le era igual, sólo quería marcharse, marcharse, marcharse.»

El escritor alemán Patrick Süskind, en su novela *La paloma*[163] describe la alucinante historia del pánico a las palomas que acecha a un hombre de cincuenta años. Su narración relata perfectamente hasta qué punto nos son familiares las fobias, ya que nuestros miedos banales nos ayudan a comprenderlas. Y hasta qué punto pueden parecer ajenas a nuestras propias reacciones: la fobia conducirá a Jonathan, el protagonista de Süskind, a la desinserción social y a ideas sui_cidas, que afortunadamente desaparecerán de manera tan misteriosa como llegaron.

Los miedos exagerados a los animales tantas veces reflejados en la gran pantalla (*Los pájaros, Tiburón, Aracnofobia,* etc.) son las fobias más frecuentes, especialmente en las mujeres, que suponen entre un 75 y un 90% de las personas zoofóbicas. Los animales que con más frecuencia provocan miedo suelen ir en este orden: los insectos, los ratones y las serpientes. Las fobias a los pájaros, perros, gatos y caballos también son bastante frecuentes. El miedo asociado a estas fobias es el de ser atacado por el animal (mordedura o picadura), y también hay el sentimiento de asco y de repugnancia. Después de varios estudios en los que se comparaban muchas culturas, parece que estos sentimientos de asco son todavía más universales que los de miedo.[164] Por ejemplo, los hindúes tienen menos miedo a las arañas que los occidentales, pero les resultan igual de repugnantes.

Observemos que hablamos de fobias relacionadas con el temor a los animales no peligrosos, ya que los miedos que conciernen a los animales objetivamente peligrosos (tigres, cocodrilos, tiburones, etc.) se consideran en todas las culturas como normales y útiles.

En Occidente, la incapacidad vinculada a las fobias a los animales suele ser la más moderada, al menos en el medio urbano. Sin embargo pueden existir algunas molestias, principalmente debido a la fobia a los perros, a los gatos y a los pájaros (especialmente las palomas), que dificulta la movilidad de las personas que viven en las ciudades, o a la fobia a los insectos, que hace que los afectados eviten frecuentar entornos naturales o que tengan una casa en el campo.

La historia está llena de personajes célebres con fobia a los animales: el emperador romano Germánico no soportaba los gallos, el astrónomo Tycho Brahe tenía miedo a los zorros y a las liebres, Ambroise Paré, cirujano real, se desmayaba a la vista de las anguilas y Napoleón Bonaparte era fóbico a los gatos, como su antiguo enemigo Wellington. El poeta Ronsard describió su propia fobia a los gatos:

*No he conocido hombre con tanto odio en el mundo,*
*los gatos me llenan de un odio profundo.*
*Odio sus ojos, su frente y su mirada.*
*Al verlos huyo a otra parte,*
*temblando nervios, venas y miembros...*

Shakespeare por su parte también evocaba el miedo a los animales en su comedia *El mercader de Venecia*:[165] «Hay personas que no pueden ver bostezar a un cerdo, otras que enloquecen al ver un gato...».

He tenido la oportunidad de conocer casos de fobias a casi todos los animales. Una locutora de radio me habló un día de su miedo a los cangrejos, a los que no soportaba ver ni en foto. Los fóbicos a las avispas suelen venir a la consulta en verano, porque les resulta difícil comer al aire libre. Para no atraer a los insectos que les producen pánico, se las arreglan para que no haya melón, macedonias de frutas ni mermeladas en los desayunos en la terraza. ¡No es fácil! Hay incluso personas que tienen fobia a las inofensivas mariposas; una de mis pacientes con esta fobia enseguida pensaba en las orugas cuando veía una mariposa y empezaba a sentirse mal.

Un estudio realizado con personas que padecían fobias graves causadas por los animales desglosó los elementos de los miedos asociados:[166]

–El movimiento del animal (77%). Cuando hacían ejercicios de exposición con los animales, los pacientes se sobresaltaban cuando el animal se movía. Muchos temían el vuelo en zigzag, imprevisible, de algunos insectos.

–El aspecto físico (64%). El ojo sin pupila de las palomas, los abdómenes abultados de las arañas, los dientes de los perros, etc. Los fóbicos a las serpientes son muy reactivos a su forma: una rama caída o un cinturón de ropa en el suelo del dormitorio que les recuerde la forma del reptil les hace sobresaltar de miedo.

–En el mismo estudio, el 40% de los pacientes confesó que el encuentro real con el animal les acarreaba serios problemas (ataque de nervios o algo similar).

Las fobias a los animales suelen ser bastante específicas (se tiene miedo a las palomas y no a los gorriones, a las avispas y no a las abejas). Sin embargo, a veces se generalizan a todos los representantes de una especie: pájaros, insectos voladores o de tierra.

## Miedos y fobias a los elementos naturales

Al igual que con las fobias a los animales, la mayoría de los fóbicos a los elementos naturales son mujeres (75-90%). Este porcentaje disminuye sólo en la fobia a las alturas (acrofobia), donde las mujeres representan el 50-70% de los casos. Los principales elementos fobogénicos son las alturas y el vacío, el agua, la oscuridad, las tormentas y los truenos. Aquí también personajes célebres han hecho su contribución a este tipo de fobias: el gran emperador romano Octavio Augusto tenía un miedo terrible a la oscuridad y al filósofo inglés Francis Bacon le aterraban los eclipses de luna.

El grado de incapacitación varía según el entorno social de la persona: a un *fóbico a las alturas* le resulta imposible acercarse a una ventana de un piso alto y mucho menos a un balcón, pero también dar un paseo por la montaña, esquiar o atravesar un puente. El miedo al vacío, comúnmente denominado "vértigo", afecta a aproximadamente a un 12% de la población, pero los verdaderos acrofóbicos son mucho menos numerosos. Con este miedo, más que con ningún otro, sucede que la persona que lo padece puede sentirlo también al ver cómo otra persona se aproxima al vacío y ocasionarle un mareo ansioso. Las madres que lo padecen no pueden acompañar a sus hijos a pasear por la montaña o por los acantilados al borde del mar, ni pueden llevarlos a visitar castillos, ni ver que se acercan a una ventana o a un balcón.

*El miedo al agua* también es frecuente. Afecta aproximadamente a un 2-5% de la población. Conlleva cierta limitación en materia de actividades de ocio: las piscinas y el mar se convierten en una amenaza; las personas afectadas evitan los cruceros en barco, y meter la cabeza debajo del agua en una bañera o bajo la ducha a veces les resulta imposible. En realidad, la acuafobia, más que miedo *al* agua, es miedo a estar *dentro* del agua. Los pacientes pueden beber agua con toda tranquilidad, pero no pueden soportar la idea de estar sumergidos en ella. Imaginan que se volverán locos y que se ahogarán fácilmente.[167] Sobrevolar el mar puede provocarles profundas angustias, aunque no tengan problemas para sobrevolar tierra firme.

Ésta es la historia de Rosemarie, profesora de francés, que tenía cuarenta y ocho años y siempre había tenido miedo al agua. Se había educado en un ambiente rural y vio el mar por primera vez cuando era adulta; durante su infancia nunca había ido a la piscina. No sabía nadar. Le había dicho a un médico que nunca se había sentido bien en un barco: «Cuando pienso en la profundidad de agua que hay bajo mis pies, se me pone la piel de gallina». Cuando iba de vacaciones al mar, jamás se alejaba de la orilla, y las pocas veces que una ola la había revolcado, le había provocado una fuerte angustia. Unos años atrás quiso aprender a nadar. Sabía realizar los movimientos correctamente, pero nunca quiso alejarse del borde de la piscina, mucho menos cruzarla sin tener siempre un sitio para agarrarse. En general, procuraba no darse un baño cuando estaba sola en casa, por temor a ahogarse si le daba un mareo en la bañera. Pero la ducha tampoco le resultaba agradable, porque no le gustaba poner la cabeza debajo del agua, ni la sensación del agua "intentando meterse", en las orejas, nariz y ojos. En toda su vida, nunca había metido por completo la cabeza bajo el agua. Rosemarie disponía de un excelente repertorio de historias de ahogamientos: uno de sus primos perdió un hijo pequeño al ahogarse en la piscina que acababa de construir, una de sus conocidas le habló de alguien que se había ahogado porque no pudo subir a su barca cuando se estaba bañando al lado, etc. Unos amigos invitaron a Rosemarie y a su marido a un crucero por el Mediterráneo durante el verano , pero ella sólo podía pensar en lo mal que lo pasaría durante aquellos quince días.

Uno de mis pacientes me contaba que su madre, que tenía *fobia a las tormentas*, hacía que toda la familia se metiera en el coche y anduviera circulando por ahí hasta que terminaba la tormenta, pues había leído que los rayos no alcanzaban a los coches, ya que el aislamiento que proporcionan los neumáticos crea lo que los electricistas llaman "cajas de Faraday". Ella no tenía miedo a las tormentas (vino a la consulta por otro motivo), pero se ponía muy nerviosa cuando caía un rayo y se negaba a ir a la montaña cuando el cielo no estaba despejado, para no tener que afrontar una tormenta en la montaña, que muchas narraciones habían descrito como aterradoras: «Chispas de electricidad estática sobre los piolets, ¡seguro que sufro un paro cardíaco!». Habíamos estado trabajando sobre sus miedos a petición suya, porque no quería transmitírselos a sus hijos. El trabajo había consistido principalmente en exponerla a los flashes de la cámara fotográfica escuchando sonidos de tormentas grabadas. (¡Sí, lo ha leído bien! Es una de las técnicas que utilizamos los terapeutas que nos dedicamos a curar fobias específicas; esto nos obliga a ejercitar la creatividad.) También habíamos buscado todas las informaciones disponibles sobre mitos y realidades del riesgo de ser alcanzado por un rayo y consejos sobre medidas de prudencia. Al final nos lanzamos a la lectura de relatos de personas que habían sido alcanzadas por un rayo: empezamos por *Tintín y las siete bolas de cristal*.

*El miedo a la oscuridad* es más común en los niños y jóvenes, pero también hay adultos que padecen auténticas fobias de este tipo. Estas personas nunca pueden dormir sin luz y les da miedo despertarse a mitad de la noche en plena oscuridad. Los temores no siempre son idénticos a los que observamos en los niños. Además de los miedos a los asesinos y a otros asaltantes nocturnos, con bastante frecuencia nos encontramos ante miedos "indescriptibles", sin un contenido mental preciso, que los pacientes suelen asociar a la muerte. «Como si estuviera en mi tumba», me ha dicho uno de cada dos pacientes. También existe el miedo a tener pesadillas recurrentes al ir a dormir, lo que es frecuente en las víctimas de alguna experiencia traumática. Una vez conocí a un joven que tenía fobia a la oscuridad y que vivía con una chica que no podía dormir si no había oscuridad y silencio casi absolutos en la habitación. Sus primeras noches juntos fueron bastante rocambolescas, hasta que llegaron a un acuerdo: él haría terapia para curarse su fobia y ella aceptaría dejar la puerta y los postigos de la ventana de la habitación abiertos y las cortinas descorridas.

## *Miedo a la falta de aire y claustrofobia*

La claustrofobia es tener pánico a los espacios cerrados de diversas formas: espacios muy reducidos o sin ventanas; ascensores, sobre todo si son estrechos y sin superficies acristaladas (los "ascensores-ataúd", dicen rápidamente los pacientes), etc. Parece que entre un 2 y un 5% de la población adulta presenta este tipo de fobia, que resulta bastante molesta en la vida cotidiana.[168] Los radiólogos suelen encontrarse con este problema: un 4-10% de sus pacientes no pueden soportar algunos aparatos de diagnóstico por imagen como el escáner o la resonancia magnética nuclear, en los que se ha de entrar de «cuerpo entero».[169] En algunos casos de personas que debían someterse forzosamente a este tipo de pruebas por existir la sospecha de una enfermedad grave, me han llegado a pedir que disponga de la sala de radiología del hospital donde trabajo para ayudarles a afrontar la situación.

En sus formas más graves, este miedo se generaliza en muchas otras situaciones; además de los lugares cerrados y los ascensores, pueden resultar problemáticos los cuellos de camisa o trajes muy ajustados, las mascarillas de belleza o el traje de neopreno y la máscara para hacer submarinismo, lo que no pueden soportar en ningún caso. Pues lo que temen los pacientes claustrofóbicos es la asfixia por aplastamiento en sitios muy abarrotados de gente (como en las colas de espera de los conciertos o de los transportes públicos a horas punta) o por falta de oxígeno (como en un ascensor bloqueado o un vagón de metro parado entre dos estaciones). Podemos observar que este miedo también lo comparten algunas personas que no son fóbicas y que tienen la tendencia a sobrestimar su necesidad de oxígeno en un lugar cerrado. De hecho, una persona puede sobrevivir mucho tiempo en un espacio no ventilado antes de que se agoten sus reservas de oxígeno.

Durante la apertura del túnel del canal de la Mancha, los diarios ingleses hicieron estadísticas que atestiguaban la gran frecuencia de este fenómeno. Según ellos, seis de cada diez ingleses presentaban ansiedad ante la idea de viajar bajo el canal de la Mancha.[170] Pero la claustrofobia tiene algo de instintivo, cercano sin duda a la angustia que siente el animal capturado e inmovilizado entre las garras de un depredador, o atrapado bajo un corrimiento de tierras. Ésta es la razón por la que está presente en diversos grados en todos los seres humanos. Personalmente, jamás me he podido imaginar haciendo espeleología y atravesando estrechos túneles a docenas de metros por debajo del suelo.

Por último quiero señalar que muchos pacientes claustrofóbicos también padecen ataques de pánico, que abordaremos en otro capítulo. La claustrofobia no es más que uno de los elementos de una fobia aún más generalizada.

## Miedos y fobias a los medios de transporte

«Desde el momento en que me subo a un avión, vigilo todos los detalles. Por ejemplo, no soporto ver que el piloto va al lavabo: ¿qué pasaría si le diera un mareo o si el copiloto no fuera competente? Me pregunto si la noche antes no se habrá ido de juerga o si ha bebido antes de despegar. ¿Les hacen pruebas de alcoholemia a los pilotos de avión? Cuando siento el más mínimo ruido en la cabina o en la carlinga he de saber qué es lo que pasa. Estoy al tanto de la menor variación en el ruido del motor de los reactores. Vigilo a los asistentes de vuelo para detectar posibles signos de inquietud...» (Paule, cuarenta y dos años).

*El miedo al avión* es la más frecuente de las fobias a los transportes; un 8-11% de la población la padece. Pero los pacientes que tienen miedo a volar parecen repartirse en tres grupos distintos, de características bien diferenciadas.[171]

–El primer grupo reúne a personas que temen "encontrarse en el aire, suspendidas en el vacío". Durante el vuelo no presentarán crisis de angustia agudas (es decir, ataques de pánico), pero estarán muy inquietas antes y durante todo el trayecto. Lo más normal es que a pesar de todo sean capaces de tomar el avión.

–En el segundo se encuentran las personas que presentan un alto nivel de ansiedad. Se sienten atrapadas en la cabina, tienen miedo de perder el control durante el transcurso de una crisis de angustia aguda. En general hacen todo lo posible por no subir al avión.

–El tercer grupo corresponde a las personas que temen encontrarse de frente con otros pasajeros y para los cuales el tema de la ansiedad social es importante. Lo que les da miedo es el hecho de estar encerrados en un avión, de recibir las miradas de otros pasajeros cuando van por el pasillo, de estar sentadas demasiado cerca de otras personas, etc.

El miedo simple al avión es todavía más frecuente. El cantante Francis Cabrel, en su canción *J'ai peur de l'avion*, pone una melodía a las inquietudes de un aerodromófobo: «Todos los ruidos son raros,/todos los olores sospechosos./Hasta estirado en el pasillo/quiero que me respeten./Me gustaría hacer lo mismo que todo el mundo,/que me pareciera natural./Ser lanzado desde un tirachinas/hasta el cielo./No hay nada que hacer, nada que hacer./Tengo miedo al avión...»

El miedo al avión es muy interesante por sus numerosos aspectos y porque es un caso típico de escuela para la psicología de control. Aunque los trayectos en coche entrañan un riesgo considerablemente más elevado, la mayoría de las personas sienten que corren más peligro en un avión porque no controlan la situación: pilota un desconocido al que no veo, no sé lo que pasa en la cabina del piloto... Sin embargo, en el coche soy yo el que lleva el volante, controlo la velocidad, el trayecto, etc. Además, al igual que otros medios de transporte, el avión tampoco es seguro al cien por cien. Entonces, ¿fóbico al avión o simplemente prudente? Mary Schiavo, inspectora general de transportes públicos en los Estados Unidos, en una obra destinada al gran público[172] afirma que una actitud demasiado confiada en los transportes aéreos tampoco es lo más conveniente. Da cierto número de recomendaciones que pueden reforzar ciertas conductas fóbicas (pero ¿acaso la fobia no es un medio de aumentar las posibilidades de supervivencia?):

–Evite tomar aviones.

–Infórmese sobre los modelos peligrosos. (el ATR francoitaliano, el Embracer brasileño y todos los aviones rusos son sospechosos; no hay ningún modelo americano en la lista, ¿será por casualidad?).

–No vuele con compañías muy nuevas, que no han hecho sus pruebas y aún no se han ganado una reputación.

–Escoja los sitios cerca de los pasillos y de las salidas de emergencia (en los accidentes durante los aterrizajes y los despegues hay muchos pasajeros que mueren por asfixia, atrapados en el avión).

–Cómprese una mascarilla para el humo y llévela siempre encima en su equipaje de mano.

–Si observa alguna cosa anormal en el avión, dígalo en voz alta, aunque el personal del avión le invite a callarse.

Como pueden ver este libro no es recomendable si se tiene fobia al avión, salvo que su lectura sea un ejercicio terapéutico.

Para los teóricos del miedo, los viajes en avión también son interesantes por otra razón, y es que todo el mundo siente miedo en un momento dado cuando viaja en avión, ¡pero de forma muy diferente! Existen diferencias en el *umbral de activación* del miedo: algunas personas tendrán miedo muy pronto, incluso antes de embarcar, o ante señales de alarma mínimas, como el chirrido de una puerta de un portaequipajes. Existen diferencias en la *intensidad* del miedo: en una misma situación, en una turbulencia, unas personas tienen pánico, mientras que otras simplemente se sobresaltan por la sorpresa. Existen diferencias en la *duración* de la emoción del miedo: algunas personas, incapaces de desactivar su alarma, tienen miedo más tiempo, durante todo el vuelo, e incluso mucho tiempo después. Existen diferencias en las *reacciones* al miedo, que los pasajeros no vivirán todos de la misma manera. Para olvidar o reducir el miedo unos intentan dormir y relajarse, otros reflexionan sobre la vida, otros rezan, etc.

Finalmente el miedo al avión lo pueden sentir también las personas no fóbicas y comprender en un mal vuelo lo que viven las personas fóbicas en cada vuelo. Uno de mis colegas me contó su experiencia de un viaje en avión bastante movido:

> Era un vuelo de Niza a Lille. Poco después del despegue, tras ver las idas y venidas de las azafatas, comprendimos que había un problema. Efectivamente, el comandante de a bordo nos anunció con un tono serio: «Debido a un pequeño incidente, aterrizaremos en el aeropuerto más cercano...». Sin más explicaciones.
>
> De momento, la situación no era para muchas explicaciones debido a la urgencia: simplemente nos dijeron que permaneciéramos en nuestros asientos con el cinturón abrochado, las mesas recogidas y los respaldos rectos. Los asistentes de vuelo parecían prepararse para un aterrizaje. De pronto, como yo estaba sentado cerca de una ventana me di cuenta de que habíamos perdido altitud y estábamos sobrevolando una autopista, como si el avión estuviera a punto de aterrizar en

cualquier momento. Reinaba un silencio mortal. Esta vez comprendimos que se trataba de algo grave.

Tuve miedo. Enseguida pensé en mis hijos. ¿Iban a quedarse huérfanos?

Estoy atento al menor detalle sospechoso: una modificación en la altura de vuelo, un cambio en el ruido de los reactores, el rostro de las azafatas. Lo vigilo todo y empiezo a pensar en las consecuencias de mi muerte para mis familiares.

Nos acercamos cada vez más al suelo. Empiezo a palidecer, pero mi vecina me dice, como para tranquilizarse ella misma: «Ya llegamos, es un aeropuerto». Efectivamente, vemos las pistas, los edificios y... ¡los camiones de bomberos! Un poco más allá, las ambulancias... El aparato aterriza sin problemas. El piloto nos tranquiliza y nos pide que abandonemos con calma el aparato. En un momento en que me esperaba escenas de pánico, todo sucede como en el vídeo de demostración de emergencias de las compañías aéreas: la gente espera su turno, no hay avalanchas. Una calma anormal y una enorme tensión. Supongo que todo el mundo estaba en una especie de estado fuera de la realidad, como me sucedía a mí. Al final salimos sin tropiezos, ni carreras. Nos encontramos incluso con un equipo de asistencia psicológica. Dos pasajeros padecen una crisis de nervios. Una señora se marea. Más tarde nos explicaron que hubo un inicio de incendio en la bodega de los equipajes.

Nos preguntaron si queríamos tomar el avión siguiente, pero preferí regresar en tren. Estaba agotado psíquica y físicamente. Como si me hubieran dado una paliza.

Mi colega había vivido el vuelo en la piel de una persona fóbica: hiperatención a los pequeños detalles, convicción de que había llegado su hora, cansancio físico tras pasar ese gran miedo. Después pudo volver a volar, y poco a poco la huella que dejó aquel miedo, aunque no se ha eliminado por completo, se ha ido curando y recubriendo de experiencias repetidas en escenarios más normales. En una persona más vulnerable, no cabe duda de que ese incidente habría dejado marcas emocionales mucho más profundas.

Como el miedo al avión, el *miedo al automóvil* también es bastante frecuente. Agrupa a personas con historias bastante distintas.[173] Algunas han sido víctimas de accidentes de coche que les han dejado huellas traumáticas, y en el momento en que se ponen al volante notan que empiezan a marearse debido al recuerdo del accidente. Según parece, aproximadamente un 20% de las personas que han sido víctimas de accidentes de coche presentan miedo a la conducción después, durante varios años;[174] estos miedos no siempre llegan a un estado fóbico, pero en caso de producirse otro accidente, aumenta el riesgo de condicionamiento fóbico. A estas personas se las ha de tratar como víctimas de traumas psicológicos, por exposición prolongada al recuerdo traumático.[175] Otros tienen miedo de perder el control cuando se ponen al volante; temen marearse o perder el conocimiento, tener un impulso que les haga chocar contra el vehículo que llevan delante o precipitar el coche al arcén o contra la caravana que viene en dirección contraria. Suele tratarse de personas que padecen de pánico (véase el capítulo correspondiente). Se pueden encontrar casos particulares en los que la fobia a la conducción se deba a otra fobia: el miedo a conducir por túneles en el caso de los claustrofóbicos, el de conducir por puertos de montaña, para los acrofóbicos, etc.

Ésta es la historia de Marianne, secretaria médica de cuarenta y cuatro años, que apenas puede tocar el volante de un coche. Tras aprobar el carné de conducir con gran esfuerzo la quinta vez, se negó a conducir hasta el vehículo de ocasión que le había comprado su marido. Mientras vivía en París esto no le causó demasiadas molestias, pero al tener que trasladarse a las afueras, donde todo desplazamiento exigía tener vehículo propio y conducirlo, sufrió graves limitaciones. Entonces intentó volver a conducir, pero enseguida se dio cuenta de que era totalmente incapaz de hacerlo. No podía hacer ningún trayecto sola, estaba extraordinariamente tensa al volante y tenía que detenerse cada cinco minutos para relajarse. Al principio, su marido la acompañaba para ayudarla a que tomara confianza, pero sus salidas conjuntas siempre terminaban al poco rato en disputa, porque él ni entendía ni aceptaba sus aprensiones. Entonces Marianne dejó de conducir. El terapeuta al que acudió quiso evaluar el problema y le pidió que hiciera un breve trayecto en coche, que le confirmó la peligrosidad potencial de la paciente. En cinco minutos caló dos veces el motor en medio de dos cruces muy transitados, cambió muchas veces de carril sin mirar por el retrovisor ni poner el intermitente y estuvo muy crispada. Por otra parte, Marianne no presentaba ninguna manifestación de agorafobia. Podía desplazarse sin problemas en cualquier otro medio de transporte que no fuera el automóvil y nunca había padecido ataques de pánico aislados.

La siderodromofobia, literalmente *miedo a los caminos de hierro*, o a los viajes en tren, se ha estudiado relativamente poco y no es muy conocida. El miedo que inspiraban las primeras locomotoras y los primeros viajes por vía férrea estaba bastante extendido en el siglo XIX. Algunos eruditos de la época predecían que el cuerpo humano no podría resistir velocidades superiores a treinta kilómetros por hora y los primeros accidentes ferroviarios desataron la imaginación, como sucede con nuestros actuales accidentes aéreos. Después los seres humanos nos habituamos al tren, al menos hasta la llegada del TGV. Según parece, este último provoca más fobias que el tren clásico, donde siempre puedes abrir las ventanas y las paradas en las estaciones son frecuentes. Además, el TGV recuerda mucho más a los viajes en avión, ya que no se pueden abrir las ventanas, no se detiene o lo hace muy poco durante todo el trayecto, etc. El Eurostar, a su paso bajo el canal de la Mancha, no ha arreglado las cosas. De ahí que haya habido un aumento en la solicitud de terapias entre los siderodromofóbicos, que son ya bastante numerosos. Tengo amigos terapeutas conductistas que ya han hecho un trato con la red ferroviaria francesa, ¡para que les permita acompañar a sus pacientes fóbicos en sus trayectos París-Lille y después París-Londres, para realizar auténticas sesiones de exposición en directo!

## Miedos y fobias a la sangre y a las heridas

Marc es jefe de obras. Tiene treinta y dos años y vino a mi consulta por una fobia a la sangre. Su padre ya había padecido este problema; al igual que Marc, se desmayaba sistemáticamente cuando le ponían una inyección o le hacían un análisis de sangre. Hace un año Marc quiso superar sus aprensiones y asistió al primer parto de su esposa; ¡en mal momento se le ocurrió! Al notar que empezaba a marearse, intentó aguantar con estoicismo, pero terminó cayendo de espaldas, llevándose a su paso el monitor de control y abriéndose la cabeza al caer. Padeció un segundo síncope cuando le metieron en el quirófano contiguo y le dieron seis puntos. Cuando concluyeron sus aventuras médicas, su pequeña ya había nacido. Tras este episodio, Marc sufrió un recrudecimiento de su fobia: no podía ir al dentista hasta que se encontraba en una situación límite, ni pudo ir a visitar a su abuelo cuando estuvo en el hospital («Todo lo que huele a hospital me produce un síncope»). En una ocasión, hasta tuvo que pedir a sus amigos que cambiaran de tema, una noche en que empezaron a hablar de algunos accidentes en la autopista en los que habían ayudado. Antes de ir a ver una película, se aseguraba de que no tuviera escenas de violencia o de hospitales. Observó también que tenía tendencia a cambiar de acera cuando pasaba por delante de laboratorios de análisis clínicos. Empezó a no poder soportar la vista de la carne roja y a evitar entrar en las carnicerías, ya que el olor de la carne le producía bastante malestar. «Me avergüenzo de ser así, no doy una imagen muy viril. Mi esposa quiere que tengamos otro hijo, pero no puedo ni pensar en asistir al parto. Esto no es normal.»

El conjunto de temores asociados a la sangre, como el miedo a la visión de la sangre, las inyecciones, las heridas y las intervenciones quirúrgicas, es una familia de fobias bien particular. El estímulo visual suele ser la principal causa, pero este tipo de pacientes también son muy sensibles a los olores, como el de la sangre fresca y el de los productos desinfectantes o anestésicos; a los colores de hospital, y a ciertas sensaciones dolorosas como las picaduras de insectos y las inyecciones. Pueden encontrarse mal cuando ven sangre en otras personas y a veces al ver su propia sangre, y en el caso de algunas mujeres, cuando ven su propia menstruación. La fobia a ir al dentista puede estar vinculada a la sangre, pero también a la asfixia; son personas que no soportan tener nada en la boca.

Esta fobia específica está muy extendida (el 4% de la población) y presenta características fisiológicas que la diferencian claramente de las otras: en esta fobia la mayor parte de los estímulos fobogénicos provocan una aceleración del ritmo cardíaco (taquicardia) y rara vez conllevan un desvanecimiento, contrariamente a lo que piensan algunos pacientes. Las fobias a la sangre y a las inyecciones suelen ir acompañadas de una ralentización del ritmo cardíaco (bradicardia) y pueden conducir a un síncope (más de las tres cuartas partes de pacientes de este tipo tienen antecedentes de pérdida de conocimiento al ver sangre o al notar su olor). La bradicardia tarda un tiempo en desarrollarse, tras una breve fase de taquicardia, y necesita una exposición al estímulo fobogénico de entre diez y sesenta segundos, según los estudios que se han realizado. Las personas que padecen esta fobia suelen tener tiempo para darse cuenta de que se están mareando y poder huir o alejarse, para evitar desplomarse. Según el enfoque evolucionista, es posible que los mecanismos de esta fobia a la sangre sean una herencia de los reflejos de protección del organismo en caso de herida; para evitar una hemorragia importante, nuestra tensión arterial baja, lo cual reduce el volumen de sangrado, pero propicia los desmayos por hipotensión arterial. Esta reacción refleja está, como siempre, desajustada al alza en el caso de los fóbicos.

En este tipo de fobias la predominancia femenina es mejor: "solamente" entre un 50 y un 70% de mujeres. Este resultado resulta todavía más notable puesto que parece que los hombres no suelen reconocer la intensidad de su miedo a la sangre por razones de imagen social (no pasar por un gallina todavía sigue preocupando a muchos hombres).[176] En la mayoría de los casos, la fobia existe antes de los diez años,[177] y parece que hay un importante factor genético.

La limitación que entraña puede impedir el desempeño de ciertas profesiones: –médico, enfermera, policía, militar. También puede ser molesta para los padres que temen no poder curar las heridas y trompazos de sus hijos sin desmayarse. Pero el problema principal, sin duda, reside en las conductas de evitación de muchas medidas preventivas o exámenes médicos, que pueden poner en peligro la salud de los pacientes, por huir sistemáticamente de las extracciones de sangre, vacunas, operaciones y, a veces, incluso de pisar un hospital o una consulta médica. La fobia al dentista se parece a la de la sangre y las heridas, y puede traer también consecuencias muy desfavorables para la higiene dental.[178] En otro campo, un estudio francés[179] demostró que los pacientes diabéticos que presentaban miedo a la sangre o a las inyecciones tenían problemas para controlar regularmente su nivel de glucemia, pues eso suponía ¡pinchazos extra! Desgraciadamente, esos controles son necesarios para ajustar las dosis de insulina que se deben suministrar. Se trata pues de fobias preocupantes, que los profesionales de la salud han de aprender a detectar, pero el problema es que este tipo de pacientes evita por todos los medios acudir a las consultas médicas, hospitales y demás centros de salud.

Recibí la carta de una madre que había perdido a su hijo tras un traumatismo craneal secundario debido a una caída que se produjo cuando le estaban realizando una extracción de sangre; no había avisado a las enfermeras y su mareo sorprendió a todos. Al enterarse de que nosotros habíamos creado un protocolo para el tratamiento de las fobias a la sangre, me pidió información sobre la patología que había terminado con la vida de su hijo de una manera tan absurda.

Dado que las fobias a la sangre y a las inyecciones se acompañan de una tendencia a la hipotensión y al desmayo, se han de poner en práctica técnicas concretas durante las terapias de exposición, sin las cuales el terapeuta se arriesga a provocar mareos, que aumentarán la convicción del paciente de que no puede afrontar los estímulos fobogénicos. Se utilizan dos estrategias principales: el paciente puede estar echado en las situaciones de enfrentamiento, aunque esto no siempre es fácil, o bien se usa una técnica en la que el paciente puede aumentar su tensión arterial al contraer fuertemente los músculos (*tensión aplicada*).[180] He aquí las bases de este método específico que facilita más los ejercicios de exposición ambulatoria que el recurso de la postura echada:

–El terapeuta enseña previamente al paciente a hacer disminuir todos los primeros signos de la hipotensión previa al síncope (taquicardia, seguida de bradicardia, sensación de vacío en la cabeza, etc.).

–En ese momento le pide que contraiga los músculos de los brazos, piernas, pecho y vientre con fuerza.

–La tensión provocada de este modo se ha de mantener unos veinte segundos (hasta conseguir una sensación de calor en la cara, por ejemplo).

–Después el paciente se detiene (pero sin intentar relajarse) y repite el ejercicio cinco veces.

Una vez se ha dominado el método, puede comenzar la exposición. Los resultados son muy satisfactorios, aunque sólo se hayan hecho un reducido número de sesiones.[181] El paciente ha aprendido a no asustarse cuando aparecen las sensaciones previas a un desmayo y se organiza correspondientemente.

## ¿Qué pasa cuando se padecen muchos miedos al mismo tiempo?

Cuando se padece una fobia específica, en general también existen muchos otros miedos. Un estudio realizado sobre este tema demostró que las fobias específicas sólo aparecían de manera aislada en una cuarta parte de los pacientes.[182] Aunque estos temores no siempre alcancen un nivel de intensidad fóbica,[183] demuestran claramente una vulnerabilidad global al miedo en la mayor parte de las personas afectadas. Esto no modifica las estrategias de tratamiento. Es inútil intentar trabajar de manera abstracta sobre un posible "fondo fóbico", parece más eficaz empezar a abordar la fobia más invalidante y a continuación muchas veces observamos el efecto que llamamos de "bola de nieve": al aprender a superar la fobia más importante suele haber una disminución de los miedos secundarios, que la persona aborda utilizando las mismas estrategias si es preciso.

Respecto a estas fobias múltiples, recuerdo haber leído durante una estancia en los Estados Unidos para participar en un congreso de psiquiatría un sorprendente artículo en el *New York Times*.[184] El periodista describía la situación apocalíptica de unas personas que tras sobrevivir a un accidente de avión habían caído al océano y corrían el riesgo de padecer el ataque de los tiburones. En toda una página apasionante, muy bien documentada y pragmática, el periodista daba consejos de supervivencia para situaciones parecidas a fin de aumentar las posibilidades de vida. Probablemente útil para personas no fóbicas (al fin y al cabo, nunca se sabe), este tipo de artículo sin duda aterraría definitivamente a los fóbicos al avión y al agua.

## ¿Enfrentarse solo a los miedos?

En la película *Harry Potter y el prisionero de Azkabán*,[185] el aprendiz de brujo Harry Potter ha de enfrentarse a pruebas aterradoras, y debe hacerlo solo. Mediante imágenes poéticas y criaturas quiméricas, se presentan al espectador todas las dimensiones del miedo. Un maestro de la escuela de brujos Poudlard entrena a sus alumnos a hacer frente a sus miedos haciendo que se enfrenten a los *boggart*, fantasmas que adoptan las formas que más temen. En una bonita escena, todos los alumnos desfilan frente al armario donde están encerrados los *boggart*, para enfrentarse a ellos uno a uno. Según los miedos de cada uno, el *boggart* aparece bajo la forma de una araña gigante, una serpiente enorme, un profesor temido, etc. El único método para hacerlo retroceder es no huir, hacerles frente sin dejarse vencer por el miedo, utilizar el sentido del humor y saber ver las cosas desde fuera; sin duda, ¡una fórmula mágica!

Pero cuando le toca el turno a Harry, el ejercicio va muy mal y el profesor ha de intervenir para salvarle la vida: lo que más teme son unos espectros monstruosos denominados "*dementores*", que ya le han atacado anteriormente. Los *dementores* encarnan el miedo, aspiran, succionan, vampirizan todo lo bueno, lo positivo, la felicidad y la fortaleza que hay en nosotros, hasta conducirnos a la inanición y la muerte. Su presencia viene anunciada por un ambiente gélido, que no es más que la doble metáfora del frío de la muerte y del miedo, del que vienen numerosas expresiones, como «helarse la sangre en las venas» o «se me congeló la sangre». Para vencerles tiene que movilizar todas sus energías, aferrarse a sus recuerdos más fuertes y felices. Cuando está frente a los *dementores*, que encarnan sus terrores más violentos y peligrosos, no debe aceptar la ayuda de nadie. El mensaje de la película está claro: nosotros somos los únicos que tenemos la clave para hacer retroceder a nuestros miedos.

Pero ahora volvamos con los *muggles*.* Si existe la autoterapia, ésta debería ser aplicada para superar los miedos simples (a animales, vacío, oscuridad, sangre). Me acuerdo de Timothée, el hijo de uno de mis amigos, que sabía que yo era especialista en miedos y vino a verme en una de sus visitas a París para pedirme algunos consejos. Aunque sólo tenía diez años, era valiente y peleón, pero tenía un miedo terrible a la oscuridad. No podía dormir sin luz, lo cual no le creaba problemas en su casa, pero sí le avergonzaba cuando iba a dormir a casa de algún amigo. ¿Cómo podía confesar ese "miedo de bebé"? No soportaba bajar a la bodega. Cuando su madre le pedía que fuera a buscar la ropa limpia de la lavadora o su padre le decía que fuera a buscar una botella de vino, tenía que esforzarse para no negarse a hacerlo. Se había caído muchas veces por la escalera mal iluminada del sótano, porque corría mucho para salir de allí. En general, siempre se

---

* En los cuentos de Harry Potter, los *muggles* o *mugglers* son las personas que carecen de poderes mágicos, los humanos normales y corrientes como usted y como yo. Bueno, eso espero…

dejaba la luz encendida tras de sí, lo que le costaba las regañinas de sus padres, a quienes durante mucho tiempo no quiso confesarles la intensidad de sus temores. También le daban pánico las tormentas, debido a los cortes de corriente que solían provocar. Cuando hablaba con él de sus miedos a la oscuridad, me confesó que tenía miedo de ser atacado por un monstruo o un asesino. Reconoció la poca probabilidad de que sucediera algo así, pero no por ello sus miedos estaban menos presentes.

Le expliqué a Timothée cómo "funcionaban" nuestros miedos y sobre todo que sometiéndonos a ellos podíamos convertirnos en sus esclavos de por vida. Le dije que si no retrocedemos ante el miedo, será éste el que retrocederá. Hicimos algunos ejercicios en el sótano de mi casa, donde Timothée estuvo encerrado durante un cuarto de hora. A continuación montamos una estrategia: Timothée debía ir todos los días al sótano de su casa, con la única finalidad de enfrentarse a su miedo. Se quedaría allí en la oscuridad y miraría a su alrededor hasta que el miedo desapareciera. Cuando tuviera que ir a buscar algo, lo haría lentamente. Si sentía miedo, en vez de echar a correr debía detenerse y volverse para ver qué había a sus espaldas, en lugar de imaginar evidentemente lo peor.

Al cabo de un mes, Timothée me telefoneó para darme noticias: ya no tenía miedo a la oscuridad. Muerto de risa, me pasó con su padre, quien me confesó algo que nunca había dicho antes a nadie, ¡que tenía los mismos miedos que su hijo!

A veces no resulta demasiado difícil superar los pequeños miedos, pero si cedemos a ellos, terminan por instalarse de forma duradera en nuestras vidas. Por el contrario, las fobias suelen requerir la intervención de un terapeuta, salvo en algunos casos.

## ¿Podemos curarnos nosotros mismos una fobia específica?

La respuesta es "no" en el caso de las fobias complejas, pero "sí" para las específicas a condición de que:

–Su fobia no venga acompañada por otros problemas: depresión, alcoholismo o ingesta regular de medicamentos, enfermedad cardíaca, etc.
Respete las reglas propuestas en este libro: enfrentamientos progresivos y regulares.

Lo conseguirá con mayor facilidad si no está solo: pida ayuda a familiares o amigos, o bien acuda a organizaciones. Por ejemplo, en Francia existe Le Pied dans l'Eau (El Pie en el Agua), que organiza sesiones de piscina para personas con fobia al agua.[186]

Todavía no hay suficientes estudios científicos sobre los resultados de las autoterapias para curar auténticas fobias. Pero éstas existen y son una ayuda que podemos encontrar en libros especializados,[187] programas de autotratamiento por ordenador[188] o en Internet.[189] Pueden suponer una primera etapa del tratamiento, y para algunos pacientes –¿los casos menos graves o los más motivados?– puede ser suficiente.

## ¿Cómo curar miedos y fobias específicas?

Las fobias específicas son sin duda alguna los trastornos psicológicos más fáciles de tratar, siempre y cuando se utilice el método correcto: la desensibilización del miedo por exposición gradual. Ya les he hablado de está técnica conductista y aquí no haré más que recordar las características concretas para las fobias específicas.

Las terapias conductistas y cognitivas son particularmente eficaces en las fobias específicas y más del 80% de los pacientes (véase cuadro) mejoran. Estos resultados son mucho más interesantes por el hecho de que es probable que sólo los pacientes más graves sean los que vienen a vernos. Recordemos que a fecha de hoy no existe ninguna prueba de la eficacia de algún medicamento para curar las fobias específicas.

*Resultados\* de las terapias conductistas en las fobias específicas*[190]

| Tipo de fobia específica | Porcentaje de pacientes mejorados | Duración media del tratamiento |
|---|---|---|
| Acrofobia | 77% | 4 horas |
| Zoofobia | 87% | 2 horas |
| Fobia a la sangre | 85% | 5 horas |
| Fobia a las inyecciones | 80% | 2 horas |
| Claustrofobia | 86% | 3 horas |
| Fobia al dentista | 90% | 7 horas |
| Fobia a volar | 80-90% | 6-8 horas |

\*   Atención: este tipo de resultados tan positivos se explica por dos motivos principales. El primero es que se trata de equipos especialmente experimentados que, en general, realizan los tratamientos en el transcurso de sus investigaciones. El segundo es que se trata de lo que en nuestra jerga llamamos pacientes "puros", sin otras dificultades psicológicas añadidas; la duración será más larga si los pacientes presentan también tendencias depresivas u otras fobias.

La cuestión es rápida. Tras haberle explicado al paciente la naturaleza y el funcionamiento de los miedos fóbicos, así como el objetivo de la terapia (dominarlos, en lugar de hacerlos desaparecer) entonces pasamos a lo siguiente:

–Definir con el paciente el objeto y la naturaleza específica de sus miedos: por ejemplo, las personas con miedo a las arañas grandes temen que les ataquen, les muerdan... ¿y entonces qué? Con frecuencia, los pacientes no han llegado nunca al final de sus miedos, de los cual ya hemos hablado muchas veces.

–Establecer una lista jerárquica de situaciones que desatan el miedo, desde las más factibles (enfrentarse a imágenes o pensamientos) hasta las más difíciles (afrontar la situación).

–Aprender una técnica de relajación.

–Verificar la pertinencia de las informaciones de las que dispone el paciente respecto a sus miedos (la araña ataca al menor movimiento; el crujido de un avión significa que el aparato se romperá por la mitad en pleno vuelo, etc.).

–Hablar de los escenarios de la catástrofe y ponerlos en tela de juicio.

–Empezar los ejercicios de enfrentamiento recetando también ejercicios para hacer en casa, que serán más fáciles y que se harán con mayor regularidad.

Ésta es una lista de desensibilizaciones empleada con una paciente con fobia a los perros:

–Miro fotos de perros que gruñen y enseñan los dientes en las revistas.

–Me mantengo a una docena de metros de los perros atados.

–Me acerco unos metros.

–Voy a una perrera o a una tienda de animales.

–Paso por delante de la reja de una casa donde los perros siempre ladran y enseñan los dientes cuando alguien pasa por la calle.

–Hablo con el dueño de un perro, que lo lleva cogido y me acerco a un metro del animal.

–Acaricio a un perro pequeño.

–Acaricio a un perro grande que no está atado.

–Me agacho para acariciar a un perro grande y me pongo a su nivel.

## ¿Existe un tratamiento concreto para ciertas fobias específicas?

Las fobias específicas se pueden tratar a veces en algunas sesiones. El formato de terapia con el que nos solemos encontrar en los estudios es de cinco sesiones de una hora de duración.

Muchos estudios han demostrado también la eficacia del tratamiento de una sola sesión de tres horas en muchas fobias específicas (por ejemplo, fobia a las arañas[191] o a las inyecciones).[192] Los beneficios del tratamiento de una sola sesión (concretamente en lo que a simplicidad y a tiempo se refiere) podrían inducir a los terapeutas a recurrir preferentemente a esta técnica. Estas sesiones únicas también se pueden realizar en grupo; existe, por ejemplo, la experiencia con un grupo de personas con fobia a las arañas,[193] que se ha comprobado que han mantenido buenos resultados después de un año de seguimiento.

Pero todavía no es seguro que los resultados se mantengan el mismo tiempo que con la terapia clásica.[194] Querer limitar demasiado la duración de la terapia puede parecer una buena idea, porque todavía no hay muchos terapeutas ni centros especializados, pero sin duda es necesario un número de horas de terapia de exposición mínimo, sin las cuales la eficacia del tratamiento es menor.

## La realidad virtual al servicio de las fobias específicas

Por muchas razones, las terapias de exposición en vivo pueden parecer difíciles de poner en práctica (escasez de terapeutas en ciertas zonas, fobias en las que al terapeuta le resulta difícil acompañar al paciente y al paciente enfrentarse "a su miedo", como en el caso de la fobia al avión). La utilización de aparatos (máscaras, guantes, sillas de altura regulable, etc.) puede conducir al paciente a una realidad virtual que supone una herramienta terapéutica interesante. Las terapias virtuales para las fobias simples ya han sido objeto de numerosos estudios y controles, y han dado muestras de su eficacia, especialmente en las fobias a las arañas, al avión, a los ascensores y a las alturas.[195]

## ¿Qué ha pasado con los pacientes cuyas historias he contado en este capítulo?

### Francesca y la fobia a los pájaros

La terapia de Francesca necesitó al menos unas cuarenta sesiones. Esta cifra relativamente alta para una fobia específica se explica por la intensidad de sus miedos. En cada etapa era necesario realizar una preparación mediante una exposición imaginaria. Francesca debía relajarse e imaginarse en la situación temida; yo no le pedía que la afrontara en la práctica hasta que podía visualizarla sin pánico.

Las etapas que superamos fueron las siguientes:

–Mirar atentamente fotos de palomas.
–Ver un vídeo con palomas (rodado por su marido en el parque que tenían delante de su casa).
–Acercarse a un parque lleno de palomas y observarlas desde lejos.

–Ir a una pajarería.

–Acercarse a las jaulas donde había tórtolas.

–Pasar el dedo por los barrotes a riesgo de que algún pájaro la rozara.

–Tocar y guardar plumas de palomas que había recogido en la calle.

–Sentarse en el banco de un parque "altamente empalomado", según su expresión.

–Dar de comer a las palomas.

Las sesiones con Francesca fueron muy pintorescas, ya que participaron muchas personas. Ella lanzaba exclamaciones en voz bastante alta y generalmente en italiano, como *Mamma mia!* o *Madonna, Madonna!*, en las que se mezclaban la angustia y la satisfacción de ver que "eso funcionaba". Por esta razón, era habitual que los viandantes nos dieran consejos o nos ofrecieran ayuda. Al final de la terapia, el pajarero, que ya me conocía por haberme "ayudado" en la terapia de muchas personas fóbicas a los pájaros, le propuso a Francesca que tomara a una tórtola pequeña entre sus manos. Se emocionó mucho con esto porque fue consciente de la fragilidad del pájaro que sostenía. «Me he dado cuenta –me dijo un poco más tarde– de que no tengo nada que temer de estos animales tan frágiles.» No obstante, Francesca nunca ha llegado a ser una *colombófila*.

## Rosemarie y la fobia al agua

Rosemarie hizo cerca de una decena de sesiones conmigo, pero también recurrió a la asociación Le Pied dans l'Eau, que propone a las personas que tienen miedo al agua sesiones de exposición en piscina, que resultan muy útiles.

Éstos son los principales ejercicios que realicé con ella o que le recomendé que hiciera:

–Hacer gárgaras para habituarse a tener el agua en la garganta.

–Hablar con agua en la boca, para exponerse al riesgo de atragantarse, pues ella tenía miedo de ahogarse. En realidad, este miedo al ahogo fue la causa de que riéramos mucho (una paciente y un terapeuta hablando con la boca llena de agua) durante los ejercicios que nos enfrentaban al problema.

–Aguantar la respiración el máximo tiempo posible.

–Sumergir la cabeza en el lavabo lleno de agua.

–Comprar una máscara de submarinismo y un tubo, hacer que el vendedor nos explicara cómo funcionaban y probar el material en su bañera.

–Ir a la piscina con una amiga y luego sola. Primero informaba al socorrista de sus temores, («así me vigilará y me verá si empiezo a ahogarme»), después iba de manera "anónima".

Al final del trabajo, Rosemarie acabó aceptando la invitación de ir a un crucero con sus amigos, y lo más importante es que ¡llegó a disfrutarlo!

## Marianne y la fobia a conducir

La terapia de Marianne duró aproximadamente un año escolar y requirió unas quince sesiones con su terapeuta. Tras unas cuantas agitadas salidas con el vehículo de éste último, Marianne aceptó volver a tomar clases semanales de conducción con un profesor de autoescuela simpático, de su barrio y que aceptó escuchar las recomendaciones de su terapeuta. Estas lecciones no consistían en aprender a conducir, sino en aprender a dominar su miedo a la conducción en compañía de un pasajero más paciente que su esposo. Mientras tanto, su terapeuta le enseñaba técnicas de relajación, practicaba con ella juegos de rol, poniendo en escena todos sus temores en relación con chocar de forma leve con otro vehículo: cómo responder a los posibles reproches sexistas de otros conductores, lo cual le daba mucho miedo («¡Ah, mujeres al volante!»), cómo rellenar un parte amistoso, etc. Marianne vivía con la obsesión de que se le calaría el coche y, como no podría volver a arrancarlo debido a su miedo, bloquearía la circulación en toda la calle. Por ello su terapeuta le propuso poner a prueba el escenario de la catástrofe. Salieron juntos en coche: el terapeuta condujo primero y le pidió a Marianne que predijera: 1) cuánto tiempo tardarían los otros automovilistas en tocar el claxon si su coche se calaba en medio de la calle mientras él hacía como si no pudiera arrancarlo de nuevo, y 2) cuánto tiempo tardarían en ponerse nerviosos e insultarles, incluso en bajar del vehículo para gritarles. Marianne pensó que las bocinas empezarían a sonar al momento y con fuerza y que el terapeuta corría un grave riesgo de que le agredieran. Éste fingió en seis ocasiones que se le había calado el coche y Marianne se dio cuenta de que los otros automovilistas no eran tan salvajes como ella imaginaba, al menos no todos: hubo bocinazos en tres de las seis ocasiones, a pesar de que cada vez tardaron más de treinta segundos en arrancar después de sonar las bocinas. Poco a poco, Marianne volvió a conducir por su barrio, primero acompañada de una buena amiga y después sola. Al cabo de algunos meses ya conducía con normalidad. Al final, lo más difícil de la terapia fue convencer de nuevo a su marido para que le prestara el coche.

## Marc y la fobia a la sangre

Marc tuvo que venir a la consulta muchas veces e interrumpir la terapia en un par de ocasiones para vencer su fobia a la sangre. Temía especialmente los mareos, y sobre todo, lo que no podía soportar era tener que venir al hospital a visitarse. Detestaba el lugar, ¡era un sitio lleno de jeringuillas!, con el olor típico de hospital y donde te clavaban una aguja a la mínima de cambio. Necesitó veinte sesiones.

En primer lugar le enseñé una técnica de relajación mediante el control respiratorio, así como la forma de hacer subir ligeramente su tensión arterial en caso de que notara síntomas de síncope: colocar las manos sobre los antebrazos y estirar con fuerza hacia delante contrayendo los músculos del pecho y del vientre.

También le recordé en qué consistía un síncope vasovagal como los que él presentaba: su único riesgo son las caídas que lo acompañan. Bastaba pues con proteger el entorno, no fingir nada, sino simplemente asumir este rasgo psicológico en particular y no dudar en acostarse en caso de ser necesario. Ninguna preocupación por la pérdida de consciencia: cuando se produce, siempre es muy breve, cuestión de unos pocos segundos y no deja ninguna secuela.

Después abordamos el enfrentamiento por etapas. Consistió en primer lugar en escuchar, después leer y luego pronunciar palabras como: sangre, pinchazo, aguja, jeringuilla, arteria, extracción de sangre, laboratorio de análisis, operación quirúrgica, etc. A continuación pasamos a mirar fotos de vacunaciones y extracciones de sangre en los manuales de enfermería o revistas médicas, de las que tengo toda una colección que conservo en una carpeta de anillas especial para la "fobia a la sangre". Le presté la carpeta a Marc durante varias semanas para que pudiera exponerse a aquellas imágenes cada día. Luego se entrenó a mirar la cara interna de su codo y la de las personas que tenía a su alrededor, ya que, curiosamente, no podía mirar esta zona del cuerpo, que para él estaba totalmente asociada a la idea de una aguja que se clavaba en sus carnes. Poco a poco empezó a poder observar una aguja para una punción intramuscular en su envoltorio cerrado. También le di una para que se la llevara a su casa.

Después fue a la sala de cuidados de enfermería y observó todo el material que se emplea allí. Luego le pedí que empezara a manipular agujas para inyecciones; primero precintadas, antes de sacarlas de su embalaje. «Me siento como la Bella Durmiente», decía en esos momentos, con una risa un tanto crispada. En efecto, manipulaba las agujas como si se trataran de explosivos peligrosos, tan amenazadoras como la aguja envenenada de la rueca del cuento.

Al finalizar la terapia, le pedí que se pinchara con la aguja en la yema de los dedos sin hacerse sangre, luego que hiciera lo mismo en otras zonas del cuerpo, por último en el pliegue interno del codo. Después le demostré en mí mismo cómo apoyar la aguja un poco más fuerte para que saliera una gotita de sangre, lo que también aceptó probar en sí mismo. Otro día una de las enfermeras de la consulta hizo un simulacro de extracción de sangre, realizando a su vista todos los movimientos habituales, pero deteniéndose en el momento de pinchar. Tras muchas simulaciones de este tipo, aceptó que le hiciéramos una verdadera extracción, lo que nos permitió realizar unos análisis que hacía años que retrasaba. Marc tuvo un inicio de síncope, pero fue la primera vez que no se traumatizó, gracias a las conversaciones y ejercicios que habíamos realizado previamente.

También pasamos un tiempo en el laboratorio de biología del hospital, tras haber avisado previamente a los biólogos del laboratorio de nuestra visita, con lo cual Marc se benefició de numerosas explicaciones. Se atrevió a plantear preguntas sin temor a hacer el ridículo y concertamos para la ocasión una segunda extracción de sangre. Volvió a tener un principio de mareo, pero sin importancia. La enfermera le explicó que estos mareos eran bastante normales, ya que muchas personas no fóbicas también los padecían.

Tras concluir su terapia, Marc y su esposa están intentando tener otro hijo, sin que él tema marearse en el quirófano.

Espero con impaciencia saber cómo les va, y sobre todo que me cuenten el parto, pero desde la perspectiva del padre.

## *Miedos simples, pero a menudo "huérfanos" de terapias adecuadas*

Las terapias de los miedos y fobias específicas suelen dejar recuerdos pintorescos, puesto que mientras tratamos las fobias, rara vez nos quedamos sentados en el sillón. Gracias a mis pacientes he podido aprender a capturar arañas, he tenido que leer muchos libros de psicología animal y frecuentar lugares donde pudiera encontrar todo tipo de animales, muertos o vivos en París.

Pero también he observado una paradoja: aunque las fobias específicas en general sean más fáciles y gratificantes de tratar, hecho bastante raro en nuestra disciplina, los pacientes rara vez encuentran terapeutas especializados. Según parece, la mayoría prefieren quedarse sentados en sus consultas explorando incansablemente el pasado o, en el mejor de los casos, contentándose con dar buenos consejos.

Afortunadamente, el relevo empieza a perfilarse. Ayer, una de mis jóvenes alumnas de psicología en prácticas llena de energía me pidió que le prestara mi cámara para ir a filmar los retozos de las palomas en la plaza de Saint-Sulpice, en París, para proyectársela luego a una de sus pacientes, que tenía fobia a los pájaros.

# 8. MIEDOS Y FOBIAS SOCIALES

*Son los miedos más destructivos, puesto que apagan al "animal social" que hay en nosotros del que hablaba Montesquieu.*

*Pueden privarnos de lo que nos es más valioso e indispensable: el alimento que nos proporcionan las relaciones, lo único que realmente puede hacernos sentir el gusto de vivir.*

*Es evidente que se puede vivir con formas benignas de miedos sociales: el miedo escénico, la timidez. Pero si padecemos el peor de los miedos, es decir, la fobia social, sólo podemos sobrevivir o, mejor dicho, malvivir.*

*Tras haberlas subestimado durante mucho tiempo, los terapeutas sabemos hoy en día cómo tratar estas grandes emociones del yo. Esto sucede* in situ. *Casi siempre es agotador. Pero –casi– siempre eficaz.*

> «La timidez ha sido la plaga de mi vida.»
> MONTESQUIEU

Las 18.00 horas, estación Glacière, de la línea 6 del metro de París.

Al fondo de un vagón abarrotado, una joven hace grandes esfuerzos con gestos y gritos para llamar la atención de alguien que está al otro extremo:

–¡Eh! ¡Jean-Philippe! ¿Qué tal?

Jean-Philippe tiene pinta de estar tremendamente avergonzado. Algunos pasajeros, contentos por la distracción, levantan la cabeza para observar la escena. El joven se sonroja ligeramente, pero responde esforzándose en levantar la voz para vencer el ruido ambiental:

–¡Muy bien! ¿Y tú? ¿Cómo estás?

–¡Estupendamente, gracias! ¿Trabajas allí?

–Sí, sí...

–Bueno, ¡ya nos veremos entonces!

–Sí, hasta pronto...

La mayoría de los pasajeros ya han levantado la cabeza: no es habitual comunicarse de este modo en el metro parisino. Al finalizar la conversación, muchos vuelven a su ocupación anterior: leer, fantasear, hacer una pequeña siesta. Jean-Philippe intercambia algunas palabras con una joven pelirroja que está a su lado. Le sonríe mucho y parece animarle a hablar. Entonces él empieza a mirar atentamente a todos los pasajeros del vagón durante unos minutos. En un principio está crispado, pero luego su rostro se va relajando paulatinamente. Al cabo de un cuarto de hora, Jean-Philippe y su compañera pelirroja bajan del vagón. La joven que le ha llamado desde la otra punta del vagón también; los tres se re-encuentran en el andén y empiezan a hablar animadamente, con algunos ataques de risa. Al llegar el metro siguiente, vuelven a subir y hacen exactamente lo mismo.

Si usted ve algún día una escena de este tipo, puede que esté asistiendo a una de nuestras sesiones de psicoterapia de grupo para la ansiedad social. Vengan a saludarnos y a darnos su opinión, ¡nos encantará! Puede que también nos encuentre en un paso de peatones, observando a los automovilistas que se han detenido en el semáforo en rojo, como si buscáramos a alguien. En los días soleados, puede que nos vea sentados en la terraza de algún café tirando torpemente una botella de soda y haciendo mucho ruido, para atraer de este modo las miradas de los demás clientes y provocar la llegada de un camarero malhumorado y gruñón, con una escoba y una pala. A veces, también vamos a comprar un periódico, con el rostro lleno de sudor, para ello tenemos un atomizador de agua mineral para la cara. Otras veces paramos a diez transeúntes para preguntarles la hora o cómo ir a alguna parte, cuidándonos bien de sonreír y de mirarles a los ojos. En resumen, estamos trabajando con todo tipo de miedos sociales.

## Las interacciones que asustan

En la vida de los humanos, lo que debería ser un placer a veces se convierte en una fuente de sufrimiento. Así sucede en ocasiones en las relaciones con nuestros semejantes: pueden transformarse en sufrimiento por culpa del miedo.

La mayoría hemos pasado momentos de apuro en algunas situaciones sociales: al tener que hablar en público, al encontrarnos con personas desconocidas que nos han impresionado, al tener que pedir un aumento de sueldo o al declarar nuestro amor a alguien. Lo que los psicólogos llaman "ansiedad social" es sin duda una emoción universal. Esta forma de aprensión puede ser un miedo benigno y superable o una patología grave y destructiva que se suele definir como:

–Sentimiento de incomodidad en las situaciones sociales, que puede presentarse como una sencilla molestia o como un ataque de pánico.

–Un miedo exagerado a las miradas y opiniones de los demás con respecto a nosotros.

–Una tendencia a centrarse en uno mismo, en lo que uno piensa y siente, en lugar de pensar en la situación social que está teniendo lugar.

## Las situaciones sociales fuentes del miedo

Las situaciones sociales fuentes de miedos o aprensiones son infinitas, pero podemos agruparlas en cinco grandes categorías, que presentamos en la tabla que viene a continuación. Podemos decir con conocimiento de causa que el miedo a los acontecimientos sociales es ante todo un miedo a la mirada y a la opinión de otra persona: temor a ser juzgado, aunque no sea ése el caso en todas las actividades cotidianas. Hay personas que temen todas estas situaciones, pero a la mayoría sólo les dan miedo algunas.

*Las situaciones de los miedos sociales*

| Tipo de situación temida | Ejemplos |
|---|---|
| Situaciones de actuación. | Pasar un examen oral o una entrevista de evaluación, dar una charla o una conferencia, leer un texto en una ceremonia. |
| Situaciones de observación. | Ser mirado (o creer que te miran) mientras haces algo: andar, comer, beber, escribir, conducir, aparcar, o no hacer nada específico. |
| Situaciones de afirmación. | Defender tus derechos, dar tu punto de vista, expresar tus deseos, negociar un precio, hacer una reclamación, decir que no estás de acuerdo con algo. |
| Situaciones de revelación de uno mismo. | Tener que expresar un aspecto más íntimo de uno mismo: conocer a otra persona, entablar una relación de amistad o sentimental. |
| Situaciones de interacciones superficiales. | Hablar con otra persona de algo superficial: intercambio de banalidades con un vecino, un comerciante, un compañero de trabajo en la máquina del café. |

## Situaciones de actuación

Agrupan todos los momentos en los que existe el temor a ser juzgado: cuando se tiene delante una o más personas que están presentes para evaluar lo que se ha dicho o hecho y la forma en que lo van a decir o hacer. Todos los exámenes, entrevistas de trabajo o charlas, todas las tomas de palabra delante de un grupo entran en esta categoría. No es necesario decir que este miedo atañe a la mayoría de las personas. La diferencia principal entre las personas fóbicas y las que no lo son no consiste en que no aparezca el miedo, sino en su capacidad para superarlo. Los artistas explican que tienen miedo antes de salir a escena, pero que este miedo se disipa cuando ya están actuando. Si no fuera así, desgraciadamente, tendrían que renunciar a su carrera o enfocarla de otro modo; por ejemplo, hay muchos músicos que se dedican a dar clases porque se sienten incapaces de pisar un escenario.

Para las personas que no son artistas profesionales, la intensidad del miedo también puede plantear muchos problemas, pues han de renunciar a toda propuesta de hablar en público: dar su opinión en una reunión de padres, leer un texto en una ceremonia religiosa, hacer una presentación de un producto, participar en una mesa redonda. Muchas veces hablo de este tipo de miedos con personas de mi entorno, como Jean, uno de mis vecinos: «No tengo ningún problema de relación con los demás, me encanta conocer gente y hablar. También sé decir las cosas a la cara, no asiento cuando no estoy de acuerdo con alguien. En resumen, no soy tímido. Pero hay una situación que me resulta imposible: es subir a un estrado para dar una charla. Aunque conozca a todos los oyentes, tengo la impresión de no ser el mismo en ese momento. Todo me da vueltas, no me salen las palabras, mi boca casi no puede moverse, me oigo como si fuera otra persona, me veo desde fuera, ni siquiera puedo mirar a la gente a los ojos. Jamás he podido superar este miedo. Me persigue desde que era niño; en la escuela no podía salir a la pizarra. En mi trabajo, siempre he tenido que rechazar las promociones que conllevaban hacer presentaciones orales. Bueno, esto no es tan grave. Pero es absurdo ver cómo tan sólo unos pasos, unos metros, desde el núcleo del grupo hasta el infierno del estrado, pueden transformarme de este modo».

## Situaciones de observación

Son aquéllas en las que uno se encuentra involuntariamente en el punto de mira de otras personas: pasar por delante de la terraza de un café abarrotado, llegar tarde al cine o al teatro y tener asiento en la primera fila, tener que contar algo a tu compañero de mesa y darte cuenta de que los demás comensales te están mirando. Resumiendo, sentir de golpe las miradas sobre ti, cuando no lo has buscado ni previsto. Este tipo de miedo afecta a mucha gente, y se produce por lo inesperado o no habitual.

Una de mis amigas me contó que fue a una boda en la que no conocía a mucha gente y se montó en una barca para remar un poco en un lago que había en la propiedad donde se celebraba el banquete. Cuando llegó a la mitad del estanque, se dio cuenta horrorizada de que todos los invitados la estaban mirando, pues la recepción era en el jardín al lado del agua. De golpe, el paseo resultó mucho menos agradable: «Todas esas miradas de desconocidos puestas sobre mí, sin saber lo que estaban diciendo, hicieron que me sintiera fatal. Tenía la impresión de que remaba cada vez peor. Me apresuré a llegar a la orilla para calmar el mareo. Cuando llegué me di cuenta de que estaba temblando ligeramente y tardé un cuarto de hora en serenarme». Muchas personas que de pronto se convierten en el centro de atención cuando no se lo esperan, experimentan las mismas desagradables sensaciones difíciles de controlar, ese miedo intenso y primario que flirtea con el pánico y hace que se tengan ganas de salir corriendo.

## Situaciones de afirmación

Estas situaciones representan también un gran clásico de los miedos sociales: pedir un aumento, hacer una declaración de amor, pedir a unos vecinos demasiado ruidosos que bajen el volumen de la televisión o simplemente decir *no*. Estos momentos son delicados para la mayoría de la gente, pero no entrañan una reacción de miedo importante. Sin embargo, para un cierto número de personas tímidas o inhibidas, estos momentos son tan penosos que pueden llegar a evitarlos, debido al intenso miedo que les provocan.

«Durante mucho tiempo me ha costado reconocer que no me sentía seguro de mí mismo –nos explicó Yves, un ingeniero de puentes y caminos–, pero ahora soy capaz de confesarlo. Me da miedo decir que no a la gente. Ya sea al dependiente de la zapatería al que le hago sacar diez pares de zapatos sin quedarme ninguno, como al compañero de trabajo que me pide que haga su trabajo o al operador de ventas por teléfono que me llama a la hora de comer, o incluso a mis hijos, que lo saben y abusan de mí. Siempre me he conformado con eso excusándome en que soy una persona amable. Pero últimamente he comprendido que eso no era gentileza, sino debilidad, y sobre todo miedo. Miedo a las reacciones de los demás. Miedo a que se enfaden. Miedo a que ya no me aprecien. El día en que comprendí y acepté esto, me propuse cambiar. Actuar por amabilidad, sí, pero, ¡no por miedo!»

## Situaciones de revelación de uno mismo

Son los momentos en los que nos vemos obligados a hablar de nosotros mismos a otra persona, a desvelar un poco de nuestra intimidad personal y psicológica. Para algunas personas esto puede ser incómodo. Sobre todo si están convencidas de que su carácter, o algunos aspectos del mismo, comportan cierta inferioridad. Cuando Yves se quedó sin trabajo, rechazaba las invitaciones a acudir a casas de personas que no conocía por temor a que le hicieran la pregunta: «¿A qué te dedicas?». Del mismo modo que los solteros y solteras de más de treinta años a veces temen que les pregunten a qué se debe que no se hayan casado y tenido hijos. El temor a ser objeto de un juicio negativo puede conducir a huir de las situaciones o a mantener alejada a la gente con una conducta fría, o bien mediante el humor y el sarcasmo, que en realidad son una forma de no hablar de uno mismo, ya que siempre se está actuando.

Éste era el caso de Flore, a quien describe a continuación uno de sus compañeros de trabajo: «Al principio la encontraba muy divertida, siempre riéndose de sí misma, bromeando sobre sus pequeñas manías, sus defectos y limitaciones. ¡Es tan raro que la gente sepa ver sus defectos! Un día me di cuenta de que hacía varios meses que había llegado al departamento y que en realidad apenas sabíamos nada de ella. No sabíamos lo que verdaderamente pensaba, y desde luego no teníamos ni idea de lo que sentía. Reflexionando sobre ello, descubrí que nunca daba su opinión, que jamás expresaba sus emociones de contrariedad o satisfacción. Cuando recibía un duro golpe, bromeaba. Cuando tenía éxito, también bromeaba. Nunca sabíamos lo que pensaba. Ni quién era. De pronto, también descubrí que había muchas personas que no la apreciaban demasiado o que no se fiaban de ella. Después nos hicimos amigos y empecé a conocerla. Me di cuenta de que era una chica hipersensible, más bien desgraciada, que tenía mucho miedo de no saber complacer a los demás, que estaba convencida de que no había nada en ella que pudiera interesarles. Su sentido del humor le servía de armadura psicológica, sin él se sentía desnuda y ridícula».

## Situaciones de interacciones superficiales

¿Cómo pueden atemorizar conversaciones insignificantes sobre la lluvia y el buen tiempo? Sin embargo, cuando se instaura un silencio en una velada, pocas personas permanecen en estado zen, aprovechando que pase el tiempo, escuchando el chisporroteo del fuego de la chimenea, observando el contenido de su vaso y disfrutando del placer de estar entre otras personas compartiendo una buena cena. El silencio crea un ligero malestar, interrumpido por la expresión: «Ha pasado un ángel», que indica un intento de relanzar la conversación. ¿No ha tenido nunca la experiencia de subir en ascensor solo con otra persona o realizar un breve trayecto en coche con alguien que no conoce y con quien se siente obligado a "entablar una pequeña conversación"? No siempre resulta cómodo, ¿no le parece? En las citas es habitual tener miedo al silencio, a decir tonterías y a quedar mal. Estos miedos sociales, limitados en la mayoría de las personas, a veces ocupan un lugar importante en las que padecen la fobia social de la que ya hemos hablado.

## Más allá del miedo: la vergüenza

Los miedos sociales casi siempre están mezclados con otras emociones negativas.

El miedo suele ocupar el lugar central: su usted está esperando su turno para hacer una presentación, cuando empiece la reunión notará ese sentimiento de miedo anticipado que denominamos ansiedad. Luego en el momento en que nos llamen al estrado, sentiremos la "materialización" del miedo, que se grabará en nuestra piel a través de sensaciones físicas: aceleración del ritmo cardíaco, sensación de tener un nudo en el estómago y en la garganta; es el miedo escénico. En el peor de los casos, unas personas vivirán un verdadero ataque de pánico que les impedirá llevar a termino su presentación y tendrán que retirarse.

Pero con frecuencia hay algo más que miedo, es el temor al ridículo, a pasar vergüenza. Mientras que el miedo es una emoción de peligro, la vergüenza es la convicción de que no se ha sabido hacer frente a ese peligro, bajo la mirada desaprobadora de otra persona.196 Tal como escribió el filósofo Vauvenargues: «La timidez puede ser el temor a la culpa, la vergüenza es la certeza». La mayoría de los miedos sociales proceden del temor a ser juzgado negativamente. Cuando este temor se convierte en una certeza, más bajo el efecto de nuestras convicciones íntimas que bajo el efecto de la realidad, ya no es el miedo lo que se apodera de nosotros, sino la vergüenza. Si soy ereutofóbico es que tengo miedo a sonrojarme delante de los demás. Sin embargo, cuando me sonrojo ya no tengo miedo –el mal ya está hecho–, pero me siento mucho peor, porque ahora siento vergüenza y sólo deseo una cosa: ¡qué se me trague la tierra! Y es que la vergüenza puede ser una emoción tan destructiva como el miedo, es más duradera y más insidiosa, ya que hace que nos sintamos desvalorizados. Es la que nos lleva a aislarnos, en ocasiones de manera permanente, tras una interacción social que nos ha parecido humillante o simplemente un "fracaso".

Muchas personas que padecen de miedos sociales están muy marcadas por la vergüenza. Como el caso de Bastien: «Dudo mucho de mí. No me quiero. Estos pensamientos negativos sobre mi persona en general puedo soportarlos, por dolorosos y tristes que sean; los tengo desde que era niño, y ya estoy acostumbrado. Pero cada vez que fracaso delante de otras personas, es terrible. Cada vez que he intentado desobedecer mis reflejos de miedo y me he atrevido a plantear una pregunta en una reunión, hablar con una persona desconocida o dar mi opinión a alguien que pensaba lo contrario que yo, cada vez que me he atrevido a hacerlo, si me ha ido mal, ha sido como entrar en el infierno. Lo que yo llamo "pasarlo mal" es simplemente que ha habido una discusión o una oposición a lo que he dicho, aunque haya sido educadamente. Entonces me avergüenzo de haber abierto la boca. Tal es mi bochorno que me bato en retirada y no puedo proseguir con la conversación, sólo puedo opinar del chef, hacer ver que escucho, que reflexiono, que cambio de parecer o que sigo firme en mis convicciones. Pero sólo puedo *fingir* que hago algo. En realidad, ya no estoy allí, con los demás. He huido de la situación, me he marchado con mis pensamientos. Sé lo que pasará a continuación: cuando vuelva en mí, repasaré la película en mi cabeza, evidentemente en mi contra, daré vueltas sin cesar a mi torpeza, a mi falta de educación y a mi tontería. El caso es que no son simples pensamientos, son *emociones* dolorosas que la vergüenza provoca y alimenta. Podría permanecer encerrado de ese modo durante todo un fin de semana. Después me da vergüenza volver a ver a las personas con las que tuve la impresión de haber fracasado. En general, éstas no lo comprenden. Me toman por un tipo raro».

En algunos casos extremos algunos pacientes describen sus "ataques de vergüenza" de forma muy parecida a un ataque de pánico. No sienten que estén en peligro de *muerte*, como en el caso del miedo, pero sí ante un peligro *social*, como si fueran a perder su posición y su valor frente a los ojos de los demás. Los etólogos, especialistas en psicología animal, creen que las emociones de vergüenza tienen sus raíces en las relaciones de dominancia y de aceptación en el seno de los grupos de animales. Dicen que es necesario integrar estas reflexiones sobre la dominancia para comprender bien los mecanismos sutiles de los miedos sociales:[197] éstos serían la herencia de dos tipos de miedos ancestrales, el miedo reflejo al extraño, presente en muchos niños, y la vergüenza a perder la posición social o el temor anticipado de la llegada de esta vergüenza. Todo miembro de un grupo animal, y por ende también humano, necesita sentir que su conducta le permite disponer de una posición social a los ojos de los demás. Siempre que esta posición se ponga en duda (por ejemplo, cuando un macho dominante pierde en una lucha), el animal manifestará signos que los humanos están tentados de interpretar como vergüenza: durante un tiempo, el individuo humillado evitará las miradas, se aislará y se alejará.

Molestia, bochorno, escrúpulos; todas las emociones derivadas de la vergüenza desempeñan un papel importante, que agravará o facilitará la aparición de miedos sociales. Los anglosajones lo describen bajo el término genérico de *emociones autoconscientes*: las emociones de la conciencia –excesiva– del yo.[198] En efecto, muchos de los tormentos que se asocian a las mismas proceden de lo que uno deja de hacer para observarse, con una mirada severa y excesivamente exigente.

Al igual que sucede con las otras formas de miedo, los miedos sociales se pueden dividir en diferentes familias, en función del objeto del miedo, de su intensidad, de su extensión a un número mayor o menor de situaciones, etc. Ahora abordaremos las tres grandes familias de los miedos sociales: el miedo a salir a escena, la timidez y la fobia social.

## Un miedo social explosivo, pero limitado: el miedo escénico

El miedo escénico se puede considerar una forma normal de miedo social: se trata de una reacción de miedo agudo, marcada por la aparición de numerosos síntomas físicos, en la que se produce una aceleración del ritmo cardíaco, es decir, taquicardia, que suele ser el primer signo. Lo más molesto para algunas personas es que sienten tanto el latido de su corazón que tienen la sensación de que el público también lo oirá o que verá la pulsación de sus carótidas en el cuello.

El miedo escénico se encuentra en la categoría de las "ansiedades por actuación", típica de los artistas, deportistas, conferenciantes, personas que se presentan a exámenes o a entrevistas de trabajo. La intensidad del miedo suele ser máxima antes del momento de afrontar la situación temida, luego éste disminuye, pues es "soluble con la acción". Cuando entramos en escena, disminuye hasta alcanzar un nivel aceptable, en el que podemos empezar a olvidarlo para concentrarnos en lo esencial: lo que hemos ido a hacer o a enseñar.

## *Enfrentarse al miedo escénico*

Desde siempre, los seres humanos han considerado que el arte de la oratoria era un don precioso para transmitir sus ideas y defender sus intereses. En mi biblioteca tengo un librito antiguo y muy divertido que data de 1824, que me regaló un paciente librero de las orillas del Sena y que se titula *L'art de briller en société* (El arte de brillar en sociedad) y tiene como subtítulo «El corifeo de los salones» –el corifeo era el que guiaba el coro en el teatro griego y romano de la antigüedad. En la actualidad, muchas obras de psicología de empresa fomentan trabajarse el miedo escénico y el arte de la oratoria. Pero entre las personas que vienen a la consulta sólo encontramos los cargos superiores de las empresas (miedo a las reuniones) o artistas (miedo escénico al público). También nos encontramos a veces con padres o madres que no se atreven a dar sus opiniones en las reuniones de la escuela de sus hijos o en las reuniones de vecinos. Una de las formas más frecuentes de miedo escénico es hablar en público. ¿En qué dimensiones hemos de trabajar? Un día ayudé a una de mis colegas, médica del hospital universitario, a afrontar sus miedos a hablar en público. La llamaremos Anne.

Anne daba regularmente cursos a los estudiantes de medicina, pero no le producía ningún placer. Tenía que prepararse mucho para sentirse segura. El día antes de empezar los cursos, no dormía bien y estaba nerviosa. Tenía miedo especialmente a quedarse en "blanco" durante la clase y a no saber responder a las preguntas de los alumnos. Los lunes, que era el día en que se reunían los jefes de departamento, los facultativos, interinos y enfermeras para revisar las historias clínicas de los pacientes hospitalizados, todavía lo pasaba peor. Pero lo peor de todo eran los congresos y coloquios de medicina a los cuales se veía obligada a asistir y a veces a participar. Si tenía que dar una conferencia, se encontraba fatal y se aferraba a sus notas y diapositivas como un náufrago a su salvavidas, preguntándose siempre si llegaría al final. Prácticamente no miraba a la audiencia y tenía la mirada siempre puesta en sus documentos. Siempre se las arreglaba para pasarse del tiempo previsto y evitar así la sesión de preguntas y respuestas. Lo que más temía era que algún colega la pusiera en un aprieto, destacando sus carencias o planteándole una pregunta comprometida. Anne se creía obligada a dominarlo todo a la perfección, ni se le pasaba por la cabeza presentar un trabajo que ella considerara incompleto o que comportara algunas zonas oscuras. Si la víspera de un curso o de un congreso veía un artículo o un libro relacionado con su exposición, era capaz de rehacerla toda para incluir los datos nuevos. Voy a describirles los puntos principales sobre los que trabajamos con Anne. Evidentemente, el esquema se parecerá al de todas las personas que padecen miedo escénico.

## Modificar su visión del mundo

Como la mayoría de las personas con miedo escénico, Anne tenía una visión del mundo muy parcial de las relaciones con sus semejantes, ya fueran estudiantes o compañeros de trabajo. Bajo el efecto del miedo, percibía las interacciones humanas como luchas por la dominancia. Su miedo escénico la llevaba a creer inconscientemente que sólo había dos posturas posibles en una interacción: dominar o ser dominado. Cuando daba un curso o una conferencia, sólo veía la asistencia de sus adversarios o contradictores potenciales, a los cuales era necesario imponerse. En modo alguno estaban interesadas en lo que iba a decir y habían ido expresamente para "sabotearla".

A su vez, cuando ella asistía a una conferencia, los únicos momentos en que le apetecía intervenir era para plantear preguntas que podrían poner al orador en un compromiso, hacer observaciones que destacaran los puntos débiles de su discurso o abordar un tema no tratado, es decir para brillar ella misma. En general, no se atrevía a hacerlo, y sentía que se le aceleraba el corazón con tan sólo la idea de levantar la mano para pedir la palabra.

Anne y yo mantuvimos largas conversaciones en el transcurso de las cuales le demostré hasta qué punto su visión del mundo planteaba numerosos problemas. En primer lugar, porque no correspondía a la realidad: aunque es cierto que algunas personas son críticas y hostiles *a priori*, no son la mayoría. ¿Por qué centrarnos en ellas? ¿Por qué obsesionarnos con no dejarnos aplastar por el otro o ser nosotros quienes le aplastemos, en lugar de pensar que las relaciones se basan en la reciprocidad? Luego, como esta actitud es cara emocionalmente, porque exige que nos preparemos sin descanso a un combate verbal, aumentamos nuestra tensión interior y se agrava nuestra tendencia al miedo escénico. Puesto que tiene consecuencias tóxicas, hace que las personas que la padecen acaben no diciendo nada, o interviniendo de manera agresiva, provocando a su vez respuestas también agresivas. En ambos casos la visión del mundo de "dominante o dominado" acaba confirmándose, sin razón alguna.

Después examinamos, mediante juegos de rol, la posibilidad de que Anne interviniera de otra manera más positiva. Por ejemplo, adoptando la costumbre, como espectadora de coloquios, de pedir la palabra no para llevar la contraria sino para felicitar y preguntar: «Le doy las gracias por su intervención, ha sido apasionante. ¿Podría aclararme el siguiente punto?». Anne temía que este planteamiento fuera, según sus propias palabras, una forma de "hacer la pelota" y que no sirviera demasiado para hacer avanzar el debate. De todos modos, le pedí que lo probara y así lo hizo. Cuando volvimos a hablar, estaba sorprendida y aliviada, como alguien que ha descubierto una evidencia reconfortante: «Efectivamente, tu truco funciona. Lo hice muchas veces y me fijé en cómo lo hacían los demás. Me di cuenta de que era bastante fácil proceder de este modo, ¡y de que eran precisamente las personas que tenían el aspecto de estar muy seguras de sí mismas quienes lo hacían! ¡Yo que pensaba que para hacerse respetar era necesario intimidar!». Poco a poco, Anne fue aprendiendo a no fijarse, como hacía antes durante sus conferencias, en los rostros que le parecían cerrados, hostiles o gruñones, y a mirar a toda la audiencia, preferiblemente a las personas que parecían abiertas y sonrientes: «Es curioso cómo al haber disminuido mi miedo escénico tengo la impresión de no transformarme como antes delante del mismo público».

## Sanar los incidentes

El miedo escénico que sentía Anne la convertía en una persona rígida psicológicamente. Si cuando estaba dando un curso perdía el hilo o las diapositivas no estaban en orden, se crispaba y desesperaba interiormente. ¡Como si se tratara de una catástrofe! Sobre ese punto, también hablamos de la gravedad exacta de los incidentes y sobre todo del lugar que les correspondía. Con los juegos de rol, intentamos buscar maneras más relajadas de actuar delante del público: «¡Vaya, he perdido el hilo! ¿Dónde se me habrá ido la idea que quería compartir con ustedes? Vamos a ver si vuelve... Un momento... No... Bueno qué vamos a hacer. Sigamos, ya volverá más tarde», o bien: «He perdido la diapositiva que correspondía a este tema. ¿Dónde se habrá metido? Un momento, por favor...».

Al principio, Anne no podía aceptar que se pudiera actuar de esa manera tan relajada. Para ella era una especie de negligencia o de desprecio al público. En ese punto, la animé a probar este tipo de actitud durante un curso de verdad. Le había dado como ejercicio que dejara respirar a los alumnos dejando un tiempo de silencio entre cada transparencia, en lugar de sentirse obligada a hablar continuamente; hacer ver que se perdía y abordar el incidente sin irritarse, extraviar adrede una transparencia, buscarla un momento y luego pasar a otra. Hizo todo esto valientemente sin el menor problema y pudo constatar que este tipo de actitud le producía mayor comodidad.

## Renunciar a la perfección

Esto nos permitió abordar el perfeccionismo de Anne, que se manifestaba de muchas formas cuando tenía que tomar la palabra. Sólo hacer intervenciones perfectas, plantear preguntas pertinentes, etc. Intentar ser siempre lo más brillante posible era sin duda un objetivo loable, pero imponerse serlo cada vez podía resultar contraproducente: sobrepasado cierto umbral, como ella misma dijo, la presión hacía que disminuyera su eficiencia.

Le pedí que probara este nuevo enfoque con "pruebas de realidad": por ejemplo, prepararse menos un curso (es decir, vistas sus costumbres, preparárselo con normalidad). Al cabo de un tiempo, Anne se dio cuenta de que lo que perdía en perfección, lo ganaba en eficacia pedagógica, sus alumnos no se veían tan ahogados por la carga de información que ella consideraba indispensable, por la sencilla razón de que no confiaba en sí misma. Dedicaba más tiempo a explicar, contar, a salirse de sus antiguos criterios de dominar el tema.

Otra experiencia importante para ella fue ver un día a uno de sus colegas, al que ella admiraba, en un aprieto durante un congreso cuando le hicieron una pregunta que no sabía responder, aunque era de su competencia. Sin inmutarse, el médico respondió con calma: «No sé responder a esta pregunta. ¿Hay alguien en la sala que conozca la respuesta?». Una persona levantó la mano y dio la información. El orador dio muestras de satisfacción, dijo: «Bueno, ya tenemos la respuesta», sin el menor reparo por el hecho de que la respuesta no hubiera salido de sus labios. El debate prosiguió. Al final del simposio, Anne fue a felicitar a su colega por su intervención, pero también porque quería hablarle del incidente, que había despertado sus propias angustias: «Siempre puede pasar esto, y estos trucos...». Su colega no saboteó mi terapia, todo lo contrario, le dio su receta: «Siempre procuro respetar a las personas ante las que estoy hablando. Hace mucho tiempo que he renunciado a querer saberlo todo, incluso hasta en mi pequeño campo, es demasiado agotador, demasiado estresante. Me ciño a saber lo esencial que es lo que cuenta, a estar al día y a transmitirlo con claridad. Por lo demás...».

## Entrenarse regularmente

No se puede producir ningún cambio psicológico duradero si uno no se involucra con los hechos, si no practica con regularidad en su realidad. En el momento en que comenzó sus esfuerzos de cambio, Anne se comprometió a no volver a participar en una reunión sin haber pedido la palabra o haber planteado una pregunta. Fue difícil al principio (se dio cuenta de que a menudo guardaba silencio aunque tuviera cosas que decir), pero luego se fue convirtiendo en un tipo de juego que empezó a gustarle. El miedo escénico es un miedo que siempre mejora con los entrenamientos regulares de pedir la palabra en público.

El problema es que no es fácil encontrar grupos en los que puedas pedir la palabra de forma regular. De ahí sin duda proceden los miedos escénicos invalidantes, casi un tercio de las personas adultas nunca piden la palabra en público, salvo que se vean muy obligadas a hacerlo. La regla de oro es aprovechar todas las ocasiones, pero también no limitarse a esperarlas, sino participar en actividades de asociaciones que conlleven muchas reuniones. Otra opción es apuntarse en una asociación destinada a potenciar hablar en público, como las que empiezan a existir en Francia.[199]

Como suele suceder en las terapias conductistas, donde se empieza por lo sencillo y se termina por lo complicado, donde fomentamos la reflexión sobre las enseñanzas prácticas y no al contrario, van apareciendo otras cosas en el transcurso de la terapia. A medida que iba mejorando, Anne empezó a hablar de su infancia, de sus padres, de lo que le había provocado su miedo escénico exagerado. A sus ya más de treinta años se dio cuenta de que su padre, al que admiraba mucho y también era médico, había tenido mucho miedo escénico y evitado todas las oportunidades de hablar en público, pero de una forma tan hábil que ella nunca se había percatado. Asimismo, comprendió cómo sus padres, queriendo su bien, le habían inculcado la obligación de ser "siempre perfecta". Se dio cuenta de que durante años sólo había obedecido reglas inflexibles, lo cual había acrecentado su carácter intransigente, en lugar de intentar ser más flexible. Estas tomas de conciencia y reflexiones aceleraron el cambio y la pacificación interior que había iniciado hacía ya algunos meses. Esto se extendió a otros aspectos de su vida. Pero eso ya es otra historia.

## Los medicamentos

Los medicamentos denominados "betabloqueantes" pueden ser útiles cuando los síntomas del miedo son muy molestos, lo cual es frecuente en el miedo escénico. Se han de tomar una hora antes de la situación que provoca el miedo y su efecto dura varias horas. El propanolol (Avlocardyl) se suele recetar para este problema, aunque sus indicaciones oficiales son las manifestaciones funcionales cardíacas como la taquicardia y las palpitaciones en el curso de trastornos emocionales transitorios.[200] Se necesita un examen médico y se compra con receta, pues tiene contraindicaciones.

El modo de acción de los betabloqueantes tiene una teoría interesante, porque no funcionan como los tranquilizantes, que duermen el miedo en el cerebro: su acción se sitúa en la periferia, en el cuerpo, mediante una reducción de los signos físicos del miedo. Además, los pacientes describen perfectamente cómo al sentir menos el miedo pueden dominarlo con mayor facilidad y meterse en la acción.

Quiero recordar que algunas formas de miedo escénico pueden ser fobias sociales, de las que hablaremos más adelante. Si ése es el caso, los esfuerzos que acabamos de describir no serán suficientes en una primera etapa.

## Un miedo social moderado, pero molesto: la timidez

La timidez es difícil de describir, pues cuenta con más de una veintena de definiciones científicas. Bajo este apelativo, en general, agrupamos una forma de ser dominada por la inhibición y una reserva ante las personas y situaciones nuevas. La timidez ya la habían descrito muchos escritores antes de que los psicólogos y psiquiatras empezaran a estudiarla. Aunque a menudo se la considere un fenómeno benigno, la timidez, el arte de las oportunidades perdidas, puede representar un problema para muchas personas y una alteración en su calidad de vida. Hay muchas personas que confiesan ser tímidas (casi un 60% de los franceses, según diversas encuestas públicas). Pero detrás de esa palabra existen realidades muy diferentes: existe la timidez puntual, que sucede solamente frente a interlocutores que imponen mucho respeto a la mayoría de la gente.

Hay la timidez "interna", imperceptible desde fuera y que sólo la siente la persona que la padece. Jules Renard escribió respecto a este tema: «Tímido hasta la impasibilidad...». También tenemos la timidez "externa", perceptible por sus pequeños signos de indisposición, aunque no forzosamente potenciada por el entorno, como movimientos contenidos o de apuro, dudas, tartamudeo, etc.

Podemos considerar que hay tres dimensiones principales en la timidez:

–Una dimensión emocional, una expresión a menudo fisiológica: aceleración del ritmo cardíaco, boca seca, enrojecimiento, etc.

–Una dimensión conductual, con una inhibición en una situación social: el tímido no toma iniciativas, espera que las cosas vengan a él.

–Una dimensión psicológica, principalmente marcada por el conflicto permanente entre las ganas de ir hacia los demás y el temor de no ser aceptado por ellos.

Para el tímido todas las "primeras veces" son difíciles: amistades nuevas, trabajo nuevo, barrio nuevo, etc. Pero con el tiempo y la repetición de los contactos, las aprensiones van disminuyendo paulatinamente y la persona tímida recobra un poco de comodidad y de capacidad para comunicarse. Sin embargo, en las personas tímidas observamos, de modo casi sistemático, una falta de autoestima. El tímido se juzga negativamente, se compara de manera desfavorable frente a los demás. Esto le hace muy sensible a los fracasos y a las críticas, lo que deriva en que corra los mínimos riesgos posibles o que limite su capacidad de cambio.

## Enfrentarse a la timidez

«Mi estúpida e incómoda timidez que no podía vencer...», escribió Rousseau, cuyos escritos autobiográficos muestran lo que padecía. Aunque la timidez no sea una enfermedad, suele perjudicar la calidad de vida, porque propicia la pérdida de oportunidades y sitúa a la persona tímida en una posición inferior a su verdadera capacidad, para provecho de otras personas menos dotadas, pero más abiertas. También se puede asociar a tendencias depresivas, donde supondrá un factor agravante. Suele ser en este contexto en el que ayudamos a las personas tímidas. Hay muchas obras consagradas a las mil formas de luchar contra la timidez.[201] A continuación cito algunos de los consejos más importantes para este problema, ilustrados con algunos fragmentos de terapias.

## Mostrar los pensamientos y emociones complejas

Cuando Sébastien entra en unos almacenes de ropa, suele sentirse nervioso. Ésta es la razón por la que durante un tiempo intentó comprarse ropa por catálogo. Pero comprar por correspondencia también tiene sus inconvenientes: tras haber acumulado cierto número de pantalones demasiado cortos y de camisas cuyo tejido le producía picores, Sébastien se decidió a volver a ir de tiendas. Se pone nervioso, pues se prueba mucha ropa y nada le va bien, y está muy enojado por haberle hecho perder el tiempo al vendedor. Los días en que no se encuentra bien se siente obligado a comprarse alguna prenda que no le entusiasma. Los días que se encuentra un poco más animado –es decir, los días en que el vendedor no le intimida– hasta se atreve a rechazarla, pero por desgracia criticando el corte, el precio, el tejido y batiéndose en retirada con la cabeza gacha, y a ser posible cuando el vendedor está de espaldas o atendiendo a otra persona. A Sébastien no le gusta hacer esto, pero se siente muy incómodo y no sabe hacerlo de otra manera.

Tras reflexionar sobre sus miedos –entristecer al vendedor por no comprar nada, molestarle por haberle hecho perder el tiempo, recibir un comentario desagradable por parte del vendedor– y haberlos discutido –estaba de acuerdo en que eran absurdos, pero cuando estaba frente a un vendedor todo se complicaba–, Sébastien empezó a practicar algunos ejercicios conmigo. En primer lugar le pregunté en qué estaba pensando antes de empezar. Efectivamente, si Sébastien se sentía mal era porque las cosas le resultaban complicadas: quería comprar y le molestaba marcharse sin hacerlo, porque además el vendedor se habrá tomado la molestia de atenderle. Entonces, le propuse: «¿Por qué no dices simplemente lo que me acabas de explicar? Justo lo que piensas ahora, en lugar de intentar hacer una síntesis imposible. Por ejemplo: 1) Le doy las gracias por haberme atendido. 2) Lo siento muchísimo pero no hay nada que me convenza. 3) Prefiero no comprar nada hoy, para no tener que lamentarlo después. 4) Gracias de todos modos. ¡Adiós!». A continuación practiqué algunos juegos de rol en los que ensayamos esta actitud en diferentes contextos, con las distintas reacciones posibles por parte del vendedor.

Después le animé a probar la estrategia en unos almacenes de verdad. Le dije: «Recuerda que vale más dos mensajes claros, uno positivo y otro negativo, como "Es usted muy amable, pero no me voy a llevar nada", que un sólo mensaje confuso y vago como "No me gusta mucho, tengo dudas..."».

Después de unos cuantos ajustes y ejercicios prácticos, Sébastien comprendió lo esencial: muchos de los problemas de los tímidos se deben a estados anímicos contradictorios, a conflictos entre deseos que parecen incompatibles. En nuestro caso, no comprar nada y molestar al vendedor. Lo más sencillo fue tener en cuenta estos dos aspectos, estas dos tendencias y compatibilizarlas, en lugar de oponerlas. Luego aprendió paulatinamente a transmitir mensajes más claros y observar el impacto en los otros.

## Tomar la iniciativa

Clémentine suele ir a fiestas en las que no conoce a mucha gente. A pesar de su timidez, hay muchas personas que la aprecian. Siempre la invitan y a ella, a pesar de ser tímida, le gustan los contactos sociales, hablar, conocer a gente. Pero a veces algunas fiestas no son como ella hubiera deseado y le resultan decepcionantes. Especialmente si no empiezan con buen pie. Una velada que "empieza bien" es cuando enseguida le presentan a muchas personas simpáticas que hacen que se sienta cómoda. Con este tipo de "precalentamiento", como si de un deporte se tratase, se siente más capaz de participar en las conversaciones. Se concede el derecho a hablar, a hacer preguntas, a dar su opinión. Se siente reafirmada por el interés que puede despertar en los demás. Pero sólo si los demás dan el primer paso. De este modo vuelve a tener confianza en sí misma. Como su temor es no resultar interesante, no ser aceptada, siempre teme molestar a una persona iniciando una conversación, porque a lo mejor esa persona prefiere estar sola o no le apetece hablar con ella. Le da miedo importunar a un grupo "incrustándose", como ella dice, en él cogiendo al vuelo una conversación ya empezada. Clémentine nunca hace eso.

Le expliqué lo siguiente: «Bien, precisamente, ése es el problema», y a continuación le propuse un montón de juegos de rol, en los que debería "correr el riesgo" de abordar a otras personas, de acercarse a ellas, para presentarse, hacerles preguntas, tantear el terreno. «¿Y si noto que no tienen ganas de hablar?», me preguntó Clèmentine. «En ese caso, te despides tranquila y educadamente como sabes hacerlo. Pero al menos lo habrás comprobado, en lugar de imaginarlo. Es normal que no todas las personas tengan ganas de hablar, ¿no te parece? Además, habrás actuado por ti misma, en lugar de reaccionar a las situaciones.»

Después Clémentine y yo volvimos a entrenarnos con los juegos de rol, en los que desde que llega se dirige a todas las personas que ya están en la fiesta para presentarse, para saber quiénes están dispuestos a intercambiar una o dos frases con ella. Tras hacer esto, dice con una gran sonrisa: «Encantada de haberles conocido. Hasta pronto...». En la siguiente fiesta a la que fue invitada intentó actuar de este modo, para evitar lo que ella llamaba un "cuelgue": «Cuando en una fiesta no he hablado con alguien al cabo de un momento, sé que después me resultará mucho más difícil engancharme, aunque se dirijan a mí. En esos momentos prefiero cortar y marcharme». Otra vez le propuse que abordara a todas las personas que llevaban alguna prenda roja para entablar una breve conversación. Eso le divirtió, era como tener que "cumplir una misión" cuya finalidad sólo ella conocía.

Tomar la iniciativa, para no quedarse en la posición de un niño que espera aprobación. Desde luego este tipo de ejercicios no los propongo así, sin más, tal como los narro aquí. Siempre van acompañados de charlas sobre el cómo y el porqué de los miedos de nuestra timidez. Pero si no se realizaran estos ejercicios, las conversaciones serían totalmente estériles.

## Aprender a afirmarse con calma

El coche de Martin se ha estropeado. Un cartel indica que hay un taller de reparación a tres kilómetros. Martin se dirige a pie. En el camino empieza a pensar: «Como me he quedado tirado, el mecánico querrá aprovecharse de mi situación. No sé nada de mecánica, puede decirme lo que quiera y hacerme pagar una barbaridad. Todos los mecánicos son unos estafadores. Especialmente si ven que eres un turista, pero no voy a dejar que me timen. Estoy harto de que me tomen el pelo». Cuando llega al taller, Martin ya está muy nervioso, y tras apenas haber saludado al mecánico le dice: «¡Puede meterse sus reparaciones donde le quepan!».

Suelo contar esta historia a mis pacientes para hablarles de su autoafirmación. La autoafirmación agrupa toda una serie de técnicas de comunicación destinadas a comunicar nuestro punto de vista sin ofender a los demás. Una persona que no sabe afirmarse, es decir que no sabe decir que no, que no se atreve a pedir un servicio o a expresar su descontento, se expone a estar siempre entre la inhibición de no expresar sus deseos, pero pretender que los demás los adivinen o se anticipen a ellos, y la agresividad: expresar los deseos de manera hostil y ofensiva, para que no sean rebatidos.

Al igual que con el miedo escénico, hay que enseñar a estas personas tímidas a no percibir las relaciones sociales como enfrentamientos, como situaciones de dominar o dominado, donde forzosamente hay uno que está equivocado y otro que tiene razón, uno que gana y otro que pierde. La meta es situarse en el terreno del intercambio y de la colaboración. Si estoy en litigio o en desacuerdo, he de intentar primero dialogar antes de agredir. Lógico, ¿verdad? Sí, salvo que bajo el efecto de la ira, provocada por el miedo, por la falta de autoestima, con frecuencia cuando una persona tímida interviene tiende a la agresividad o la inhibición.

Las técnicas de autoafirmación suelen realizarse en grupo y suponen un avance importante en la ayuda que se presta a las personas tímidas, al ofrecerles la posibilidad de ensayar distintos estilos de comunicación que su educación o su trayectoria en la vida no les han permitido aprender.[202] Las intervenciones precoces son especialmente útiles para los niños y adolescentes tímidos porque pueden aportarles mucho alivio y evitarles dar muchos palos de ciego, y también muchos sufrimientos.[203] Como de costumbre, estas modificaciones conductuales terminan en una modificación de la visión del mundo, con un enfoque más igualitario sobre las relaciones sociales y más autoestima.

Al igual que sucede con el miedo escénico, muchas timideces son patológicas. Un estudio reciente ha demostrado que casi un 20% de las personas consideradas tímidas en realidad padecen una fobia social.[204] Ahora abordaremos estos miedos sociales extremos.

## Un miedo patológico: la fobia social

El caso de Maxime es de los que se arrastran desde hace mucho tiempo. Durante años los médicos lo tomaron por depresivo, alcohólico e incluso hasta esquizofrénico. En realidad padecía fobia social.

De pequeño, Maxime había sido bastante tímido, pero estaba perfectamente adaptado a la vida en grupo. Aunque en clase era muy reservado y no se sentía cómodo cuando tenía que salir a la pizarra, tenía amigos y formaba parte de un grupo. En la adolescencia las cosas se complicaron, cuando iba a tercero, curiosamente, un día Maxime se puso a temblar en el comedor del colegio mientras sostenía un vaso de agua. Pensó que se debía a que estaba un poco cansado y nervioso. Pero al día siguiente sintió cierta aprensión antes de comer y empezó a temblar de nuevo cuando se llevaba el vaso y los cubiertos a la boca. A los dos días también le sucedió al coger el plato de manos de un compañero. Tuvo la impresión de que éste había notado su temblor y que le miraba un tanto intrigado, aunque no le dijo nada. Entonces, empezó a no beber en el comedor y a asir con fuerza el tenedor para evitar los temblores. Al cabo de un tiempo, decidió no volver a frecuentar la cantina y dedicarse a estudiar entre las doce y las dos del mediodía. Poco a poco, empezó a sentirse mal durante el curso, tenía miedo de ponerse a temblar al salir a la pizarra; temía especialmente las clases de química en las que a veces había que transvasar líquidos de una probeta a otra, bajo la mirada del compañero de al lado o, lo que era aún peor, la del profesor. En el autobús escolar también empezó a sentirse molesto con las miradas de los compañeros y a notar que cuando le miraban la cabeza le empezaba a temblar. Entonces le pidió a sus padres que le compraran un ciclomotor, sin confesarles la razón. A partir de entonces fue a la escuela en su vehículo, lloviera, nevara o hiciera viento. Cualquier cosa antes que soportar la angustia del autobús. Poco a poco, sus miedos se fueron generalizando y cada vez se aislaba más. Pudo hacer su examen de selectividad, aunque en condiciones muy difíciles, porque no soportaba las pruebas escritas, ni sentir la mirada de los supervisores del examen que a veces le observaban cuando iba a escribir. Entonces, no escribía hasta que éstos se habían marchado al otro lado de la sala o le daban la espalda.

Tuvo que renunciar a cursar estudios en la universidad porque no soportaba las aulas abarrotadas, donde se veía obligado a llegar de los primeros para poder encontrar sitio al fondo, en una esquina, y donde, de todos modos, tampoco podía tomar notas. Terminó estudiando a distancia. Como era una persona muy inteligente lo aprobó todo y se graduó como ingeniero. Incapaz de presentarse a una entrevista de trabajo, pues eso le provocaba unos temblores inmensos (o al menos, eso le parecía a él), fue contratado por unos amigos de la familia, a los que jamás les había hablado de sus problemas. Al principio todo fue bien, pero con el tiempo se vio obligado a consumir alcohol para poder soportar las jornadas de trabajo, las reuniones que no podía evitar, aunque se había convertido en un maestro de la excusa perfecta. Siempre llevaba encima botellines de vodka, por si se producía alguna situación social imprevista, como una reunión no planificada con su superior, pues se había dado cuenta de que temblaba menos cuando bebía y le parecía que el vodka tenía un efecto más rápido y le perfumaba un poco el aliento. En su empresa era una persona apreciada, pues era un buen trabajador y se mostraba amable con todos. Una de sus compañeras se enamoró de él, le sedujo y se casaron.

Maxime cada vez bebía más. Ahora lo hacía de manera "preventiva": antes de empezar a trabajar por la mañana, antes de ir de compras los fines de semana o antes de acudir a una fiesta con los amigos, cuando no había encontrado un pretexto para evitarlo. Curiosamente no entendía mucho lo que le pasaba. Los dos médicos de medicina general a los que había acudido le habían diagnosticado estrés, agotamiento, nerviosismo; le habían recetado tranquilizantes, que habían tenido un efecto moderado. De cualquier modo, eran mucho menos eficaces que el alcohol, que había seguido tomando. A veces mezclaba las dos cosas, lo que le atontaba un poco, pero le calmaba. Su médico de cabecera le remitió a un psicoterapeuta, pero éste se contentaba con hacerle preguntas y escuchar. Al cabo de poco tiempo, Maxime se cansó de las sesiones en las que debía «largar un monólogo frente a una esfinge en la penumbra de una consulta» y que a sus ojos no le aportaban demasiado.

Su situación era cada vez más degradante y terminó por hacerse despedir. Hacía un año que había tenido un hijo y aprovechó la ocasión para quedarse en casa para cuidar del bebé. Eso aceleró su caída, cada vez salía menos y le costaba más hacerlo. Ahora tenía la impresión de que todas las personas de la calle le miraban y que le veían como «el parado tembloroso que arrastra a su hijo por el barrio». No iba a hacer la compra, ni a llevar a su hijo a pasear. Su esposa optó por apuntar al niño a una guardería porque sentía que la situación era tan nociva para Maxime como para el niño. A Maxime sólo le quedaba una actividad: acompañar a su hijo a la guardería por la mañana e irlo a buscar por la tarde. Para eso tenía que beber aproximadamente medio litro de vodka antes de realizar cada trayecto. Lo que suponía un litro al día, siempre que no tuviera otras obligaciones sociales como ir a buscar un paquete a correos, que vinieran obreros a casa, etc., en esos casos, las dosis eran más altas. Su esposa le había acompañado a varios psiquiatras. Uno de ellos le ingresó para una cura de desintoxicación, pero a la salida volvió a beber. Otro le pidió ver a su esposa cara a cara y le dijo que su marido era esquizofrénico. Efectivamente, Maxime era "raro" como lo son a veces este tipo de pacientes que evitan las miradas, hablan poco, se sienten incómodos al expresar lo que sienten. Le recetaron varios medicamentos, pero sin demasiado éxito.

Un día Maxime se debió de emborrachar demasiado deprisa y se perdió en la calle cuando iba a buscar a su hijo a la guardería. Un comerciante le reconoció y le recogió, y Maxime intentó explicarle su historia y pronunciar el nombre de su hijo, mientras lloraba y expresaba sus deseos de morir. Los bomberos lo trajeron tambaleándose a nuestro servicio del hospital. Tras un chequeo y una entrevista a fondo, uno de nuestros psicólogos por fin le hizo el diagnóstico correcto: Maxime padecía una fobia social muy grave. Tras un año de tratamiento adaptado, se curó.

La historia de Maxime siempre choca mucho a mis alumnos; les impresiona por el penoso trayecto que realizó antes de poder recibir el tratamiento correcto para su fobia. Desde el momento en que se produjeron los primeros temblores y las primeras evitaciones hasta el momento en que identificaron su enfermedad, habían pasado veinte años. Hay montones de historias como la suya en nuestra unidad de cuidados, especializada en este tipo de fobias.

## Los miedos sociales elevados a su máxima potencia

La fobia social se define por un miedo social intenso que incapacita: la persona afectada teme revelar a sus observadores o interlocutores su vulnerabilidad (sonrojándose, temblando, sudando) o sus limitaciones (al no parecer muy inteligente o culto).

Por esta razón, las situaciones sociales en las que la persona se siente vulnerable supondrán un gran sufrimiento y tenderán a evitarse, aunque eso suponga muchos problemas sociales o profesionales. Salir de compras puede resultar aterrador; buscar empleo, una misión imposible. El desempleo es además un drama para los fóbicos sociales, que normalmente son incapaces de superar la carrera de obstáculos de las entrevistas de trabajo. La gravedad de la fobia social dependerá, entre otros factores, de las situaciones temidas: si se trata sólo de situaciones de actuación, como hablar dentro de un grupo o realizar una tarea pública, la limitación es moderada. Si además la persona teme las relaciones cotidianas con sus semejantes, como charlar o conocer gente, la fobia social es más limitadora y se complica más. Y si los miedos son también a recibir la mirada de cualquier persona, cada día se convierte en un infierno.

Las fobias sociales, tras haberlas confundido durante mucho tiempo con la timidez o incluso con la agorafobia (o miedo a los lugares públicos que tiene otro origen, como veremos), se consideran hoy en día como un trastorno frecuente y preocupante. Los estudios epidemológicos muestran que entre un 2 y un 4% de la población general las padecen,[205] y esta cifra puede aumentar hasta un 10% si tenemos en cuenta las formas incapacitadoras de miedo social.[206] Muchos fóbicos sociales padecen también depresión y alcoholismo. La depresión es, sin duda, consecuencia del aislamiento y del fracaso social que rodea a la mayoría de estos pacientes. Probablemente también esté asociada a sus sentimientos de vergüenza recurrentes. En cuanto al alcohol, incluso las personas que no padecen ansiedad social saben que beber facilita la interacción social, el alcohol es un "lubrificante social", de ahí su omnipresencia en todas las ceremonias cuyo objetivo es distenderse. El problema para los fóbicos sociales es, por una parte, que no consumen alcohol sólo en las reuniones sociales, sino también antes, para "prepararse" y ahogar su miedo, y después, para olvidar su vergüenza, pues están convencidos de que se comportan de manera ridícula e inadaptada.

A los pacientes que son fóbicos sociales se tarda mucho tiempo en diagnosticarlos y tratarlos correctamente. Hace algunos años se tardaba una media de quince años entre el inicio de los trastornos y la primera actuación al respecto. Debido a su coste individual y social,[207] en la actualidad se hace indispensable una mejor formación de los médicos y psicólogos para que conozcan esta enfermedad y su tratamiento.

*Diferencias entre timidez y fobia social*

| Timidez | Fobia social |
|---|---|
| Mecanismos de habituación frecuentes: conforme se producen encuentros con la otra persona o situación, el miedo disminuye. | Mecanismos de sensibilización frecuentes: a medida que se producen más encuentros con la persona o la situación el miedo aumenta. |
| Preocupaciones episódicas sobre su inhibición. | Preocupaciones obsesivas respecto a su vulnerabilidad. |
| Miedo de ser dejado de lado. | Miedo de ser agredido. |
| El miedo rara vez se convierte en pánico. | El miedo suele convertirse en pánico. |
| Evitaciones limitadas y ansiedad de enfrentamiento moderada. | Evitaciones frecuentes y ansiedad de enfrentamiento importante. |
| La persona es considerada tímida y emotiva en su entorno. | La persona es percibida por el entorno como distante o extraña. |
| Sentimiento de tristeza tras las actuaciones sociales que han supuesto un "fracaso". | Sentimiento de vergüenza profunda tras las actuaciones sociales que ha considerado un "fracaso". |
| Alteración moderada de la calidad de vida. | Alteración importante de la calidad de vida. |

## La fobia social puede adoptar diferentes aspectos

Dado que la mayor parte de las situaciones sociales son fuentes de miedo, hasta aparentemente las más anodinas, hablamos de fobias sociales *generalizadas*. La persona se siente juzgada, haga lo que haga: estar sentada delante de alguien en un transporte público, hablar con un vecino o comprar un artículo normal y corriente en un comercio. Los pacientes suelen tener recursos para ocultar su vulnerabilidad emocional, tienen estrategias para disimular: maquillarse para que no se note cuando se ruborizan, callarse para no decir tonterías, evitar las miradas para no desvelar su preocupación por una expresión inquieta o simplemente salir de casa lo menos posible.

Hay otras fobias sociales que son *selectivas* y sólo afectan en un número de situaciones más limitadas; por ejemplo, hablar en público. Se calcula que un 10% de la población general padece miedo escénico.[208] Esta cifra aumenta a un 30% si se incluye a las personas que tienen mucho miedo pero que consideran que eso no necesariamente entraña sufrimiento o problemas en su vida. Se han de diferenciar las fobias sociales selectivas del miedo escénico. A la mayor parte de las personas les impone, y a veces mucho, hablar en público, pero cuando empiezan a hablar, el miedo va desapareciendo: el miedo alcanza su cota máxima antes de la acción y luego cae rápidamente, para llegar a un sentimiento de alivio cuando la intervención ha concluido. Con la fobia social sucede lo contrario, la patología persiste o incluso se acrecienta cuando se está hablando, no necesariamente cesa cuando termina la actuación y, cuando lo hace, es para dar paso al sentimiento de vergüenza y fracaso.

La fobia social puede estar asociada a perfiles de personalidad[209] muy diversos: la padecen tanto personas sociales como los misántropos, de forma que afecta a la población general. Algunos pacientes presentan personalidades que podrían clasificarse como *evitadoras*. Son hipersensibles a las opiniones ajenas, no se implican en las relaciones sociales a no ser que estén seguros de ser aceptados, se consideran inferiores a los demás, etc. Su enorme sensibilidad al rechazo les hace muy susceptibles: una sonrisa puede fácilmente ser percibida como desprecio o compasión, pero la ausencia de la misma se interpretará como un signo de rechazo o de desgracia.

Otros pacientes son *enfrentadores*. Se enfrentan, a pesar de su miedo, a las situaciones que temen. Por esta razón, estas personas pueden ejercer responsabilidades sociales importantes y con frecuencia eligen tener una apariencia fría o relativamente agresiva que les permite mantener a la gente a distancia. Sus actitudes de indiferencia respecto a los demás o de aparente impasibilidad son sólo superficiales, pues la angustia está presente y su precio emocional es alto. Algunos estudios sugieren que estos pacientes presentan un índice anormalmente elevado de problemas cardíacos relacionados con el estrés.

Algunas fobias sociales se centran en el *miedo a la aparición de algún síntoma físico*, principalmente sonrojarse, temblar o sudar. Algunos de estos pacientes piensan que si pudieran deshacerse de sus síntomas físicos no tendrían ningún problema. Recurren incluso a la cirugía, hay cirujanos que dicen que hay un grupo de nervios simpáticos que son los responsables del rubor facial. Pero no existen estudios controlados rigurosos que prueben la eficacia duradera de esta intervención mutiladora e irreversible. Los resultados son muy aleatorios según los pacientes, con frecuencia con bastantes efectos secundarios, como transpiración profusa en la parte inferior del cuerpo. Estas fobias sociales centradas en el miedo a la aparición de un síntoma físico presentan un conjunto de características particulares. Ésta es la razón por la que vamos a hablar con mayor detalle de la más frecuente.

## El miedo a sonrojarse

«¡Si una persona dice en mi presencia que le han robado el paraguas, enseguida me preocupo y cambio de color. ¡Yo, que nunca he podido sufrir los paraguas, que no los he usado en mi vida, que no me gustan nada! Pues sí, al momento adopto "un aire de circunstancia", un aire que sólo puede parecer sospechoso a los ojos de los demás. Casi me viene el deseo de disculparme. Hablo farfullando. Improviso una o dos historias, que a veces no son verdad, para asegurar que desconozco el paradero de ese paraguas, que no estaba presente cuando desapareció...»

Estas líneas son del *Journal de Salavin*, una de las muchas obras de un escritor, hoy en día un tanto olvidado, Georges Duhamel. Ilustran maravillosamente los tormentos de las personas ereutofóbicas.

Del griego *ereuthos* ("rojo"), la ereutofobia, este miedo obsesivo a sonrojarse, es una de las formas más dolorosas de miedo social. Ruborizarse es una característica típica del ser humano, ninguna otra especie presenta este tipo de manifestación asociada a la aprensión o al bochorno. En la ereutofobia el sonrojamiento es totalmente incontrolable y se agrava con los intentos de controlarlo. Cuanto más se esfuerza el sujeto en no sonrojarse, más se centra en su problema, se inquieta y se amplía, aumentado su nivel de activación emocional.

«Una vez ha aparecido, el rubor se apodera de mí y nubla todo lo demás», me contaba Héloïse, una de mis pacientes. La persona que tiene miedo a sonrojarse, cuando se sonroja tiene graves problemas para proseguir correctamente la interacción que le ha provocado el enrojecimiento porque se centra en su problema («esto no es normal», «ya empieza», «¿qué van a pensar de mí?»), en lugar de hacerlo en la conversación. Pero es el problema que provoca el enrojecimiento, más que el rubor en sí mismo, lo que preocupa a estas personas, que dejan de hablar o sólo responden con monosílabos, se ponen nerviosas o se quedan estancadas, como ausentes. Impotentes y hundiéndose en la catástrofe empiezan a sonrojarse y sienten que se "van". «Es como si estuviera a punto de hacerme pipí encima mientras hablo con alguien», me dijo un día Héloïse.

Al cabo de un tiempo de evolución, el rubor asociado en un principio a situaciones bochornosas acaba por aparecer de manera anárquica, incluso en ausencia de cualquier situación emocional: un silencio, un malentendido o una mirada pueden bastar para desencadenarlo. Aunque al observador externo esto pueda parecerle extraño y desproporcionado, sonrojarse delante de otra persona supone para el ereutofóbico la peor de las humillaciones. La persona está convencida de que su interlocutor pronto empezará a realizar una serie de valorizaciones negativas sobre él: «Una persona que se sonroja no tiene valor, ni personalidad, carece de interés, de fuerza, de virilidad (en el caso de los hombres), se siente sexualmente abrumada por su interlocutor (en el caso de las mujeres)».

Ésta es la razón por la que los ereutofóbicos utilizan numerosas estratagemas: las mujeres usan maquillaje o largas mechas de cabellos para enmascarar el rubor, cuellos altos incluso en verano para cubrir la rojez del cuello, persianas bajadas para conseguir una penumbra protectora, seudoestornudos para ocultar el rostro tras un pañuelo, incluso huidas precipitadas para alejarse de las miradas indiscretas. Podemos comprender cómo el miedo a sonrojarse delante de alguien adopta en este tipo de personas un cariz obsesivo, cuya proporción a veces no es bien comprendida por su entorno; cada circunstancia social puede convertirse en objeto de una evaluación: «¿Esta situación supone algún riesgo de ruborizarme delante de los demás?». Ya hemos visto que esta polarización termina por convertirse en uno de los principales factores desencadenantes para sonrojarse. Aunque, evidentemente, los comentarios del entorno también puedan provocar el rubor.[210]

Muchas personas ereutofóbicas al principio están convencidas de que su problema es de origen hormonal o circulatorio. Un psiquiatra de la *belle époque*[211] contaba que había curado, aunque por desgracia transitoriamente, a un paciente obsesionado por su sonrojamiento haciéndole creer que iban a hacerle una sangría con el fin de ¡liberarle de su exceso de sangre! Las cosas son mucho más complejas. El funcionamiento psicológico del ereutofóbico se puede resumir como sigue:

–El sujeto está convencido de que el menor enrojecimiento de su rostro o de su cuello puede ser percibido por los demás: «Mi incomodidad se lee en mi rostro».

–Piensa que el interlocutor se dará cuenta: «Todos lo van a notar enseguida».

–A continuación deduce que su interlocutor atribuirá este rubor a una opinión negativa sobre él: «Se dará cuenta de que soy débil y vulnerable».

–Está convencido de que este juicio de valor comportará conductas de rechazo, más o menos irónicas o de menosprecio: «Se va a reír de mí o me va a rechazar».

–Convencido del carácter ineluctable de esta secuencia, llega a la conclusión de que vale más hacer cualquier cosa –y por lo tanto huir– para evitar esto: «Todo antes que ruborizarme delante de alguien».

No cabe duda de que el malentendido sobre los miedos sociales es total en el caso de los ereutofóbicos: allí donde el entorno no ve más que un rasgo de carácter insignificante y encantador, las personas que padecen de rubores incontrolables consideran que éstos ponen en evidencia su vulnerabilidad y sus limitaciones.

## *La ciencia de los miedos sociales*

Buena noticia para las personas que sufren de miedos sociales: tras haber sido olvidados por los terapeutas y los investigadores durante muchos años, al fin se vuelven a encontrar en el punto de mira, pero esta vez con avances en materia de tratamiento. La información que les propongo sobre el estado de la investigación no es por mero placer científico, sino porque permite a las personas que padecen de miedos excesivos no culpabilizarse tanto frente a su vulnerabilidad emocional e implicarse más al comprender el sentido de algunos de los esfuerzos exigidos. Frente a una fobia es inútil juzgarse, lo que hay que hacer es ponerse en marcha.

### *¿Una amígdala cerebral hipersensible a los rostros hostiles?*

Al presentar en la pantalla de un ordenador fotos de rostros amenazadores a personas que padecen fobia social, nos percatamos de que éstas los detectan con mayor facilidad que las que no padecen esta patología.[212] Reparan antes en los rostros hostiles que en los neutros.[213] Estos resultados muestran que no se trata de una hipersensibilidad "ciega" a los rostros humanos, sino más bien de la exageración de un mecanismo adaptado a la localización rápida de signos de posible amenaza, y los rostros hostiles suponen para nuestra especie un riesgo acrecentado de ataque verbal o físico. Cuando estudiamos lo que sucede en el plano cerebral en esos momentos, nos damos cuenta de que la contemplación de rostros que expresan cólera o menosprecio –otro de los objetos de los miedos sociales– provoca una fuerte activación de la amígdala cerebral –siempre ella– en los fóbicos sociales.[214]

Una vez más estos resultados no significan que los miedos sociales excesivos "sólo" se deban a un asunto de maquinaria cerebral. Pero es cierto que estos pacientes han de luchar contra una realidad biológica palpable, que hemos de tener en cuenta en los tratamientos que vayamos a proponer. De ahí la necesidad de utilizar a veces medicamentos siempre acompañados de psicoterapias que tengan un impacto emocional.

## La focalización en el yo en detrimento de la interacción

Uno de los errores más comunes que cometen los fóbicos sociales es el de la focalizarse en el yo, y sobre todo en que les va a ir mal y que se va a notar: «Cuando empiezo a temblar, ya no me puedo concentrar en otra cosa que no sea en las preguntas que son fundamentales para mí: ¿Se va a notar? ¿Cómo voy a salirme de ésta? A partir de ese momento, la interacción ha concluido por mi parte». Esta tendencia de la atención, como la denominan los psicólogos cognitivos, sólo surge en los acontecimientos sociales.[215] Los fóbicos sociales no son especialmente narcisistas, se centran en sí mismos porque se sienten en peligro debido a sus manifestaciones emotivas, pues piensan que les hacen vulnerables a las agresiones de los demás. Estos fenómenos son todavía más característicos en los pacientes donde los miedos sociales giran en torno al temor de manifestar un síntoma físico bochornoso y fácilmente visible, como el rubor.[216] Entonces la autovigilancia actúa al máximo nivel.

## Fuerte tendencia a la autocrítica

Las personas que padecen miedos sociales suelen ser sus peores enemigas y se critican con una gran crueldad: ninguna otra persona sería capaz de ir tan lejos como ellas con sus reproches. Suelen dar vueltas a sus pensamientos, pero también a imágenes muy negativas sobre sí mismas, donde se ha demostrado que sus miedos sociales[217] tienen un papel importante en la agravación y conservación de los mismos. La frecuencia de los pensamientos negativos aproxima claramente la fobia social a la depresión, otra patología que entraña una imagen muy alterada de uno mismo.[218] Además, entre todos los miedos excesivos, parecen ser los miedos sociales los que exponen más al riesgo de la depresión; de cualquier modo son éstos los que conllevan la tasa más alta de emociones negativas en el día a día. Afortunadamente, las psicoterapias modifican de forma eficaz el círculo vicioso de ideas negras respecto a uno mismo.[219]

## *La toxicidad insidiosa de los pensamientos obsesivos tras los enfrentamientos sociales*

Hemos hablado del papel de la vergüenza, otra gran emoción potencialmente destructora, sobre todo cuando se asocia a los miedos sociales. Aunque las personas no estén claramente deprimidas, los pacientes fóbicos sociales consagran un tiempo importante a sus pensamientos negativos sobre sí mismos después de sus enfrentamientos sociales.[220] Se ha podido demostrar que estas reflexiones son muy tóxicas para la agravación de los sentimientos de vergüenza y de indignidad, ya que de algún modo representan el cemento, la argamasa que va a grabar de forma duradera en la memoria de la persona las emociones negativas asociadas a las situaciones a las que se ha de enfrentar. De ahí las dificultades ulteriores de previsión y la tentación de ahorrarse sentir ese padecimiento mediante la evitación. ¡Atención pues a estos períodos de encierro en uno mismo posteriores a los enfrentamientos! No tienen ningún efecto reparador, sino todo lo contrario. La psicoterapia es también muy eficaz para este mecanismo insidiosamente tóxico.[221]

## El papel de la cólera, especialmente reprimida a fuerza de sumisión

Sentir los miedos sociales implica un gran número de renuncias: no atreverse, tener que renunciar, batirse en retirada cuando los interlocutores levantan la voz o incluso la ceja. Esto aumentará la frecuencia de los pensamientos y emociones de tristeza y desvalorización, como ya hemos visto: «Soy un cero a la izquierda, ni siquiera soy capaz de reclamar a la panadera sin que me tiemblen los labios». Pero todas estas renuncias entrañan también un gran número de frustraciones y se ha podido demostrar que muchas personas que padecen miedos sociales importantes, albergan sentimientos de cólera.[222] Los pacientes que padecen miedos sociales intensos guardan rencor a muchas personas: a sus padres, a sus allegados, a las personas que les hacen comentarios o que les miran de manera rara.

Muchas emociones negativas tóxicas tiñen de este modo su vida cotidiana, que ya está bastante limitada por sus miedos. Además, muchas personas reprimen y se "tragan" su cólera, en lugar de expresarla de una forma adaptada, lo cual se ha podido demostrar que es nefasto para el equilibrio general. Como siempre, esto mejora notablemente con la terapia.[223]

## ¿Cómo curar los miedos sociales graves?

Las fobias sociales, más que ninguna otra forma de miedo patológico, conllevan año tras año una modificación profunda de los hábitos de vida, basados en la evitación y el disimulo. Ésta es la razón por la que los terapeutas aspiran a dos objetivos sucesivos: primero, acabar con el acoso agobiante de la enfermedad mediante explicaciones, medicación y las primeras desobediencias a los miedos sociales. Esto, en general lleva unos meses. A continuación, volver a colocar en su sitio reflejos sociales y hábitos de vida nuevos. Este trabajo puede llevar años, pero no es necesario que el terapeuta esté siempre tan presente como en la primera fase: lo esencial es que el paciente perciba que ha vuelto a encontrar el camino.

## Los medicamentos

Como siempre sucede con las fobias, los tranquilizantes aportan una ayuda puntual y transitoria al adormecer los miedos. Pero, también como siempre, son insuficientes. Como siempre, son más bien los antidepresivos, que actúan sobre la serotonina, los que permiten regular mejor el miedo y ayudan a la persona a modificar paulatinamente sus automatismos psicológicos y de conducta. En Francia existen dos medicamentos de eficacia reconocida para la fobia social: la paroxetina (Deroxat) y la venlafaxina (Effexor).

## Las psicoterapias

Las terapias conductistas y cognitivas han probado su eficacia a través de numerosos estudios científicos y protocolos de investigación, pero también sobre el terreno y en condiciones varias.[224] Gracias a ellas, en la actualidad podemos abordar con confianza el tratamiento de los miedos sociales graves. Las terapias conductistas y cognitivas para la fobia social se fundan en los mismos principios que para las otras fobias, puesto que se recomienda tratarlas en grupo siempre que sea posible; además de que eso ofrece la oportunidad de conocer a otras personas que tienen los mismos sufrimientos (muchos de estos pacientes se creen únicos y se sienten desesperadamente solos en su problema), el grupo permite realizar ejercicios de exposición muy particulares.[225]

## Ejercicios de exposición para luchar contra los miedos sociales

Al principio de este capítulo he explicado algunos de los ejercicios más comunes en nuestras terapias de grupo. Hay otros que proponemos en función de las dificultades con las que se encuentran los participantes. La idea básica es simple: «Si hay algo que te da miedo en la vida, entonces mejor entrenarse para afrontarlo aquí». Éstos son algunos de los principales ejercicios de exposición que empleamos:

–Ser observado en silencio por todo el grupo, durante quince minutos, procurando mirar a todo el mundo a los ojos. Este ejercicio es muy difícil y muy útil. Enfrenta a los pacientes a lo que más temen: ser el centro de atención, sin la menor posibilidad de protegerse hablando o haciendo alguna cosa.

–Tomar la palabra en un grupo, para improvisar sobre un tema al azar (el último fin de semana, un recuerdo de la infancia, una película) sin abreviar como hacen habitualmente por temor a aburrir o a desatar una reacción de emotividad.

–Aguantar comentarios sobre su malestar («Te has puesto rojo», «No pareces sentirte cómodo»), primero sin responder, luego contestando sin agresividad («¿Y tú te has mirado?») ni sumisión («Es cierto, tengo muchos problemas, soy un gran enfermo»). La finalidad es en primer lugar aprender a soportar emocionalmente este tipo de comentarios, que en realidad no son muy frecuentes en la vida de un adulto, antes de dar una respuesta, que de lo contrario estaría demasiado marcada por las emociones patológicas del miedo o de la cólera.

–Hablar de uno mismo: quién eres, lo que te gusta, lo que no te gusta. Primero, sin tratar de eludir las respuestas a las preguntas concretas del grupo, luego de manera espontánea.

Estamos acostumbrados a ver que los fóbicos sociales se las arreglan para no hablar nunca de ellos, pues se avergüenzan de lo que son o de lo que hacen.

–Enfrentarse a un rechazo una, diez, veinte veces hasta que notan que eso ya no les desencadena malestar emocional: se han de desensibilizar a la *alergia del no*. Muchas personas no soportan pedir algo por temor a la negativa, que les provoca un sentimiento de fracaso y de humillación. Utilizamos juegos de rol donde la persona ha de pedir alguna cosa a todos los miembros del grupo, abordándoles uno tras otro y escuchar cada vez una negativa. Con frecuencia es más duro de lo que podemos imaginar, pues la ecuación "negativa = rechazo" está profundamente arraigada en todo ser humano, y no sólo en los que padecen miedos sociales.

–Para las personas que temen temblar, les proponemos comer guisantes o maíz con un tenedor o espaguetis a la boloñesa delante de un grupo que le observa en silencio. O beber un vaso de vino lleno hasta rebosar, o pasar líquidos de una botella a otra. Lo que pretendemos no es que no tiemblen: todo lo contrario, les pedimos a nuestros pacientes que no intenten evitar el temblor, verificamos que no se bloqueen el brazo contra el cuerpo o que no pongan rígidos los músculos, aunque sea sin darse cuenta (¡hace tantos años que se protegen de esta forma!). La meta es no tener ni miedo ni vergüenza de temblar delante de los demás. Que gasten y agoten la reacción emocional del miedo y de la vergüenza asociada al temblor. Lo que secundariamente supondrá la clara disminución y con frecuencia la desaparición total de los temblores.

–Tocar la guitarra, bailar, cantar delante de otras personas. Esto no es para que demuestren que lo "hacen bien", sino para concederse el derecho de hacerlo aunque sea mal. Esto proporciona bastantes momentos emotivos, pues los pacientes no han actuado nunca de este modo en público. Además, no dudo –¡como terapeuta comprometido!– en darles el ejemplo de alguien poco dotado, pero que no teme demostrarlo realizando yo mismo algunos pasos de baile delante de ellos o cantando de forma desafinada. En ambos casos, ¡no estoy fingiendo!

## *Ejercicios que también ayudan a los terapeutas*

Muchas veces prolongamos nuestros servicios saliendo del hospital para probar en directo los reflejos que hemos trabajado en grupo y vamos a grandes almacenes o galerías comerciales, al metro o a la calle. Estas exposiciones son muy eficaces, pero emocionalmente muy inquietantes para nuestros pacientes, para quienes suponen verdaderos esfuerzos. Por lo general, mis alumnos de psicología, cuyos miedos sociales suelen ser menores que los de los pacientes que tratamos, me han confesado que con estos ejercicios también han aprendido cosas sobre ellos mismos. Recuerdo a una alumna que vino a ayudarme a una de nuestras sesiones de terapia y a la que le pedí que se presentara delante de un grupo formado por ocho pacientes y otros tantos alumnos o compañeros terapeutas.

¡Se ruborizó mucho! Se dio cuenta, pero reaccionó con normalidad, sonriendo, llevándose las manos a las mejillas y diciendo: «Lo ven, para mí esta situación tampoco es fácil, noto que me he ruborizado». Después volvió a su silla, un poco incómoda, pero no avergonzada, ya que siguió participando con una sonrisa e hizo muchas preguntas. Encantado con la oportunidad que me había brindado, al final de la sesión volví a preguntarle delante de los pacientes, para enfatizar sobre lo que había sentido cuando se sonrojó: «Me he sentido muy avergonzada e incómoda, he pensado que sonrojarme no es un buen comienzo para una terapeuta. Pero después he pensado que no iba a centrarme en eso y que iba a pasar a otra cosa». Mis pacientes ereutofóbicos la escuchaban atentamente y estoy seguro de que les hizo mucho bien sonrojándose de aquel modo y sobre todo ¡aceptándolo! Los pacientes necesitan descubrir que los terapeutas no pertenecen a una raza superior. Ni los terapeutas, ni nadie. Todos los terapeutas de mi grupo, incluido yo mismo, cuentan las historias personales de sus miedos sociales a los pacientes. Practican los mismos ejercicios o incluso otros peores. Si quiero que mis pacientes aprendan a soportar el sentimiento del ridículo, yo mismo también he de ser capaz de exponerme al mismo. Es una cuestión de ética: no pedir nunca a un paciente que haga algo que yo no sea capaz de hacer. Así es como a veces me he encontrado andando por el barrio del hospital Sainte-Anne con los pantalones arremangados, con la camisa por fuera, con la bragueta abierta, con el rostro cubierto de gotas de sudor o con un sombrero ridículo que no era de temporada, seguido por un paciente encargado de observar las reacciones de la gente (a la que, en general, no parecía importarle nada mi aspecto) antes de entregarse él mismo al ejercicio.

Todo este trabajo evidentemente necesita un fuerte aliado terapéutico: nuestros pacientes han de sentir que les apreciamos y comprendemos, y ellos han de sentir lo mismo por nosotros. De lo contrario, no nos seguirían en lo que a ellos al principio les parece una aventura imposible, mientras que para nosotros es una terapia científicamente fuerte, codificada y válida. La intensidad de las sesiones, a veces agotadoras emocionalmente, tiene una ventaja adicional, que me resumió un día una paciente: «¡Bueno! ¡Lo que ustedes nos hacen hacer aquí es tan duro que fuera todo nos parece más fácil!

## *El trabajo sobre los pensamientos y la aceptación de uno mismo*

Este trabajo conductista lo completamos con sesiones de terapia cognitiva destinadas a ayudar al paciente a modificar su sistema de pensamiento.[226] En efecto, los miedos sociales se asocian a muchos errores reflejos en las evaluaciones sobre uno mismo o sobre los demás:[227,228] lectura de pensamiento (adivinar lo que van a pensar los demás), juicio emocional (confundir las emociones con la realidad: «Si me *siento* ridículo es porque *soy* ridículo»), ser catastrofista (hacer una montaña de un grano de arena), etc. Este trabajo lo realizamos mediante diálogos con nuestros pacientes, en el transcurso de los cuales reflexionamos sobre situaciones concretas, con la ayuda de tablas como la que presento un poco más adelante. Como siempre, este enfoque centrado en la forma de pensamiento se ha de adaptar a los ejercicios de enfrentamiento en directo.

Todo este trabajo sobre los pensamientos supone también una oportunidad para abordar el concepto básico de la *autoaceptación*. El error que suelen cometer los pacientes es querer resolver su problema de miedo mediante un control exhaustivo: para combatir mi miedo escénico, aprendo al dedillo mi charla; para combatir mi temblor, me bloqueo el brazo contra el cuerpo y contraigo los músculos; para vencer mi emotividad, finjo encontrarme cómodo o me aíslo, etc. Es una lucha sin fin; si arreglo mis problemas con un control exagerado, sigo convencido de que mi emotividad puede resurgir en cualquier momento y siempre he de seguir controlando, fingiendo, reprimiendo. Es un papel que no sirve de nada y que es muy absorbente para las personas que padecen miedos sociales. La única solución duradera consistirá en aceptar esa parte de emotividad que hay en ellas y conseguir que también la acepten los demás. El objeto de muchas sesiones es sopesar las ventajas y desventajas de esta sinceridad, que con los juegos de rol buscamos expresar de la mejor forma posible según los interlocutores.

*Resultado de la terapia cognitiva en el proceso de pensamiento*
*de un paciente con fobia social*

| Situación que provoca angustia | Pensamiento automático | Pensamiento alternativo |
|---|---|---|
| Comprar una barra de pan en la panadería. | Es imprescindible que hable de la lluvia y del buen tiempo con aire relajado. Debo tener un aspecto extraño al no decir nunca nada. | Tengo derecho a no decir nada. Pero en realidad, basta con que diga una frase o dos sobre la banalidad del tiempo; es un ritual social, nada más. |
| Reunión de trabajo. | Nunca llego a tomar la palabra, tengo demasiado miedo a decir una tontería o a no saber expresarme correctamente. | No soy el único al que se le da mal hablar en público. Pero intentaré poco a poco dar mi opinión. Al fin y al cabo todo el mundo dice tonterías o se equivoca. |
| Comprar ropa. | Me pruebo muchos pantalones y hago perder el tiempo al vendedor; tengo que comprar algo, aunque no me guste nada. | El vendedor está para eso. Si se lo explico amablemente, lo comprenderá. Hay muchas personas que se prueban cosas y no compran nada. Sin duda, hay clientes más pesados que yo. |

## La terapia de Maxime

Ya les he contado anteriormente en este capítulo la historia de Maxime, que se volvió alcohólico por su fobia social.

Maxime ya había seguido un tratamiento antidepresivo con serotoninérgicos, pero como durante ese tiempo no recibió los consejos de un psicoterapeuta, no obtuvo ningún beneficio duradero. No se había tomado la medicación con regularidad, estaba poco motivado y molesto por los efectos secundarios. Esta vez nos tomamos la molestia de explicarle su enfermedad, lo que podía y lo que no podía esperar del tratamiento, lo cual era muy necesario en su caso, dada la intensidad de su fobia social y los esfuerzos personales que íbamos a solicitar por su parte.

Empezó por una terapia conductista individual con una psicóloga del departamento que le ayudó a confeccionar una lista de objetivos, la cual le proporcionaría una serie de ocasiones para reflexionar en la práctica sobre sus dificultades y la forma en que las vivía. Esta lista es la que aparece en la siguiente tabla. Los miedos de Maxime radicaban básicamente en los puntos siguientes, sobre todo relacionados con el miedo a temblar: no atreverse a mirar a la gente a los ojos, no atreverse a relacionarse con los demás, no atreverse a realizar una actividad que pudiera provocar temblores.

La terapeuta le pidió a Maxime que en primer lugar se atreviera a enfrentarse a estas situaciones poco a poco, y le animó a que lo hiciera sin intentar evitar el temblor. Al final de la terapia, el temblor se convirtió en el objetivo principal: se trataba de provocarlo voluntariamente para ver que no suscitaba burlas o agresiones verbales. Maxime tenía que responder en voz alta a los comentarios que le hacía su terapeuta respecto a su emotividad y su temblor en los lugares públicos.

El objetivo que se pretendía era doble. Por una parte, Maxime dejaba de evitar las situaciones, para darse cuenta de que no pasaba nada grave y que la mayoría de las personas ni tan siquiera se percataban de su temblor. Pues aunque Maxime podía aceptar pensar en ello tranquilamente en la consulta de la terapeuta (cogniciones "emocionalmente frías"), ideas como «todo el mundo me mira y resulto patético» volvían enseguida cuando se encontraba de nuevo en la situación social (cogniciones "emocionalmente calientes"). El enfrentamiento en la situación de activación emocional era el único medio de desarticular las cogniciones calientes, lo cual no se podía hacer sólo conversando.

El otro objetivo era que Maxime aprendiera a no tener pánico al notar cómo afloraban sus emociones de miedo y de vergüenza en las situaciones sociales: a fuerza de evitarlas, cada vez era más incapaz de afrontarlas. Esto es lo que su terapeuta le presentaba bajo el término de habituación: «En lugar de huir a toda costa, te has de habituar a tus emociones; si no retrocedes ante ellas, serán ellas las que lo hagan». Y eso fue lo que sucedió.

A los seis meses de terapia, Maxime había mejorado considerablemente y empezaba a ver de nuevo su existencia con esperanza.

Completó su progreso con dieciséis sesiones de terapia de grupo, durante las cuales pudo hacer muchos ejercicios en compañía de otros siete pacientes que también padecían fobia social: hablar en público, aguantar las observaciones sobre sus temblores y responder con calma, sin justificarse, hablar de sí mismo y de su emotividad sin vergüenza, comer y beber lentamente bajo la atenta mirada silenciosa de las doce personas del grupo.

Tras un año de tratamiento, Maxime se había curado. Nos explicó que se le hizo la luz en el momento en que, gracias a la precisión de nuestras preguntas, comprendió que conocíamos su enfermedad y que no era el único que la padecía. Maxime volvió a encontrar trabajo, tuvo otro hijo y otra recaída a los cinco años, que requirió unos meses de "revisión psicoterapéutica". Actualmente está bien.

| Situación | Nivel de miedo predicho por Maxime ante la terapia sobre 100 |
|---|---|
| Estar sentado en la terraza de un café viendo pasar a la gente. | 30/100 |
| Preguntar la hora o cómo llegar a algún sitio a otros transeúntes. | 40/100 |
| Volver a entrar en una tienda y pedir información al vendedor. | 40/100 |
| Sentarse en los asientos del metro donde estás expuesto a las miradas directas de otras personas. | 50/100 |
| Beber en público. | 70/100 |
| Comer en público. | 70/100 |
| Aguantar los comentarios sobre sus temblores por parte de su terapeuta, primero en las sesiones y luego en la calle. | 80/100 |
| Temblar voluntariamente en un lugar público lleno de gente. | 100/100 |

## «Estoy harto de mi malvivir...»

El miedo a los demás destruye.

Uno de mis pacientes con fobia social me dijo un día que ya estaba harto no de sobrevivir, sino de malvivir, de tener miedo a todo y de fracasar en todo. Ya no podía seguir huyendo de situaciones sociales que deseaba poder disfrutar.

¿Cómo evitar a tus semejantes si los necesitas? El drama de los miedos sociales reside por completo en esta pregunta. Los miedos y las fobias específicas, de las que acabamos de hablar en el capítulo anterior, o incluso el trastorno del pánico y de la agorafobia, que vamos a descubrir muy pronto, permiten momentos de bienestar cuando no hay enfrentamiento.

Pero estos momentos de bienestar son mucho menos frecuentes en los miedos sociales: un encuentro, una mirada, una palabra pueden resultar una agonía. La ausencia de estos momentos, la obligación de evitarlos, de huir de los mismos acabará frustrándonos y conduciéndonos rápidamente al empobrecimiento de nuestra existencia. Tal como decía uno de nuestros pacientes: «Cuando estoy con los demás, tengo miedo, y cuando estoy solo, me deprimo».

Entre todos nuestros miedos, las fobias sociales son potencialmente las más devastadoras, pues privan a las personas que las padecen de las relaciones sociales indispensables para todo ser humano. Pero si conseguimos superar estos miedos, lo cual hoy en día es posible, esta hipersensibilidad, esta debilidad se convierte en fuerza y no quedan más que aspectos positivos: la vulnerabilidad se transforma en intuición y empatía.

Festejamos ese momento con nuestros pacientes, al final de la terapia de grupo, realizando ya desde hace algunos años un pequeño ritual: invitamos a nuestros pacientes a tomar una copa (¡sin alcohol!) y un aperitivo. Esto es un acto bastante habitual en la vida cotidiana, pero muy raro en la psicoterapia. Sin embargo, nosotros hacemos muchas celebraciones de este tipo, ya que es una forma de demostrar que para nosotros no hay una diferencia fundamental entre los pacientes y los terapeutas, que nuestra relación es una colaboración, sin superioridad de ninguna de las partes, en nombre de la legitimidad del saber o del sufrimiento. Además, una de mis mejores alumnas terapeutas, psicóloga, había sido fóbica social.

# 9. EL MIEDO A LA INDISPOSICIÓN: CRISIS DE ANGUSTIA, CRISIS DE PÁNICO Y AGORAFOBIA

*He aquí los más violentos de los miedos, los que dan la sensación de perder el control del cuerpo o de la mente.*

*Existe una forma menos grave: la espasmofilia, pequeños vértigos existenciales cotidianos, donde uno se siente como absorbido, física y psíquicamente hacia alguna cosa extraña.*

*Pero a veces el miedo es exagerado. La impresión de muerte inminente o de volverse loco en un instante es lo que llamamos ataque de pánico y puede terminar en agorafobia.*

*Verán cómo ejercicios tan poco metafísicos como respirar a través de una pajita, hacer pompas de jabón o jugar a ser un derviche danzante giratorio pueden suponer un primer paso para el control de estos miedos, que, no obstante, son los más metafísicos.*

«Allí estaba yo clavado, impotente, estremecido, consciente por primera vez de que no me aquejaban simples angustias, sino una enfermedad grave...»

WILLIAM STYRON, *Esa visible oscuridad*

La voz del otro lado de la puerta llega a ensordecerme.

–Doctor, ¿está usted ahí?

–Sí, no se preocupe, ¡no me muevo de aquí! No me marcharé sin avisarla, hemos quedado en eso. Nunca le haría una cosa así.

–¿Está seguro de que no corro ningún riesgo?

–¡Por supuesto! Acabamos de hablar de eso hace un momento, ¿verdad?

–Sí, es cierto, pero estoy tan tensa que siempre termino dudando.

–Es normal. Ya verá cómo las próximas veces no será igual.

–¿No corro el riesgo de asfixiarme?

–¡Acabamos de hablar de ello!

–¿Ni de que me entre pánico?

–¡Tampoco!

–(*Pequeña risa nerviosa.*) Ya veo que no me tranquiliza mucho. ¡Voy a tenérmelas que arreglar yo sola! De cualquier modo es cierto que de momento es soportable. Tengo la impresión de que me estoy calmando un poco más deprisa que las otras veces...

–¡Estupendo!

Estamos en los servicios del departamento del hospital donde trabajo. Odile lleva un cuarto de hora encerrada. Por primera vez después de muchos años, ha cerrado una puerta con llave estando ella dentro. Hace más de veinte años que Odile sufre ataques de pánico, que se han convertido en agorafobia y claustrofobia; que no puede conducir sola, ni ponerse al volante de su automóvil; que no puede ir en metro o en los trenes de cercanías, por no mencionar el TGV (tren de gran velocidad) o el avión. Odile ha de ir a trabajar en autobús, sólo en autobús. Se encuentra mal cuando el autobús está abarrotado y mucho peor cuando hay un atasco de tráfico. Pero, al menos en autobús, puede bajar más fácilmente si se marea, mientras que un vagón de metro parado entre dos estaciones... Odile no puede subir en ascensor, estar encerrada en una habitación sin ventanas, ni correr el pestillo de la puerta del retrete. También se encuentra muy incómoda en todos los lugares que ella percibe como "cerrados": colas, asientos en la mitad de la fila en el cine, cenas de etiqueta, etc. Si intenta enfrentarse a estas situaciones, el castigo es inmediato: ataque de pánico. Siente que se ahoga y que ha de huir, pues de no hacerlo cree que probablemente moriría en dos o tres minutos.

Quince minutos más tarde Odile sigue encerrada en el retrete.

–Odile, ¿me oye?

–Sí, sí.

–¿Cómo le va?

–Estoy bien, ya me he acostumbrado. No pensaba que sería tan rápido.

–Perfecto, ¿pasamos a la siguiente etapa?

–¿Apagar la luz?

–Sí.

–Pero...en la oscuridad... ¿no corro el riesgo de que me entre un ataque de pánico?

–Eso es lo que queremos comprobar. Hemos visto juntos que no había ninguna razón especial, ¿verdad?

–Sí, sí.

–¿Va a apagarla?

–Vale. Ya está.

–Perfecto. ¿Respira con tranquilidad?

–Sí.

–¿Cómo le va?

–No muy mal... Tengo la impresión de que va a funcionar... No, de hecho, ya funciona. Estoy soportando bastante bien estar encerrada en la oscuridad. Pensaba que nunca lo conseguiría.

Los ataques de pánico de Odile habían comenzado de manera brutal hacía veinte años, mientras estaba conduciendo y se quedó bloqueada en un atasco de tráfico. Tuvo de pronto la sensación de ahogarse, de que se le estrechaba la garganta y de que iba a morir allí mismo. Cuanto más profundamente intentaba respirar, más se mareaba. Tuvo que abandonar el coche y pedir ayuda a los otros automovilistas, que llamaron a los servicios de urgencias médicas. Una vez en las urgencias del hospital más próximo, le hicieron muchas pruebas que no mostraron nada inquietante. Los médicos le hablaron de "estrés relacionado con un agotamiento". Pero en los siguientes días tuvo más crisis, una de ellas mientras estaba en el aseo de un restaurante al lado de su trabajo, donde iba a comer entre las doce del mediodía y las dos de la tarde. El pestillo de la puerta se había resistido a abrirse durante unos segundos y al momento sintió la misma sensación de ahogo que en el coche, se vio de nuevo muriendo por falta de aire, confinada en aquel pequeño espacio. A fuerza de golpear la puerta y de pedir socorro, había conseguido llamar la atención de los clientes, y el dueño del restaurante pudo desbloquear la puerta sin problemas. Odile salió en un estado lamentable, nerviosa y casi a punto de llorar. Tuvo que regresar a su casa, incapaz de volver a su trabajo. El final del día había sido espantoso: se vigilaba la respiración, con la sensación de que hacía pausas anormales. Llamó a su médico de familia. Éste intentó tranquilizarla por teléfono, después fue a su casa a visitarla, ya que ella no se atrevía a salir: se sentía agotada, extenuada físicamente y tenía miedo de padecer nuevos mareos si salía de su casa. El médico le recetó tranquilizantes y le dio la dirección de un psiquiatra. Pero no le sirvió de nada. El psiquiatra era muy amable, pero tras haberle explicado largo y tendido su infancia y sus sueños, Odile seguía con sus mareos. Los tranquilizantes la calmaban, pero se daba cuenta de que empezaba a tener dependencia y que a pesar de todo los miedos seguían presentes. Sólo estaban anestesiados, ahuyentados, pero lo que no quería de ningún modo era que se despertaran. Entonces, poco a poco había empezado a evitar todas las situaciones que ella había observado que le provocaban aquellas crisis: conducir, estar sola, estar encerrada... y eso duró veinte años.

–Bueno, parece que funciona, Odile, ¿verdad?

–¡Qué extraño! No me lo puedo creer. Ya casi no siento miedo.

–Muy bien. Entonces la espero en mi consulta. ¿Vendrá dentro de un cuarto de hora?

–Bueno, ¿vendrá a buscarme si por casualidad no aparezco en un cuarto de hora?

–Muy bien, no se preocupe.

–¿Me lo promete?

–¿Es que alguna vez no he cumplido una promesa?

–No, no, perdone.

–Entonces hasta ahora.¡Valor!

Cuando vino al cabo de un cuarto de hora estaba agotada, pero satisfecha.

–La felicito, ha trabajado muy bien hoy.

–Gracias, doctor, ¡creo que me acordaré de esta sesión durante mucho tiempo!

–¡Será un buen recuerdo! Hasta el martes que viene debe seguir entrenándose. Es necesario que repita este ejercicio todos los días; en su casa y también fuera. Aunque no tenga necesidad de ir al baño, cuando esté en un restaurante, en el bar de su empresa, en un pub tomando una copa, invitada en casa de unos amigos o en el cine, debe ir al baño y echar el pestillo (Odile siempre había evitado utilizar los aseos fuera de su casa). Aunque no tenga ganas de ir al lavabo, irá para hacer el ejercicio, ¿de acuerdo?

–De acuerdo, doctor. Ya lo habíamos hablado, ningún problema. ¿Cuál será el programa para la semana siguiente?

–Será muy interesante y útil para usted; empezaremos con los ejercicios para la sensación de ahogo.

Cuando escribí estas líneas Odile estaba en tratamiento desde hacía tres meses. Sobrevivió a la sesión, también memorable, en la que trabajamos su miedo a la sensación de ahogo: estar treinta segundos sin respirar, ponerse una almohada sobre la cara, respirar a través de una pajita. También consiguió encerrarse en sitios pequeños sin temor. Pudo volver a conducir y a hacer trayectos largos por la autopista. Ahora es capaz de afrontar sin ponerse nerviosa situaciones que anteriormente le provocaban sensación de ahogo, como llevar un jersey de cuello alto o ponerse una mascarilla de arcilla en la cara. Tiene la sensación de estar reconquistando paulatinamente su libertad, de ir otra vez "con la primera puesta", según sus propias palabras. Odile se está curando de su fobia a estar encerrada y ahogarse.

### Como un malestar...

A todos nos puede pasar que notemos un malestar físico. Tener mucho calor y notar la falta de aire en espacios muy concurridos, como unos grandes almacenes en rebajas. Notar que la cabeza nos da vueltas en las interminables colas para pagar, si estamos cansados o estresados. Notar palpitaciones en circunstancias que nos intimidan, como antes de hablar en público. Tener la impresión de que el corazón late de manera extraña, como si tuviéramos algún problema cardíaco y nuestro corazón quisiera pararse.

Todos podemos tener de pronto una idea extraña, una imagen desagradable que nos viene a la mente. Por ejemplo, si estamos conduciendo por la autopista y de pronto pensamos: «¿Qué pasaría si diera un volantazo?». O si estamos a punto de hacer una presentación y nos decimos: «¿Y si me empieza el pánico ahora, me quedo en blanco, comienzo a sudar y me caen grandes gotas de sudor por la cara delante de todo el mundo?». O si vamos a realizar un viaje en avión, que ya no nos hace mucha gracia, y cuando se cierran las puertas pensamos: «¿Y si perdiera los nervios de repente y me lanzara aullando sobre las azafatas para suplicarles que me dejaran bajar?».

Lo más habitual es que este tipo de indisposición no dure demasiado. Respiramos profundamente e intentamos convencernos de que se nos va a pasar. Pensamos en otra cosa y todo va bien. Ha sido una falsa alarma. Nos decimos que hemos de relajarnos, tomarnos unos días de vacaciones, beber menos café, hacer más deporte, eliminar el estrés. Si hacemos todo eso, puede que esas sensaciones no se repitan. Efectivamente se trataba de pequeños signos de agotamiento.

Sin embargo, de vez en cuando, esta indisposición va un poco más lejos. Una mezcla inexplicable de sensaciones físicas desagradables: dificultad para respirar, pulsaciones cardíacas demasiado rápidas o irregulares, picores en las manos o en los labios, visión borrosa, etc. Pensamientos cada vez más inquietantes: «Estoy a punto de perder el control, ¿hasta dónde va a llegar esto? ¿Y si no se para? ¿Y si es algo grave? Con el tiempo que hace que tengo pequeños achaques de éstos...». En Francia los médicos le hablarán con frecuencia de la "espasmofilia" y de un tema delicado: el estrés, la ansiedad. Pero, usted sabe bien o nota que eso no le pasa en la cabeza. Usted se da cuenta de que su cuerpo le está enviando señales preocupantes. Aunque todo puede quedarse en nada. Tendrá "pequeñas" crisis esporádicas de vez en cuando, pero nada más.

A veces, todo eso termina mal; es decir, de manera dolorosa y penosa. Estas sensaciones físicas desagradables empiezan a engendrar pensamientos inquietantes, aparecen palabras en nuestra mente como "infarto", "ruptura de un aneurisma", "muerte", "asfixia", "edema en la garganta", "pérdida del control", "locura", "agonía", "estoy solo", "¡socorro!". Poco a poco el torno va girando en su dirección. Está a punto de tener un ataque de pánico. Usted no es el único: un estudio realizado en un campus universitario mostró que casi un tercio de los alumnos había notado un malestar de este tipo durante el año anterior.[229] De cualquier modo, esta experiencia le marcará profundamente, pues ha tenido la sensación de que se iba a morir o a perder la cabeza. Entonces empieza a temer que este tipo de crisis vuelva a aparecer, de ahí que comience a evitar actividades que podrían provocarlas y sobre todo los lugares donde no quisiera que le sucediese. La claustrofobia y la agorafobia empiezan a instaurarse sin que usted se dé cuenta.

## ¿Miedo a la indisposición o ataque de pánico?

Montaigne, en sus *Ensayos,* en el capítulo dedicado al miedo describe una de las formas en que fueron derrotados los cartagineses en la antigüedad: «Todo era desorden y tumulto, hasta que, mediante oraciones y sacrificios, pudieron apaciguar la ira de los dioses. Ellos los llaman terrores Pánicos». Ésta es una familia de miedos y fobias cuyo conocimiento ha evolucionado mucho en los últimos años, aunque fuera conocida desde hacía bastante tiempo. La era moderna empieza en 1872 en Berlín, con el neurólogo alemán Westphal, cuyos pacientes debían atravesar una enorme plaza pública para consultarle, la Döhnhofsplatz; para algunos suponía grandes esfuerzos. Westphal denominó a este trastorno "agorafobia". Durante mucho tiempo se ha definido la agorafobia como el miedo a los espacios abiertos o abarrotados de gente, por referencia a la ágora –plaza pública– de la antigua Grecia. Después se ha observado que lo que padecen las personas agorafóbicas es precisamente el miedo a sentirse mal en cualquier sitio, aunque este temor se agrave en ciertos lugares públicos. Este miedo a una indisposición física puede ser muy intenso y terminar en verdaderos ataques de pánico; parece pues que los temores son más por tener ataques de pánico que por el hecho de encontrarse en un sitio u otro, que al final es poco específico.

En el campo de los miedos fóbicos, hablamos del "trastorno del pánico con agorafobia". Para entenderlo bien, tendríamos que imaginar unas muñecas rusas, donde estarían comprendidas las tres manifestaciones que vamos a describir: el ataque de pánico, el trastorno del pánico y la agorafobia.

*Componentes del trastorno del pánico con agorafobia*

| Manifestación | Descripción |
| --- | --- |
| Ataque de pánico. | Crisis de angustia aguda, muy brutal e intensa, con muchos signos físicos, que entraña la convicción de que vas a morir o a perder la cabeza. |
| Trastorno del pánico. | Repetición de los ataques de pánico, imprevisibles al principio y traumáticos y con miedo obsesivo a las recidivas. |
| Agorafobia. | Restricciones en las salidas, desplazamientos, actividades, para no desatar nuevos ataques de pánico. |

## El ataque de pánico

Mes de marzo, durante mis clases de gimnasia. De pronto la cabeza me da vueltas. Mis miembros no responden a los ejercicios, ya no me queda energía. Al final de la clase, vestirme, hablar, marcharme, todo esto me requiere un esfuerzo sobrehumano. Pienso que me ha bajado la tensión y pido unos caramelos. Después me voy.

Al dirigirme hacia mi coche, el suelo se hunde a cada paso que doy. Apenas me tengo en pie. Pero tengo que llegar a la escuela para recoger a mi hijo Jules para comer.

Casi no puedo cambiar las marchas porque noto los brazos y las piernas muy pesados. Tengo la impresión de estar conduciendo un camión. Me siento sola y cada vez peor: zumbidos en la cabeza, sensación de no poder respirar, una debilidad cada vez más intensa, la vida y la sangre parecen alejarse de mi cuerpo. Tiemblo y tengo frío y calor a la vez. Sólo tengo una idea: llegar cerca de la escuela.

Tengo que concentrarme mucho en la carretera porque apenas la veo, conduzco muy despacio por la derecha, preparada para detenerme en cualquier momento. Mi cuerpo es como una sucesión de olas cada vez más violentas. Lucho con las pocas fuerzas que me quedan. Si me pongo mal aquí, ¿quién vendrá a socorrerme?

Tengo mucho miedo, pues no entiendo lo que me pasa; nunca me había pasado nada tan fuerte y brutal. Tengo que pararme, no puedo conducir. He visto a dos agentes por la acera, me parece que están muy lejos. Pero tengo que llegar hasta ellos. Me pongo delante y paro el coche. Respiro con dificultad, pero no me muevo. Son las once y media, Jules sale dentro de un cuarto de hora. No tengo mucho tiempo para recuperarme.

Sorprendido, uno de los agentes me abre la puerta y me dice que mueva el coche, porque dificulto la circulación. Es cierto, oigo las bocinas, pero apenas me molestan en este tor-bellino de sensaciones horribles para las que no encuentro ninguna explicación. Ya no me puedo mover.

Le pido a uno de los policías que vaya a buscar a Jules, que está muy cerca, mientras el otro se queda a mi lado. Noto que está desconcertado, no sabe qué hacer.

Es mediodía. ¿Dónde está Jules? De pronto me recorren unos picores desde la cabeza a los pies, cada vez más violen-tos. Siento que mi cuerpo se queda tieso. Instintivamente pongo las manos sobre el volante. Tengo que hablar, porque noto que dentro de un momento ya no podré hacerlo. Siento como si me estuvieran oprimiendo el pecho en un torno. La boca se me queda rígida, puedo llegar a decir: «Estoy cada vez peor» y «¿Jules?». Pienso en él constantemente. ¿Dónde está? ¿Qué hace?

Este dolor en el pecho que no deja de aumentar se vuelve insoportable. Mi cuerpo está muy tenso, muy duro. Estoy sola y tengo mucho miedo. Es horrible, ya no puedo hablar, quisiera pedir ayuda, pero no puedo hablar. ¿Es un ataque al corazón este dolor en el pecho? ¿Voy a morir aquí mismo, en mi coche, sola?

Este relato, redactado a petición mía por Sophie, una de mis pacientes, describe con detalle la llegada de una crisis de pánico.

A raíz de esta primera crisis de pánico fue ingresada en el servicio de urgencias del hospital más próximo, del que salió con el diagnóstico de "fatiga nerviosa". Durante muchos me-ses estas crisis se repitieron, la mayoría de las veces fuera de su casa, en grandes almacenes o conduciendo. Poco a poco fue evitando estas situaciones. Entonces su vida se fue vol-viendo cada vez más complicada, ya no podía salir sola, siempre iba acompañada para ir de compras o para hacer cualquier gestión. Ya no soportaba estar en lugares cerrados o lejos de su casa, las salas de cine, los trenes, los aviones le estaban prohibidos. Poco a poco, tuvo que empezar a evitar los lugares "abarrotados de gente o donde hacía mucho calor", como los grandes almacenes y los lugares públicos. Cuando se decidió a consultar, hacía cinco años que padecía estos trastornos. Utilizamos su escrito, realizado para un método concreto de tratamiento, pero ya hablaré de eso más adelante.

Ahora volvamos al ataque de pánico.

Se trata de una crisis de angustia intensa, de aparición brutal, en la que la intensidad máxima se alcanza rápidamente en pocos minutos. Conlleva muchos síntomas físicos, como palpitaciones y taquicardia, sensación de opresión o de ahogo, escalofríos y sofocos, vértigos y sensación de inestabilidad, etc. A veces se acompaña de una sensación de falta de realidad o de despersonalización, la persona tiene la impresión de que lo que le sucede es irreal, o de que está siendo testigo de lo que está pasando como si hubiera salido de su cuerpo y viera cómo va empeorando. Durante el ataque de pánico, la persona siente que corre el riesgo de morir a causa de los síntomas físicos o de volverse loca o perder el control (hacer el ridículo en público, tirarse por una ventana, provocar un accidente de coche, etc.) a causa de los síntomas psicológicos.

Existen muchos tipos de ataques de pánico en función de los contextos de su aparición:

–Inesperados; es decir, no asociados a una situación concreta. Éste es el caso, por ejemplo, de los ataques nocturnos, que despiertan a la persona que está a punto de quedarse dormida, o los que aparecen cuando se encuentra en un lugar seguro, como el propio domicilio.

–Facilitados; es decir, que se pueden desencadenar en ciertas situaciones, pero no siempre. Por ejemplo, conduciendo o yendo de compras.

–Condicionados, que aparecen casi sistemáticamente en ciertas situaciones. Colas en lugares calurosos, ruidosos y con mucho movimiento, o bien en lugares cerrados de los que no se puede salir en caso de encontrarse mal (avión, TGV, cenas de etiqueta, etc.).

Paradójicamente, también pueden existir ataques de pánico inducidos por la calma, el silencio, la meditación, la relajación o tentativas de relajación rápidamente frustradas. Veremos que esto es bastante lógico, pues, de hecho, los pacientes que sufren de pánico se centran mucho en sus sensaciones corporales y es normal que empiecen a inquietarse cuando tratan de relajarse: «¿Es normal este latido del corazón? ¿No me cuesta más respirar?». Uno de los principios de la relajación es concentrarse en las sensaciones corporales, por lo que estos pacientes se sentirán angustiados con este tipo de ejercicios hasta que no aprendan a regular su pánico.

Los ataques de pánico aislados parecen relativamente frecuentes. Ateniéndonos a los criterios de diagnóstico más estrictos, se considera que aproximadamente entre un 8 y un 15% de personas tendrá un tipo de experiencia penosa semejante al menos una vez en su vida.[230] Veremos que algunas de ellas no volverán, a éstas se les dan distintos apelativos, espasmofilia, en Francia, ataque de nervios en España y Latinoamérica. También se pueden encontrar en la mayoría de las patologías psiquiátricas, como las depresiones y otras fobias. Pero también pueden evolucionar por cuenta propia hacia el trastorno del pánico.

En *El pórtico*[231] el escritor Philippe Delerm describe el retrato de Sébastien, profesor de letras de cuarenta y cinco años, aquejado de algo que se parece mucho a los ataques de pánico:

Es una sensación que puede volver en cualquier momento. Te crees fuerte y sereno de cuerpo y mente, y luego, ¡ya ves!

Un vértigo, un mareo sordo y enseguida piensas que esto no se va a pasar como si nada. Todo se vuelve complicado. Hacer la cola de la panadería, esperar el turno en la oficina de correos, intercambiar unas frases en la acera. Momentos normales, sin riesgo aparente, pero que se convierten en montañas. Sientes que dudas, crees que te mueres, es absurdo...

Al levantar la cabeza se sintió vacilar, la sala no era más que un pasillo deslumbrante, un alumno le hacía preguntas, pero no podía oír sus palabras. Intentaba respirar, volver a tomar la palabra y se lanzó a la lectura en voz alta del relato de Giono *El hombre que plantaba árboles*. Pero no había nada que hacer. Al cabo de unas frases, se puso a jadear y los alumnos empezaron a mirarse extrañados. La pierna izquierda de Sébastien temblaba. Pensó en un momento en las seis horas de curso que tenía por delante y, pálido, terminó por excusarse:

–Creo, creo... que tengo que dejarles. No me encuentro muy bien...

Hablar delante de personas que no estaban muy interesadas era justamente el tipo de situación que enseguida le provocaba malestar. A duras penas rellenó su cheque; su firma no era más que un garabato sin forma...

De un modo u otro, los mareos que padecía si no eran provocados, sí parecían amplificados por la angustia, una crispación que traducía su deseo terrible de seguir con vida...

Iba mejor. Los mareos todavía aparecían en las colas, pero nunca durante las clases...

## Trastorno del pánico

Cuando los ataques de pánico se repiten, adoptan la forma de una afección especialmente incapacitadora: el trastorno del pánico. Debido al doloroso carácter de los ataques de pánico, las personas que los padecen ante todo temen que se repitan y también sus consecuencias: muerte o locura. Muchas de ellas están convencidas de que padecen algún tipo de enfermedad orgánica que los médicos no pueden detectar, hacen muchas consultas a los especialistas y se someten a un montón de exámenes médicos.[232] Otras modifican considerablemente su modo de vida, renunciando a ciertas actividades (salidas, desplazamientos, profesiones, etc.) que podrían exponerles a crisis de pánico.

En el trastorno del pánico, la frecuencia y la intensidad de los ataques pueden variar considerablemente de una persona a otra, así como, de una etapa a otra, existen todo tipo de estados intermedios entre los ataques cotidianos y los intensos, que suelen suceder al principio del trastorno, y los ataques episódicos e incompletos, en los que el paciente siente sólo los pródromos de las crisis, que con frecuencia impiden que ésta se desarrolle emprendiendo la huida. Estas diferencias suelen explicarse por la distribución de la vida cotidiana: en los pacientes que evitan muchas situaciones, los ataques parecen menos numerosos, pero al precio de múltiples renuncias o de la ingestión permanente de tranquilizantes. Éstos últimos hacen que las crisis sean menos intensas, pero conllevan una cierta dependencia; por lo demás, los pacientes siguen viviendo con el temor al retorno del miedo, sintiendo que éste sólo está "dormido" por el tratamiento.

En la actualidad se considera que el mecanismo central del trastorno del pánico está representado por la lectura catastrofista de las sensaciones corporales: la persona percibe ciertas situaciones fisiológicas que parecen banales a los demás (palpitación cardíaca aislada, ligera sensación de vértigo, dificultad para respirar o necesidad de respirar a fondo) como signos incontrolables de un ataque de pánico y preludio de una catástrofe venidera. Esta interpretación de las sensaciones corporales fugaces y benignas angustian al sujeto y ello mantiene y agrava las primeras sensaciones (que de otro modo habrían desaparecido), lo que aumenta el malestar; es lo que llamamos la "espiral del pánico". En este sentido, el trastorno del pánico representa una forma de fobia muy interesante, llamada también "interoceptiva"; es decir, centrada en las manifestaciones corporales. Se trata de una verdadera fobia a las propias sensaciones físicas. La frecuencia de esta enfermedad en la población es de un 1 o un 2%.

Hay que recordar que este trastorno es universal. En la psiquiatría japonesa, por ejemplo, encontramos una descripción bastante exacta, como síntoma de una patología denominada *shinkeishitsu*, descrita a principios del siglo XX por el célebre psiquiatra japonés Morita: «Cuanto más nos concentramos en una sensación, más intensa se vuelve y más se centra nuestra atención en ella... También estamos dominados por el pavor, consciente o no, del estado psicológico que ha precedido y seguido al estímulo... En caso de crisis repetidas, el enfermo se vuelve progresivamente víctima del miedo en la vida cotidiana; su atención siempre se centra en él, la fuerza y la frecuencia de las crisis va en aumento[233]...».

Sea lo que sea el trastorno del pánico, una vez instalado no suele retroceder espontáneamente.[234] Sin tratamiento, más del 90% de los pacientes padecen ataques cada día, después de un año de evolución.[235] Peor aún, el 40% de los que tienen una remisión espontánea vuelven a recaer. Entre los que presentan manifestaciones menores (trastornos del pánico "incompletos"), el 15% desarrolla un trastorno del pánico "completo". Es necesario, pues, ser prudente con la tentación de restarle importancia a los síntomas o de pensar que el reposo o las vacaciones servirán para ponerle fin, ya que rara vez sucede eso.

La periodista Pascale Leroy[236], en su relato autobiográfico *Voyage au bout de l'angoisse*, cuenta con humor y precisión el trastorno del pánico que ella padecía:

No cambia nada, salvo que ahora vivo con la certeza de que "esto" puede volver y abatirme en un instante. La primera vez me sorprendió el malestar; a partir de entonces estoy prevenida, lo espero...

Volvió, siempre en la calle, con las mismas sensaciones, las mismas impresiones. Siento que me "voy", como si perdiera el contacto con el mundo. Una fuerza de violencia inusitada se me lleva a otra parte. El nerviosismo me puede, me crispa, me tensa, mi cuerpo se paraliza, tengo frío y calor todo a la vez, sudo y tiemblo, me siento desprovista de toda energía. Mi corazón late a un ritmo alarmante...

Los americanos hablan de ataque de pánico. Tienen razón: se trata de un ataque en toda regla, y estoy sola frente a un adversario rápido y poderoso que no me deja ningún respiro, ninguna posibilidad de salir...

## Agorafobia

Como es bastante lógico, muchas personas que padecen de pánico creen que sus miedos son de tipo agorafóbico. Intervendrán muchos factores que facilitarán o limitarán este tipo de evolución, que, según los estudios, repercutirá a un 20 o a un 60% de las personas que padecen ataques de pánico.[237]

En la actualidad definimos la agorafobia como la fobia de encontrarse en lugares donde la aparición de un ataque de pánico sería problemática: ya sea porque sería difícil huir o sería socialmente inapropiado (como cuando en el cine estás sentado en la mitad de la fila o en una mesa en presencia de numerosos invitados), o porque nadie podría socorrernos si la indisposición fuera aguda (estar en lugares alejados o aislados).

La agorafobia no es sólo el miedo a los grandes espacios descubiertos o a los lugares públicos, como a veces se dice. Los temores de la persona agorafóbica son mucho más insidiosos y numerosos: estar sola en casa, hacer cola, estar en un avión que no despega o en un vagón de metro parado entre dos estaciones.

Algunas personas agorafóbicas, a fuerza de evitaciones, llegan a no tener ataques de pánico y su trastorno del pánico ya no ocupa un primer lugar, pero sólo se trata de una remisión engañosa. El coste de esta mejoría es muy alto: la renuncia a un montón de actividades cotidianas, como ir a comprar, aceptar invitaciones, salir a pasear y, en general, toda forma de actividad espontánea. Si la persona se arriesga a afrontar estas situaciones, los ataques de pánico vuelven a aparecer, y entonces renuncia para siempre a esas experiencias.

De hecho, consideramos que todo trastorno del pánico está asociado a una forma más o menos evidente de agorafobia. Unas veces se manifiesta: la persona evita las situaciones. Otras veces es sutil: las afronta, pero bajo ciertas condiciones. Por ejemplo, sólo conduce con la radio puesta, para tener la mente ocupada y no dejar que su atención se centre en un posible inicio de los síntomas; sólo va de compras cuando no hay gente, para evitar las aglomeraciones; sólo sale acompañada o con un móvil, por si se encuentra mal en la calle.

Una vez ha hecho su aparición, la agorafobia es una manifestación que pronto se vuelve crónica. A menudo vemos a pacientes que viven con este problema desde hace docenas de años. Recuerdo haber recibido un día a una paciente muy simpática, de unos cincuenta años, que vino acompañada por su hija. Hacía treinta años que no salía sola de casa. La agorafobia a veces se asocia –aunque no siempre– a personalidades dependientes, marcadas por el deseo de que alguien se haga cargo de ellas, que las aconsejen en decisiones importantes, que las descarguen de sus responsabilidades, etc. ¿Son estos rasgos de la personalidad anteriores a la agorafobia o son su consecuencia? Todavía no lo sabemos a ciencia cierta.

También hay pacientes con trastorno del pánico que no evolucionan hacia la agorafobia; puede tratarse de aquéllos cuya personalidad es relativamente autónoma y fuerte, o cuyos ataques de pánico no son muy fuertes en su inicio. Estas personas sufren "sólo" de miedos-pánicos, que también alteran su calidad de vida. Son manifestaciones que los psiquiatras denominan "bajo el umbral"; es decir, justo antes de la fobia grave, y que estropean la vida de los pacientes.[238]

Muchos personajes célebres han padecido claramente agorafobia y trastornos del pánico; uno de ellos fue Charles Darwin. El padre de la teoría de la evolución de las especies sufrió desde los veintiocho años crisis de angustia, palpitaciones y vértigos que le condujeron a una existencia muy sedentaria, tras haber recorrido todo el globo, desde América del Sur hasta las Galápagos, para estudiar las condiciones de vida de numerosas especies animales y vegetales. Sin las limitaciones vinculadas a su problema, ¿habría Darwin reescrito su célebre y controvertido tratado *El origen de las especies*?

## Un miedo que incapacita

El problema que entraña el trastorno del pánico es considerable, sobre todo si una agorafobia importante lo complica. Además, con frecuencia lo encontramos en personas que padecen de patologías psíquicas asociadas, como depresión, alcoholismo, tentativas de suicidio, etc.[239] La incapacitación social es todavía mayor: muchas de estas personas no pueden seguir trabajando o tener una vida social en condiciones normales.[240]

Muy a menudo estas personas no son diagnosticadas ni tratadas adecuadamente, y durante años pueden estar tomando calcio y magnesio, porque se les aplican psicoterapias que no son adecuadas para su problema. Las personas que padecen pánico, al igual que muchas otras inquietas por su salud, suelen sentir que los médicos no las comprenden y que en el mejor de los casos las consideran "hipocondríacas ansiosas" y en el peor "cenestópatas pesadas" (etimológicamente, "enfermo por sus sensaciones"). Hemos visto que estos pacientes "consumen" cuidados y exámenes médicos en gran cantidad y de manera inútil.[241] En efecto, el primer reflejo de una persona que acaba de tener un ataque de pánico es consultar a médicos somáticos (del griego *soma* "cuerpo"), es decir que se ocupan principalmente de la dimensión física de las enfermedades.

El curso habitual suele ser el siguiente: tras el primer ataque de pánico, se aterriza en las urgencias del hospital más próximo. Allí, tras un examen, el médico de urgencias habla al paciente de su estado nervioso y le remite al médico de cabecera, que intenta tranquilizarle sin éxito, porque el enfermo no le escucha, pues, «por buen médico que sea, no es un especialista en el tema». Además, mientras no le dé un nombre satisfactorio a sus síntomas, la inquietud continuará. Las crisis siguientes le preocuparán todavía más y empezará la procesión de visitas a los especialistas en función de los síntomas que tenga: cardiólogos para las palpitaciones o los problemas de ritmo; neurólogos para los vértigos; neumólogos u otorrinos para las sensaciones de ahogo; etc. A menos que uno de los médicos consultados no diagnostique el trastorno del pánico, al cual afortunadamente suelen deberse esos síntomas, la persona seguirá durante mucho tiempo padeciendo sus angustias dentro de ese circuito. Recurrir sistemáticamente a los servicios de urgencias es además un factor de mal pronóstico para la evolución de este tipo de trastorno.[242] Es un testimonio de la dificultad de reconocer que los síntomas son de origen psicológico, o al menos, como ya veremos, psicosomáticos. Pues el trastorno del pánico sólo está en la cabeza.

## La dinámica del trastorno del pánico

### La espiral del pánico

Los teóricos cognitivos[243] han propuesto un modelo explicativo muy interesante del trastorno del pánico.

Explican que la persona que padece pánico siente de vez en cuando, al igual que todo el mundo, pequeñas sensaciones físicas que rompen con el funcionamiento silencioso habitual del organismo: modificación del ritmo cardíaco o respiratorio, mareos, etc. Pero, esta persona percibe estos fenómenos como anormales, lo que desencadena una reacción de miedo que esporádicamente amplifica las sensaciones físicas y provoca otras, lo que hace que aumente el miedo. Así es cómo se desarrolla lo que denominamos la "espiral del pánico".

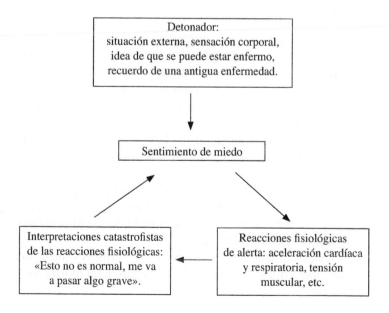

311

Una vez se ha iniciado la espiral del pánico es muy difícil detenerla. En la terapia cognitiva aprendemos a bloquearla al principio, para impedir que se autorrefuerce en cada uno de sus bucles. Poco a poco, los pacientes pueden limitar la amplitud del miedo; no sienten más que los "inicios del pánico", de los cuales pueden controlar la intensidad. Así, puesto a régimen progresivamente, su miedo vuelve a los límites de la normalidad.

## Fobia doble

Lo que hace que el trastorno del pánico con agorafobia, que a partir de ahora denominaremos TPA para abreviar, sea tan incapacitador, es que en realidad es una fobia doble, interna y externa a la vez, una fobia que concierne tanto a las propias sensaciones corporales como a las situaciones externas.

## Fobia a las sensaciones corporales

En el TPA los primeros miedos son los que provienen de la propia persona, más concretamente de su interior. Teme sus sensaciones corporales, al menos las que parecen anunciar un mareo. Como testimonio, transcribo estas frases de mis pacientes:

«Cuando empiezo a sentir los latidos del corazón, ya no me gusta; es una mala señal, es que a mi cuerpo le pasa algo.»

«Una noche me desperté con la impresión de que me estaba asfixiando; fue terrible. Desde entonces vivo con el temor de que me vuelva a suceder. A menudo tengo la sensación de que me falta el aire.»

«Si estoy mucho tiempo de pie, tengo vértigos y me he de sentar, apoyarme en alguna parte –una pared, un mostrador– o arrimarme a otra persona.»

«Hay veces que tengo la impresión de no ser yo mismo, de salir de mi cuerpo y de ver a los demás como si fueran una especie de fantasmas, como un montón de carne con los que es imposible comunicarse. Todo se vuelve muy extraño, ya no sé si existo verdaderamente. Tengo miedo de no poder salir de ese estado, me pregunto si voy a volverme loco.»

Frente a este temor a las sensaciones físicas, las personas que padecen de pánico suelen adoptar malas soluciones. Casi siempre recurren a las evitaciones: para no correr el riesgo de morir asfixiado durante la noche, muchas no duermen acostadas en la cama, sino sentadas en un sillón; o nunca duermen solas, reclamando a alguien en su lecho a cualquier precio. Recuerdo a una joven que a veces, cuando ninguna de sus amigas podía alojarla en su casa, aceptaba pasar la noche con chicos por los que no sentía gran cosa, sólo para escapar de la soledad nocturna. Para no sentir que se les acelera el corazón, otras personas renuncian a practicar deporte, a andar deprisa, a subir saltando las escaleras. Para evitar los vértigos de la posición vertical, muchos sólo hacen sus compras y recados a horas en que no hay nadie y no tienen que hacer colas. Aprender a enfrentarse a estas sensaciones, a no tener miedo, será una etapa fundamental e indispensable del tratamiento del TPA.

A menudo, para evitar pensar en su cuerpo o en sus miedos, estas personas procuran tener siempre la mente ocupada: sólo conducen con la radio puesta; en casa, la tele está siempre encendida; cuando viajan en avión, procuran estar leyendo o hablando con alguien, etc. Ésta es la razón por la que en algunas sesiones propongo a estas personas que no hablen durante un rato y permanecemos en silencio, frente a frente. ¡Esto para muchos pacientes resulta un ejercicio bastante incómodo! ¡Y muy útil!

*Sensaciones físicas presentes en 8.137 pacientes*
*con trastorno del pánico que se visitaron*
*en un servicio de psiquiatría ambulatoria*[244]

| | |
|---|---|
| Palpitaciones, latidos del corazón o aceleración del ritmo cardíaco. | 90% |
| Sensación de respiración cortada o de ahogo. | 81% |
| Sensación de vértigo, inestabilidad, cabeza hueca o desmayo. | 70% |
| Sudor. | 69% |
| Escalofríos o sofocos. | 64% |
| Dolor o molestia en el pecho. | 62% |
| Miedo a morir. | 60% |
| Temblores o sacudidas musculares. | 58% |
| Miedo a perder el control o a volverse loco. | 56% |
| Parestesias (sensaciones de picor o de descarga eléctrica). | 51% |
| Sensación de estrangulamiento. | 51% |
| Náuseas o malestar abdominal. | 40% |
| Pérdida de la realidad o despersonalización. | 33% |

## Fobia a las situaciones

La segunda familia de los miedos, a la que concierne el miedo a las sensaciones físicas, es la de las situaciones temidas. En el TPA son innumerables; siempre son situaciones que podrían facilitar la aparición de una indisposición (estar encerrado en un espacio cerrado si se tiene miedo a asfixiarse) o donde no se puede recibir socorro (un paseo por la alta

*Principales miedos de los pacientes agorafóbicos*[245]

| Tipo de miedo | Porcentaje de pacientes agorafóbicos que presentan este miedo |
|---|---|
| Conducir | 54% |
| Grandes almacenes | 43% |
| Soledad | 37% |
| Aglomeraciones | 34% |
| Alejarse del domicilio | 34% |
| Restaurantes | 34% |
| Ascensores | 29% |
| Sitios cerrados | 23% |
| Puentes, túneles | 20% |
| Transportes públicos | 17% |
| Avión | 14% |
| Espacios abiertos | 6% |

montaña). Los pacientes tienden a evitar estas situaciones o sólo se arriesgan a afrontarlas bajo ciertas condiciones. Éste es el testimonio de Gaëlle, a propósito de sus precauciones y evitaciones múltiples: «No subo en ascensor. Tengo demasiado miedo de sufrir una crisis de pánico si se queda bloqueado. Pero me esfuerzo y a veces subo en los que son de cristal, por ejemplo, así veo el exterior, ya que ¡no tengo miedo a las alturas! También subo en los que están en lugares muy concurridos y en pleno día, pienso que si se estropean alguien se dará cuenta muy pronto. También subo en los que aparentemente están en buen estado. Prefiero que haya una o dos personas, para que puedan socorrerme y dar la alarma si me encuentro mal. Sin embargo, no subo si el ascensor está muy lleno, porque si se estropea faltaría aire enseguida. Antes de coger un transporte público tengo en cuenta las mismas cosas, al igual que para hacer las compras en los centros comerciales, etc. Como puede ver mi vida es muy simple...».

## La ciencia y los ataques de pánico

El TPA ha sido para los psiquiatras la enfermedad estrella de la década de los noventa. Se han realizado muchos trabajos científicos que han permitido descubrir sus arcanos. Uno de los protocolos clásicos de los estudios fue averiguar lo que podía desatar ataques de pánico en los pacientes con TPA, por supuesto voluntarios. Varias sustancias químicas han demostrado ser capaces de inducir pánicos experimentales, lo que ha permitido comprender mejor, entre otras cosas, cuáles eran los neuromediadores implicados.[246] Pero también sabemos que es posible desatar los pánicos únicamente por evocación verbal de los síntomas físicos, sin que tan siquiera sea necesario que se lleguen a sentir.[247] Siempre la fuerza de la imaginación.

### Vigilancia corporal excesiva

Muchos estudios han confirmado la tendencia de las personas que padecen pánico a vigilar inconscientemente sus sensaciones corporales, principalmente cardíacas.[248] Una pequeña proporción desarrolla incluso la capacidad de evaluar con mucha precisión la rapidez de su ritmo cardíaco.[249] Pero esta vigilancia y atención excesiva al funcionamiento de sus órganos es perjudicial para su bienestar. ¿Acaso no definimos la salud como "el silencio de los órganos"? Incluso Jules Renard decía: «La mejor salud es no sentir la salud». Pero las personas que padecen pánico prefieren la frase del célebre doctor Knock, el personaje del charlatán de Jules Romains: «La salud es un estado precario que no presagia nada bueno...».

Además, el parentesco entre la persona con TPA y el hipocondríaco (miedo obsesivo a la enfermedad) es sorprendente, comparten la misma tendencia a "escucharse demasiado" y a imaginar lo peor a partir de detalles sin importancia. Pero el hipocondríaco suele estar convencido de que ya está enfermo, y en general teme los diagnósticos asociados a una muerte lenta (cáncer, sida, leucemia, etc.), mientras que el que padece pánico teme las enfermedades que pueden acarrear muertes súbitas (infartos de miocardio, ruptura de aneurisma cerebral, edema agudo de las vías respiratorias, etc.).

Las personas con trastornos del pánico se encuentran en un perpetuo tira y afloja respecto a la observación de sus sensaciones: no les gusta mucho observarse, pues eso les produce malestar, pero tampoco quieren dejar de prestar atención a los síntomas corporales, pues temen "no ver venir un problema de salud grave". Están siempre en medio de una lucha permanente: observando su cuerpo –de ahí la incomodidad y la inquietud–, pero sin llegar nunca al final de sus temores, de ahí la cronificación de los mismos.

¿Quiere decir esto que hay que llegar hasta el final? Como ya veremos, de lo que se trata es de ampliar los síntomas físicos temidos y observar qué pasa después. Una de mis pacientes resumió perfectamente la idea de este tipo de ejercicios: «Respecto a los escenarios catastróficos, vale más llegar al fondo de los mismos de vez en cuando que estar siempre metido en ellos». Tratar la inclinación a la autoobservación angustiada e incompleta es una de las principales metas del tratamiento psicológico de los miedos.

## Química y fobia, ¿moléculas del miedo?

Desde hace muchos años sabemos que en las personas predispuestas es posible provocar un ataque de pánico utilizando agentes químicos. Por ejemplo, algunos estudios han demostrado que las perfusiones de lactato de sodio inducen ataques de pánico en un 25-100% de los pacientes con trastornos del pánico, mientras que sólo un 0-30% de voluntarios que no padecían este trastorno se vio afectado.

Probablemente, en este tipo de personas existe una vulnerabilidad a ciertas modificaciones químicas del organismo que desatan falsas alarmas; es decir, que provocan una violenta reacción biológica de miedo en ausencia de un peligro real. Estas alarmas se apagan con mayor facilidad cuando no se cede al pánico. Pero se arraigan cuando nos inquietamos ante ellas.

Pequeño recordatorio para las personas que padecen de pánico: el café también puede desempeñar el papel de facilitador de ataques de pánico, es mejor no abusar de él. De lo contrario, piensen que acto seguido tendrán que realizar un pequeño ejercicio de gestión de los miedos.

### Hiperventilación e hipersensibilidad al gas carbónico

Algunas personas con trastorno del pánico presentan una tendencia a la hiperventilación; es decir, que su ritmo respiratorio suele ser demasiado rápido y amplio. ¿A qué se debe?

Esto podría ser consecuencia de un desarreglo de los mecanismos reguladores del sistema respiratorio.

Se ha demostrado que es posible provocar ataques de pánico haciendo inhalar a personas vulnerables un gas como el dióxido de carbono o $CO_2$. Las perfusiones de lactato de las que acabamos de hablar aumentan los niveles de $CO_2$ en la sangre, de ahí que favorezcan la aparición de ataques de pánico. La hipótesis de muchos investigadores es que todos tenemos en nuestro sistema nervioso central receptores destinados a detectar la falta de oxígeno en el ambiente, como una especie de alarma antiasfixia. Pero como siempre sucede con los miedos exagerados, estos receptores estarían ajustados al alza en los pacientes con trastornos del pánico. Según parece, estos pacientes tienen una hipersensibilidad acrecentada para detectar el gas carbónico ($CO_2$) en el aire que respiran, y eso en ocasiones puede conducirles a crisis de pánico[250] cuando el ambiente está saturado de $CO_2$ como sucede en los lugares mal ventilados donde hay mucha gente (todos han de respirar...). Esto puede explicar claramente la tendencia de estas personas a la hiperventilación crónica, que tiene como fin disminuir los niveles de gas en la sangre, en pro del oxígeno.

Las sensaciones de ahogo y de falta de aire que con tanta frecuencia notan algunos pacientes se deben a esta hipersensibilidad más que a una falta real de aire respirable. Recordemos que el $CO_2$ está presente en gran cantidad en el aire que expulsamos tras haber extraído el oxígeno, así que en los espacios cerrados donde hay mucha gente hay una concentración alta de este gas, pero no resulta letal, puesto que todavía queda suficiente oxígeno para todo el mundo y durante bastante tiempo. Pero las personas con trastorno del pánico detectan –inconscientemente– antes que nadie este aumento de $CO_2$ y empiezan a ponerse nerviosas. Queremos asegurar a los lectores que padezcan este trastorno que ¡no se trata de una propensión a la asfixia! Tampoco son los únicos en darse cuenta de la necesidad de oxígeno en un espacio cerrado, incluso las personas que no tienen este tipo de pánico cometen este error, pero ellas no llegan a sentirse aterrorizadas.[251]

Esta hipersensibilidad parece ser además un marcador familiar de riesgo para el TPA, puesto que se encuentra con bastante frecuencia en las personas allegadas a los pacientes que tienen este problema.[252] Estos allegados no presentan forzosamente miedos que alcancen un nivel fóbico, pero tampoco están muy lejos del mismo, y ciertas circunstancias en las que tendrán la impresión de "falta de aire" pueden llevarles a un inicio de un ataque de pánico. Esta fragilidad existe precozmente en algunos niños y se puede descubrir observando las irregularidades en su ritmo respiratorio, presentes incluso fuera de los períodos en los que se sienten ansiosos.[253] En efecto, la traducción clínica de esta sensibilidad es muy conocida por parte de los pacientes con trastornos del pánico: muy a menudo sienten la necesidad de inspirar a fondo o suspirar,[254] y tienen un ritmo respiratorio más bien inestable e irregular.[255]

## Problemas con la forma de respirar

Todo lo que acabamos de ver explica por qué la respiración es uno de los objetivos del tratamiento de los pacientes con TPA. La paradoja es que esta tendencia a la hiperventilación –es decir, a respiraciones largas y fuertes– cuando están ansiosos, e incluso en algunas personas de manera crónica, es sin duda un medio para prevenir la disminución de $CO_2$, pero que provoca muchos efectos desagradables y reproduce signos físicos parecidos a los que se experimentan con el miedo. Puede hacer la prueba hinchando a pulmón sin parar una piscina hinchable para niños o un balón grande. Al cabo de un momento notará que le da vueltas la cabeza y un montón más de pequeños síntomas molestos, como visión borrosa o manchitas delante de los ojos, picores en los labios o en la lengua, aceleración del corazón…

Ésta es la razón por la que el trabajo sobre la respiración y el aprendizaje de los métodos de "control respiratorio" son tan importantes para las personas con trastorno del pánico sujetas a este tipo de hiperventilación crónica.

## La relación entre el TPA y las anomalías en cuestión de salud

Por el momento se han llevado a cabo numerosos trabajos de investigación para intentar hallar las anomalías físicas que puedan explicar los ataques de pánico. Por ejemplo, se encontró una asociación anormalmente frecuente entre los ataques de pánico y la anomalía de una válvula del músculo cardíaco, el prolapso de la válvula mitral. Pero estas anomalías distan mucho de estar siempre relacionadas con los ataques de pánico.[256] Estas investigaciones se han de comprender como tentativas de dar una explicación médica al trastorno con el fin de eliminar la dimensión psicológica.

Pero es importante tenerlo en cuenta, pues esto significa que existe una base de sensaciones físicas anómalas o molestas que pueden alimentar los miedos de la persona. Es extraño que éstos "no tengan ninguna base". Por ejemplo, se ha demostrado que en las personas que padecen pánico muchas veces existen, sobre todo en las agorafóbicas, pequeñas disfunciones en el oído interno, responsable del sentido del equilibrio.[257] Estas disfunciones explican sin duda alguna la facilidad con la que muchas personas sienten vértigo cuando levantan bruscamente la cabeza para mirar hacia arriba, o experimenten molestias cuando han de acomodar su visión, por ejemplo, si han de mirar un objeto que está lejos después de haber estado mirando uno de cerca durante bastante rato seguido. El tratamiento de estos pequeños problemas también debe integrarse en la terapia, en la que uno de los objetivos ha de ser aprender a "arreglárselas" con un problema que no llega a ser una enfermedad.

Es importante que las personas que notan el inicio del pánico aprendan a confiar en su cuerpo y a no volver a temer determinados trastornos fisiológicos, que no son más que la expresión de la vida, que es un mecanismo sujeto a irregularidades o disfunciones que no son peligrosas.

Para terminar, quiero ofrecer un dato positivo sobre la relación cuerpo-mente: la mejora del TPA supone igualmente una mejora sobre el estado de salud física; dicho de otro modo, el sentimiento de sentirnos bien en nuestra piel.[258]

## *Hacer frente a una crisis de angustia o a una indisposición*

Fue durante un viaje a Birmania. Hacía dos días que habíamos llegado. Yo acababa de desayunar y estaba en el ascensor del hotel cuando de pronto se paró entre dos pisos. Se apagaron las luces. Ningún cliente se asustó, mi marido estaba a mi lado y, sin embargo, sentí una ola de pánico incontrolable. Agarré la mano de mi marido como si fuera a triturarle los huesos. Nunca había tenido un miedo semejante antes. Hago montañismo, parapente, *rafting*, voy en moto... No soy precisamente una persona miedosa. Pero sentí que había llegado mi última hora. Comprendí lo que quería decir la palabra "pánico". Afortunadamente, la avería duró sólo unos minutos. Pero esos minutos en la oscuridad fueron los peores de mi vida. Sentí que el terror me invadía, noté como si me clavaran cuchillos. Todos mis esfuerzos se centraban en no ponerme a gritar. No sé por qué. No quería ponerme en ridículo, por supuesto, pero había algo más: tenía miedo de que si empezaba a gritar ya no podría parar y me pondría histérica y fuera de control. Al cabo de un momento volvió la luz y el ascensor se puso en marcha otra vez. Estaba agotada, me sentía como un boxeador al que hubieran molido a puñetazos, o más bien como alguien que acaba de escaparse de la muerte y permanece paralizado, alelado, petrificado, por la estela del terror. No pude volver a subir en ascensor en todo el día. Hoy, seis meses después, cada vez que subo en ascensor recuerdo lo que pasó.

Sylvaine vino a mi consulta a raíz de este ataque de pánico aislado. Quería tener una opinión, comprender por qué había tenido esta crisis y sobre todo saber lo que podía hacer si se repetía. Estos ataques de pánico son frecuentes. En el caso de Sylvaine, dotada de un temperamento ansioso, el miedo había sido propiciado por el cansancio debido al largo viaje y al desajuste horario; por haber tomado demasiado café en las cuarenta y ocho horas anteriores, precisamente para soportar aquel cansancio; por el ligero sentimiento de inseguridad de encontrarse en un país tan exótico y tan poco turístico. Un día también vino a verme un piloto de avión con un problema semejante. Me explicó que había tenido un inicio de angustia mientras pilotaba su Airbus lleno de pasajeros. Pudo pasarle los mandos a su copiloto y consiguió calmarse. Pero salió muy afectado de la experiencia, de la que no había dicho nada a nadie. Nota para mis lectores que tienen miedo a volar: ¡este piloto está perfectamente en la actualidad!

## ¿Qué hacer en caso de crisis de angustia aguda?

Como ya hemos advertido, muchas personas algún día tendrán un ataque de pánico y la mayoría no irán a un terapeuta. Habrán aplicado ellas mismas los consejos que vamos a dar a continuación.

En todos los casos, ante la aparición de los primeros signos del miedo es importante recordar que no es "más" que miedo, a fin de impedir desde el principio que la espiral de pánico tome fuerza. Para ello es necesario haber leído e integrado las informaciones científicas sobre el nacimiento, crecimiento y disminución del ciclo del miedo, tal como lo hemos descrito en el capítulo 4. El primer objetivo es no agravar el pánico por el propio miedo. *Primum non nocere*, primero no perjudicar, como dijo Hipócrates.

Se recomienda respirar con calma, si es necesario cubriéndose la cara con las manos o con una bolsa, esto limita la tendencia natural a la hiperventilación en situación de miedo. El reflejo de hiperventilación destinado a oxigenar el organismo cuando ha de actuar en combate o huida es lógico. Pero hemos visto que propiciaba la aparición de síntomas angustiosos y que puede disparar la espiral del pánico. Una de mis pacientes que había sido socorrida por los bomberos durante el inicio de un ataque de pánico en unos almacenes vio cómo sus angustias se disparaban cuando éstos le pusieron una máscara de oxígeno en la cara: entonces ¡sintió los efectos de una hiperventilación en toda regla!

Se recomienda permanecer en la situación, si es posible, o volver a ella lo antes posible, para no "prevenir" a nuestro cerebro emocional de un peligro que en realidad no existe. En el caso de Sylvaine, esto hubiera consistido en volver a subir en ascensor aquel mismo día. En el de nuestro piloto de avión, lo mismo: debía haber seguido al mando del aparato.

Por último, se recomienda pensar en lo que ha pasado, con calma y detalle, para atribuir al miedo lo que le corresponde; es decir, el malestar. Si no se hace este trabajo, la falsa alerta será guardada inconscientemente como verdadera y el miedo será más fuerte la próxima vez.

En caso de duda, vale más consultar a un médico. Nosotros tenemos costumbre y algo de intuición en diferenciar entre una alarma verdadera y una falsa. Me acuerdo de un viaje en TGV en el que oí que pedían un médico por los altavoces. Se trataba de un señor de unos sesenta años, fumador, que se había mareado. Cuando me vio llegar se apresuró a darme su diagnóstico: «Estoy un poco cansado y estresado estos últimos días». Pero, a pesar de ser psiquiatra, le vi muy mala cara para tratarse simplemente de ansiedad y pedí que se llamara a una ambulancia y se detuviera el tren en la siguiente estación. Noté que le contrariaba un poco, pero, ante la duda, preferí tener un "falso positivo", que un "falso negativo", es decir, pasar por alto un problema grave. Una hora después de haber vuelto a arrancar, el revisor vino a verme para decirme que el pasajero había tenido un infarto. No me atreví a decir que eso me dejaba más tranquilo por la decisión que había tomado, pero...

## Cómo curar los pánicos y miedos agorafóbicos

### Medicamentos

Las benzodiazepinas alivian los pánicos y los anestesian de forma transitoria, pero no evitan su reaparición. En muchos pacientes también tienden a convertirse en lo que llamamos "objeto contrafóbico": aunque no los consuman, no quieren separarse de ellos y los llevan siempre encima "por si acaso", ya sea en el bolsillo, en la guantera del coche o en el bolso. Muchos pacientes explican que notaron un inicio de crisis de pánico al darse cuenta de que se habían olvidado sus comprimidos, mientras que un momento antes todo iba bien.

Los antidepresivos, serotoninérgicos, de los que ya hemos descrito su acción, dan excelentes resultados en los ataques de pánico, pues casi siempre consiguen reducirlos claramente o suprimirlos del todo.[259] Eso siempre y cuando los pacientes los soporten: en efecto su hipersensibilidad interoceptiva, es decir, el exceso de atención a sus propias sensaciones físicas, hace que noten todos los efectos secundarios posibles. También existe un riesgo de recaída al dejar el tratamiento, sobre todo si no se ha realizado ninguna psicoterapia durante el período de tratamiento médico, que ha de durar al menos un año.

## *Psicoterapia conductista y cognitiva*

Este nuevo enfoque de la psicoterapia ha cambiado radicalmente la vida de muchas personas que padecen ataques de pánico y agorafobia. Se basa principalmente en una serie de técnicas que, asociadas las unas con las otras, dan buenos resultados, tal como han confirmado diversos estudios científicos.[260]

### *Aceptar la dimensión psicológica del trastorno del pánico*

Esta etapa previa es importante. Cuanto más haya comprendido la persona los mecanismos de su problema, más se comprometerá con las técnicas de exposición que serán muy angustiosas para ella. Los miedos que sentirá serán auténticos, físicamente comparables a los que podría sentir una persona que no padeciera este trastorno si se la metiera en una jaula con tres tigres, aunque se le asegurara que no le iba a pasar nada, porque los tigres acababan de desayunar.

### *Aprender las técnicas de control respiratorio y de relajación*

Tras haber explicado cómo puede la hiperventilación empeorar las sensaciones de miedo y de angustia, el terapeuta debe enseñar a su paciente a adoptar un ritmo respiratorio regular, basado por lo general en seis ciclos de inspiración-espiración por minuto. Se inspira lentamente durante cinco segundos, contando mentalmente uno-dos-tres-cuatro-cinco», después se exhala muy despacio durante otros cinco segundos. También se puede proponer hacer una breve pausa de un segundo entre cada inhalación y exhalación. En el anexo hablamos de estas técnicas con más detalle. Así como de los métodos de relajación, que también pueden ser de ayuda, pero no serán suficientes por sí solos. Su objetivo es enseñar a limitar la subida de la angustia, no impedir su aparición.

## *Romper la espiral del pánico*

El trabajo sobre el encadenamiento de pensamientos angustiosos se efectúa con la ayuda de técnicas cognitivas: conversaciones con el terapeuta sobre la pertinencia de los pensamientos automáticos y de las interpretaciones de la ansiedad (las cogniciones), replanteamiento de las creencias inquietantes, etc. Pero aunque estas conversaciones son útiles y necesarias, no son más que un preámbulo, y siempre han de ser seguidas de enfrentamientos. En efecto, trabajar las cogniciones "frías" (sin activación emocional) no es eficaz si no se efectúan también cogniciones "calientes" cuando las emociones asociadas a miedos excesivos están a punto de retroceder.

*Modificación de las convicciones inquietantes
en una paciente con pánico y agorafobia*

| Convicciones antes de la terapia | Convicciones después de la terapia |
|---|---|
| Si tengo un comienzo de la sensación de vértigo, seguramente me desmayaré. | A menudo noto pequeños vértigos, no me gusta nada, pero sé que no es grave. En general, se debe al cansancio o al estrés. |
| Todos estos brotes de mareos son un indicio de que tengo una enfermedad grave, que al final terminará con mi vida. | Hace muchos años que tengo estas manifestaciones, y todas las pruebas médicas que me han hecho han salido bien. Es molesto, pero está claro que no me voy a morir de eso. |
| Cuando empieza esto, ya no puedo hacer nada, aparte de huir o tomarme tranquilizantes. | Si sigo en esta situación y respiro con calma, se pasará. Si no retrocedo ante mi angustia, será mi angustia la que finalmente retroceda ante mí. |

## Deshacerse del trauma: la exposición al recuerdo de las peores crisis

Hay muchos pacientes que evitan cuidadosamente los recuerdos de las crisis de pánico. Pero, como de costumbre, esta evitación mantiene intacto su poder "atemorizante". Como estos recuerdos aparecerán automáticamente en cada nueva ola de miedo, es de vital importancia que los "limpiemos", a fin de que sólo sean recuerdos para nuestro cerebro emocional y no una realidad, que es lo que ocurre con los recuerdos traumáticos, sea cual sea su origen: la emoción de miedo ha sido enterrada "viva" y se despertará cada vez que se evoque ese recuerdo.

Para que los pacientes se puedan enfrentar a sus miedos se les pide que cuenten con muchos detalles sensoriales estas crisis iniciales, que suelen ser las más intensas y traumáticas. A continuación se les invita a escribirlas y a releerlas habitualmente, hasta que sientan que sólo son malos recuerdos y no una realidad emocional. Esto es lo que hice con Sofie, cuyo relato he presentado al principio del capítulo. También grabamos en cinta de audio el relato para que la persona pueda escucharla cada día y se habitúe a la reacción del miedo.

## Provocarse los síntomas físicos: la exposición a las sensaciones temidas

Seguramente se trate de una de las formas de tratamiento que más sorprenden a las personas que no han sido advertidas de que se trata de técnicas conductistas. ¿Qué intenta provocar el terapeuta que pide a sus pacientes que respiren a través de una cañita o que les hace dar vueltas a gran velocidad en su sillón giratorio?

Busca desatar en sus pacientes las sensaciones físicas que tanto evitan, que tanto les asustan, ¡que les provocan pánico! Éstos son los ejercicios que practicamos con más frecuencia en función de las sensaciones que temen:[261]

–Mantener de pie a nuestros pacientes durante bastante rato (veinte o cuarenta minutos). En general, piensan que no aguantarán más de tres minutos sin marearse.

–Hacerles dar vueltas (uno o dos minutos) con ayuda de un sillón giratorio o sobre un pie, como los derviches danzantes giratorios. Objetivo: no temer al pánico que desencadenan las sensaciones de vértigo (en todas las personas, incluso en el terapeuta, se lo puedo asegurar).

–Hacerles mover rápidamente la cabeza de derecha a izquierda (uno o dos minutos) con el mismo objetivo.

–Conseguir una hiperventilación (uno o dos minutos) pidiéndoles que respiren rápido y fuerte. Deje el libro unos instantes y pruébelo.

–Hacerles respirar por un tubo o una pajita con la boca cerrada (uno o dos minutos), para provocar las sensaciones de falta de aire que tanto odian.

–A los que temen notar que el corazón les late con fuerza o muy deprisa, les hacemos subir rápidamente una escalera, saltar o hacer flexiones (de cinco a diez minutos). Luego les pedimos que se concentren en los latidos del corazón y que se den cuenta de que no ha sucedido nada grave y que el corazón puede volver a tranquilizarse.

## Reconquistar el territorio: la exposición a las situaciones evitadas

Se trata del enfoque clásico de la exposición a las situaciones temidas, que en general viene después de la fase anterior y depende de la importancia de los miedos agorafóbicos. Para algunas personas, esto consistirá primero en volver a salir de casa solas para ir extendiendo paulatinamente su territorio, calle a calle. Otras personas tendrán que volver a tomar transportes públicos –primero sólo harán el trayecto de una parada de autobús o de metro, luego de dos, después de tres–, volver a conducir e ir cada vez más lejos y durante más tiempo, etc. Otras deberán aprender a tener paciencia permaneciendo de pie en una cola. Recuerdo haber acompañado a uno de mis pacientes a unos grandes almacenes que hay cerca del hospital. Se quedó delante del estante de los cepillos de dientes durante media hora, mientras yo me alejaba y acercaba, dosificándole sus miedos sin alejarme demasiado, pues era la primera vez que probábamos esta situación. Pero nuestras maniobras llamaron la atención de los vigilantes de los almacenes, que se acercaron a preguntarnos si teníamos algún problema. Entre mi paciente y yo les dimos un pequeño curso sobre los ataques de pánico y, aunque no estoy muy seguro de que eso les apasionara demasiado, nos garantizó una relativa tranquilidad en el curso de nuestros ejercicios en sus almacenes.

### Conservar lo que hemos conseguido. ¡Viva el deporte!

La práctica regular de un deporte es buena para combatir el trastorno del pánico, porque ayuda a los pacientes a acostumbrarse a no temer a sus sensaciones corporales. Sin embargo, las personas con pánico también tienen la tendencia a evitar la actividad física,[262] a pesar de que la práctica regular de ejercicio físico puede mejorar sus síntomas.[263] En este caso, al igual que en los ejercicios de exposición, el paciente debe hacer deporte de forma regular, porque ello le resultará más eficaz que hacer grandes esfuerzos más espaciados en el tiempo.

## Un escalofrío de terror me sorprende

Las crisis de angustia han existido siempre. En la Biblia encontramos numerosas descripciones. Así en un pasaje de Job 4,14-15 podemos leer: «Quedé sobrecogido de pavor y el temblar de mis huesos me aterró. Un soplo de aire rozó mi cara; se erizaron los pelos de mi cuerpo».

Siempre podemos preguntarnos si estos miedos vinculados a un constante sentimiento de inseguridad, al temor a padecer enfermedades graves que poco a poco entrañan una agorafobia, no son más limitadores ahora que en la antigüedad. Nuestra forma de vida moderna requiere desplazamientos más frecuentes, como ir en coche o utilizar transportes públicos para ir a trabajar o de compras, ir en avión o en tren por motivos de trabajo o de ocio. Sin duda era menos problemático tener pánico y agorafobia en las sociedades tradicionales, más sedentarias, que lo es en la actualidad, donde la movilidad es la regla. De ahí el gran desamparo y la gran demanda de ayuda por parte de las personas aquejadas de estos miedos.

Pero todavía hay otra razón que empuja a los terapeutas a apasionarse por este trastorno, es la dimensión metafísica: este tipo de pacientes son propensos a las "discusiones filosóficas". Sus angustias sobre la vida y la muerte, la salud y la enfermedad, la autonomía y la dependencia les conducen –un poco a la fuerza, es cierto– a reflexionar sobre todo lo que es esencial para la existencia humana: el sentimiento de pérdida de control sobre su existencia, todas las formas de vértigo existencial, las rupturas del aparente orden de las cosas, las brutales tomas de conciencia sobre nuestra fragilidad, física y mental, etc. De ahí su obsesiva conciencia sobre el carácter efímero de la vida, su miedo a la muerte y a la locura. Todos los seres humanos llevan dentro esos temores, pero la mayoría nunca llegan a pensar o a obsesionarse con ellos. Las personas con trastornos del pánico no pueden olvidarlos. De ahí viene, como suele suceder, su fuerza y riqueza cuando llegan a superarlos: su vida puede llegar a ser más plena que la de muchas otras personas que no son fóbicas.

# 10. TODAVÍA MÁS MIEDOS...

*Miedo a la muerte, a enfermar, a los ruidos intestinales, a vomitar, a asfixiarse, a dar a luz, a hacer el amor, a pegar a un ser querido.*

*Los miedos son innumerables, puesto que los peligros que nos amenazan o que nosotros encarnamos también lo son.*

*Esta creatividad del miedo que se manifiesta a través de todas estas máscaras sólo tiene un remedio y un antídoto: la creatividad del terapeuta y de su paciente, ambos comprometidos en una lucha, agotadora pero apasionante, para reconducir los miedos exagerados a los caminos de la razón.*

*Después podremos sacar lo mejor de ello: el miedo a la enfermedad y a la muerte son un móvil excelente para reflexionar sobre la salud y la vida. Pero primero hemos de doblegarlos.*

> «No quiero lograr la inmortalidad por mi obra; quiero llegar a ella sin morirme.»
>
> WOODY ALLEN

«Doctor Christophe André, fobólogo.»

Algunas de las cartas que recibimos en el hospital llevan señas o títulos fantasiosos. Pero hasta esta mañana nunca me había llegado una carta en mano con este diploma *honoris causa*, evidentemente imaginario, de fobólogo, especialista en miedos y fobias. Me gusta y decido guardar el sobre en mi despacho de Sainte-Anne. Efectivamente, al igual que muchos de mis compañeros, he visto todo tipo de miedos y fobias.

## Pseudomiedos y falsas fobias

Algunos miedos exagerados se deben en realidad a otras enfermedades. Por ejemplo, se dice que hay una forma concreta de epilepsia, digamos temporal, que puede provocar brotes de pánico brutal sin más lógica que la de ser facilitados por la fatiga y los trastornos emocionales.[264] En algunas raras ocasiones, un miedo violento a la oscuridad en un niño puede deberse en realidad a una enfermedad ocular conocida, una retinopatía.[265] Pero encontrar una causa orgánica precisa a las manifestaciones de miedo todavía es algo bastante excepcional.

En cambio, los miedos invalidantes a menudo pueden transformarse en enfermedades o en problemas físicos que ya existían. Un día volví a ver a un paciente muy conmovedor que padecía una fobia social secundaria debida a una enfermedad motriz cerebral. A causa de su problema cerebral, Emmanuel padecía trastornos de movilidad importantes. Se desplazaba con dificultad, se contoneaba mucho al andar, padecía trastornos de motricidad fina, tenía problemas para asir objetos y sobre todo para hablar; se expresaba con dificultad, de forma entrecortada y explosiva, y para entenderle se requería una cierta práctica y un poco de paciencia. Pero el esfuerzo merecía la pena, porque se trataba de una persona muy inteligente y entrañable. También era muy valiente. Vivía solo en París y le ayudaban vecinos y amigos en muchas de sus tareas cotidianas, pues no había querido depender de su familia que vivía en el norte de Francia.

Emmanuel tenía un temperamento alegre y curioso y le encantaba sentarse en las terrazas de los cafés para tomarse algo y observar a la gente. En la medida en que se lo permitía su economía, le gustaba ir de vez en cuando a algún restaurante para disfrutar de una buena comida. Por desgracia para él, su limitación motora iba en su contra, en más de una ocasión se habían negado a servirle o, lo que es lo mismo, se habían "olvidado" de hacerlo. Si pedía alguna bebida alcohólica, a lo cual tenía derecho como ciudadano adulto y responsable, a veces se veía obligado a realizar una resistencia pasiva o a largar un discurso lenitivo sobre "lo que su estado de salud no le permitía". Al cabo de un tiempo, Emmanuel desarrolló una aprensión a estas situaciones que tanto se repetían y que arruinaban uno de los placeres que le ofrecía su vida parisina. Al final empezó a temer ir a establecimientos donde no le conocieran, debido a lo que él denominaba, con mucha inteligencia y humor, sus "handicamiedos". Había desarrollado una estrategia de planificación de sus apariciones en esos lugares: unos días antes escribía una carta a los responsables del bar o del restaurante en la que les explicaba su problema, les decía que, a pesar de sus problemas de motricidad y de su dicción caótica, era una persona totalmente lúcida y responsable. En resumen, ¡que no tenían por qué tener miedo de él ni de su discapacidad!

Las personas discapacitadas, desgraciadamente, pueden dar miedo, y a su vez son víctimas de sus propios temores a las miradas. Toda forma de discapacitación visible por los demás puede abonar el terreno para los miedos sociales invalidantes: existen, por ejemplo, casos de fobias sociales secundarias a enfermedades de Parkinson, en las que los pacientes desarrollan un miedo exagerado a la mirada social de sus temblores y su incapacidad.[266] Entre las personas afectadas de un "temblor esencial", de origen normalmente conocido, casi un 30% desarrollarán síntomas de fobia social.[267]

Entre los temores vinculados a enfermedades orgánicas, tenemos, por ejemplo, la kinesiofobia, el miedo a moverse y a realizar ciertos movimientos, frecuente, al menos de forma transitoria, en las personas que han sufrido dolores importantes, como ciáticas graves. Y por extensión la psicokinesofobia, miedo a forzar la mente, especialmente entre las personas que padecen de migraña, por temor a que se desencadenen nuevas crisis:[268] ¡la expresión clave es sobre todo "no comerse el coco"! Estos miedos se engloban en el ámbito más general de las algofobias, miedo al dolor, que pueden ser las causantes de que muchas personas retrasen sus citas con el dentista. A veces son secuelas de haber recibido tratamientos o curas sin demasiado cuidado.

Muchos miedos y fobias también se pueden clasificar dentro de las tres grandes familias de las que ya hemos hablado en otros capítulos. Por ejemplo, el miedo a sonrojarse, a sudar o a temblar se pueden enmarcar dentro de los miedos y fobias sociales. Ya hemos tratado este tema.

Siempre existen variantes culturales en las grandes familias de miedos. La fobia social en Japón adopta el aspecto de *Taijin-Kyofusho*, el temor a molestar a los demás por una conducta social inadecuada:[269] no sonreír de la forma correcta, por ejemplo. Característica cultural: no tengo miedo de parecer apurado (no estar a la altura de las circunstancias es un problema para los occidentales), sino de molestar a los demás (no respetar las reglas de integración en el grupo es un problema más oriental).

Asimismo, los ataques de pánico en los esquimales rara vez están relacionados con lugares como el metro, las colas o los embotellamientos de tráfico. Se expresan más bien en la "fobia al kayak": miedo de partir en su kayak a la caza de la foca («¿Y si me encuentro mal, allí lejos, solo detrás de ese iceberg?»).

Pero el exotismo también existe entre nosotros: la fobia a los fantasmas y a las apariciones mezcla elementos del miedo a la oscuridad, el miedo a la muerte y el miedo a la soledad. Hay que destacar también el miedo a ser enterrado vivo, entre los claustrofóbicos y los que padecen de pánico.

En este capítulo abordaremos, por una parte, los miedos y fobias raras o especiales, que no se pueden asociar a ningún grupo, y que para las personas afectadas representan graves problemas y son auténticamente molestos. Por otra parte, los miedos y fobias que se incluyen en el cuadro de las enfermedades ansiosas particulares, donde los miedos sólo suponen una parte de la patología.

## Miedos y fobias raras o poco conocidas

### Miedo a asfixiarse comiendo o bebiendo

La fobia a la asfixia está relativamente extendida. Las personas que la padecen no soportan tragar alimentos que no sean semilíquidos o muy cortados, que masticarán durante mucho rato. No toleran bien tener objetos duros en la boca; aunque consigan soportar el cepillo de dientes, los cuidados dentales serán una tortura para ellas. Pero también tienen problemas para tragar comprimidos o cápsulas muy voluminosos. No pueden llevar cuellos altos ni corbatas, y se sienten fatal con el menor dolor de garganta o infección de cuello u oído, que les produce una sensación inquietante de dificultad respiratoria. Su peor pesadilla es morir asfixiadas por habérseles quedado algo atravesado en la garganta o víctimas de un edema laríngeo tras la picadura de una avispa que estaba escondida en un racimo de uva.

### Miedo a vomitar en público

Veo con bastante frecuencia personas que temen vomitar en público después de haber comido, por lo que nunca comen en actos sociales. Suelen presentar otros miedos sociales, pero a veces este miedo a vomitar se presenta aislado.

Una de mis pacientes, a la que llamaremos Charline, nunca comía antes de salir de su casa; durante la semana, sólo comía por la noche. Si tenía que comer en presencia de otras personas y si tenía que permanecer a su lado durante la digestión, se cuidaba de consumir únicamente féculas –arroz, pastas, platos hechos con patatas–, porque suponía que se afianzarían mejor en su estómago en caso de venirle náuseas. También intentaba evitar los platos con muchos colores, y pedía espaguetis a la *carbonara* en lugar de a la boloñesa, porque en caso de aprieto la situación sería menos repugnante y espectacular. Durante el tratamiento, la terapeuta que se encargó del caso le pidió que viniera a la consulta después de haber comido para salir juntas a la calle e ir a centros comerciales, al metro, etc. Durante los ejercicios, la paciente tenía que entrar en un café y decir: «Por favor, ¿dónde están los servicios? Tengo ganas de vomitar», ir allí y quedarse un rato "como si...". Al salir debía pedir una servilleta al camarero. Al cabo de unos seis meses sus miedos habían disminuido claramente. Volvió a empezar a aceptar invitaciones para ir a comer fuera de su casa y a consumir alimentos que hasta entonces consideraba "prohibidos".

## Miedo a los ruidos intestinales, a los pedos, a que se escapen las heces o la orina

En la terapia conductista nos toca hacer cosas realmente sorprendentes, ya se habrán dado cuenta en lo que llevan de libro. Pero uno de mis momentos más sorprendentes en mi carrera de fobólogo fue sin duda la terapia de Isabelle.

Isabelle era una joven de unos treinta años que vino a visitarme por una fobia social. Al hablar con ella me di cuenta de que los miedos sociales de los que me hablaba en realidad eran poco importantes, me parecía que tenía otros problemas más urgentes que resolver en su personalidad, y cuando se lo empezaba a decir, ella me interrumpió y me dijo: «¡Bueno, en realidad, doctor, si me suelo encontrar mal en estas situaciones es porque... tengo miedo de que se me escape alguna ventosidad». Isabelle temía los ruidos de su vientre, pero sobre todo "tirarse un pedo" en público. ¿Cómo es que una simple situación molesta para la mayoría de las personas podía haberse convertido en el objeto de temores tan importantes en aquella joven?

Según Isabelle, sus temores se debían a una gran humillación que padeció en su adolescencia. Bajo el efecto del nerviosismo por salir a la pizarra había pasado por este tipo de incidente en el instituto. Tanto el profesor como toda la clase se rieron cruelmente de ella. Pero lo peor fue que muchos chicos de la clase adoptaron la costumbre de hacer la pedorreta con la boca cada vez que ella pasaba por su lado o, lo que es peor, cada vez que tenía que salir a la pizarra. Como el incidente había corrido como la pólvora por el instituto, fue víctima de muchas burlas, hasta que sus padres decidieron cambiarla de escuela. Pero el mal ya estaba hecho.

Isabelle era además demasiado sensible y emotiva. También era cierto que dudaba de sí misma, era más bien reservada y estaba a la defensiva con las personas que no conocía. Pero estos rasgos de su personalidad no llegaban a un nivel patológico. Suponían sólo una molestia y lo que verdaderamente quería era otra cosa: «Ya he hecho dos terapias que me han ayudado a ganar confianza en mí misma, pero que no han mermado en nada mi fobia». Como de costumbre, le expliqué en qué iba a consistir nuestro trabajo: en resumen, en no tener vergüenza de tirarse pedos; le dije que practicaríamos en la calle, en el metro, en las salas de espera, etc. No debí ser muy convincente aquel día, pues Isabelle no se presentó en la siguiente visita y no volví a saber nada de ella durante un año. Después volvió a contactar conmigo un poco avergonzada: «La última vez que le vi me dio usted mucho miedo con sus ejercicios. No me veía capaz de hacer lo que me dijo, preferí quedarme con mi fobia. Pero... ahora he conocido a alguien y ¡tengo mucho miedo de que me suceda con él!».

A los pocos meses empezamos la terapia. Comenzamos revisando todos sus temores, en caso de tener gases, se niega a ser tachada de repugnante y maleducada. Me asegura no haber visto nunca a nadie que se tirara un pedo en público, salvo ella misma. Ante todo me confesó que tenía miedo de revivir el mismo tipo de burlas generalizadas que padeció en el instituto. Dedicamos dos sesiones enteras a recordar justamente ese período, a revivirlo con los máximos detalles sensoriales y emocionales, como solemos hacer en estos casos para "limpiar" los recuerdos traumáticos. Luego hacimos una lista del tipo de pensamientos que podría tener la gente si alguien que se tira un pedo en público, como, por ejemplo: «¡Bueno, los hay que no tienen complejos!». Todo esto con la finalidad de evaluar con calma la importancia y el alcance exactos de esos pensamientos en ella.

Empezamos a preparar algunos ejercicios. Le pedí a Isabelle que comprara en una tienda de artículos de broma una bolsa de pedos, una especie de pelotita de goma que se pone debajo de un cojín y al sentarte encima emite ruidos que parecen ventosidades. En la consulta nos entrenamos para producir estos ruidos, y también para imitarlos con la boca. Realizamos unos pequeños juegos de rol en los que Isabelle respondía a posibles miradas de menosprecio con una gran sonrisa y un «Lo siento, estoy un poco hinchada en estos momentos». La animé para que hablara de su problema con sus dos amigas. Nunca le había contado su problema a nadie, sólo sus padres lo sabían.

En la sesión siguiente salimos a la calle con nuestra bolsa. Fuimos al metro, luego a la recepción de un gran hotel cercano al hospital y a un centro comercial, donde realizamos ruidos anatómicos varios. Al principio, soy yo el que "finjo", luego se lanza Isabelle. Tiene que hacer el ruido sin dejar de mirar a los ojos a las personas que tiene a su alrededor. Al cabo de una hora, Isabelle comprendió el mensaje: tirarse un pedo es un acto social enojoso, pero soportable.

Ahora espera exponerse al verdadero riesgo. Desde siempre evita cuidadosamente los alimentos que favorecen las fermentaciones digestivas que originan los gases: judías secas, lentejas, col, cebolla, etc. Tiene como misión volver a consumirlos. Mientras tanto se ha atrevido a hablarle a una de sus amigas de su problema, ella le respondió que a veces también le pasaba, pues era propensa a la aerofagia. Un día que salieron de compras juntas, un sábado por la tarde, se rieron la una de la otra, en los almacenes, los autobuses, en resumen, en público, diciéndose repetidas veces, entre serios ataques de risa: «¡Te has tirado un pedo! ¡No, has sido tú!». Cuando Isabelle me contó la historia, estuve seguro de que se iba a curar. Unos años más tarde, en la habitación de una de mis hijas encontré un libro infantil que se titulaba: *Encore toi, Isabelle?* (¿Otra vez tu, Isabelle?), donde se contaba la historia de una niña tímida y acomplejada porque su vientre hacía ruidos.[270] La autora, sin embargo, no era Isabelle.

Todas las historias de miedos parecidos no conocen necesariamente un final tan favorable. Muchas veces sucede que estos miedos centrados en los sonidos del tubo digestivo, los borborigmos y los gases, pueden fomentar trastornos de la personalidad más importantes que los de Isabelle. Estos "borborigmos" (del griego *borborygmos*, "ruido del intestino") se deberán tratar teniendo en cuenta las debilidades del paciente que los presenta, ya que los ejercicios de exposición pueden desatar emociones muy violentas.

En cuanto al miedo a no poder contener las heces, no se presta tanto a imitar situaciones parecidas. Se ha de hacer frente progresivamente al riesgo teórico de la diarrea, volviendo a consumir frutas y verduras frescas, que, en general, este tipo de pacientes suele evitar. Hay que tener en cuenta que, dado que sus miedos son extremos, el riesgo de diarrea psicosomática existe realmente, no es que sólo sea algo virtual. Por ejemplo, se dice que bajo el efecto de un miedo violento, muchos soldados de la Primera Guerra Mundial, en el momento de salir de la trinchera para el asalto, presentaron un fenómeno de este tipo que se denominó "diarrea del joven recluta". Así pues, estos pacientes deben trabajar otras formas de vergüenza y de miedos sociales para aprender a "cansarlos" y apaciguarlos. Después hay que ayudarles a afrontar la situación indicándoles que salgan a la calle con un pantalón o un vestido de color claro manchados por detrás y que entren en un bar y pregunten dónde está el lavabo, explicando después que "han tenido un accidente", sin intentar disimular la mancha, etc. El objetivo es que asuman que es un "accidente", evidentemente molesto para todo el mundo, pero que no debe engendrar un miedo que arruine toda una vida. El procedimiento es el mismo con las personas que tienen miedo a orinarse encima.

Si realmente existe un problema, les explico a mis pacientes que no se han de castigar por ello, ni condenarse con sus miedos y evitaciones, a lo que yo denomino "doble condena". No sirve de nada añadir al problema anatómico que no pueden corregir, emociones de miedo y de vergüenza, que se pueden regular.

## Miedo a la caída y a los espacios abiertos

Las fobias a andar son bastante frecuentes en las personas mayores con poca autonomía, que temen las consecuencias de una caída o que ya se han caído alguna vez y han tenido que esperar horas y, a veces, días la llegada de los servicios de rescate. Estos miedos suelen ser invalidantes, porque este tipo de personas se niegan a realizar los pequeños paseos y salidas tan necesarias para su equilibrio físico, mental y social. Sus miedos se agravan en los espacios abiertos y pueden confundirse con la agorafobia.[271] Pero el miedo a resbalar también se encuentra en los jóvenes. Había una paciente que presentaba tanto miedo a la caída que no se podía poner ni calcetines ni medias porque tenía miedo de resbalar dentro de sus zapatos. Gary Larson, un célebre dibujante de cómics americano, probablemente basándose en una pesadilla de la infancia, ilustró un día una fobia similar, la *luposlipafobia*, neologismo que él mismo había creado a partir de la palabra latina *lupus* ("lobo") y de la inglesa *slip* ("resbalar"), para designar «el miedo a ser perseguido por los lobos del bosque alrededor de la mesa de la cocina llevando calcetines y con el suelo recién encerado...».[272]

## Miedo al parto o tocofobia

La tocofobia, del griego *tokos* ("dar a luz"), es conocida desde hace mucho por los médicos. Hay que recordar que se basa en una realidad histórica: hasta el descubrimiento de las reglas modernas de higiene –lavarse las manos antes de asistir a un parto es una costumbre que apenas tiene dos siglos– y la llegada de los antibióticos, la muerte en el parto era bastante habitual. En el pasado había razones para ser tocofóbica. Pero aunque hoy en día los medios médicos en los partos hayan hecho que este tipo de dramático acontecimiento sea excepcional, el miedo al parto todavía está bastante extendido, aunque no se conoce la frecuencia.[273]

Puede aparecer de forma digamos "primaria" ante toda experiencia personal de dar a luz. Para no correr el riesgo, las jóvenes que la padecen recurren a una evitación de tener relaciones sexuales o a un método anticonceptivo riguroso. Cuando el deseo de tener un hijo se impone al miedo, suelen buscar un obstetra comprensivo con el que puedan pactar una cesárea.

La tocofobia también puede ser "secundaria"; es decir, puede desarrollarse a raíz de un parto muy traumático (sufrimiento del neonato o muerte del mismo o un accidente del médico). En todos los casos, estos miedos se pueden extender a todo lo que evoque la situación temida y pueden conllevar, por ejemplo, mareos intensos al escuchar relatos o ver fotos de partos. Los conocimientos para tratar a estas pacientes todavía no son muy amplios.

## Miedo a las relaciones sexuales

Al contrario que con el miedo anterior, los miedos y temores que giran en torno a la relación sexual han sido objeto de numerosos estudios por parte de los sexólogos y existen muchos tratamientos.[274] En el caso de la mujer, el miedo más frecuente es el vaginismo, es decir, el temor a la penetración, que supondrá la contracción refleja e incontrolable de los músculos de la vagina. En el hombre, el miedo a no conseguir la erección o la eyaculación precoz, que tienen como característica ser un modelo bastante puro de los miedos autoprovocados: el miedo favorece la aparición de lo que tememos. Estas aprensiones se parecen a lo que en los deportistas o los artistas denominamos "miedo escénico", donde la pregunta angustiosa y lancinante es: «¿Voy a estar a la altura?».

Uno de mis amigos psiquiatras, especialista en trastornos de ansiedad, hablaba en broma del "trastorno pénico", haciendo alusión al trastorno del pánico, para describir la fuerte inquietud que acecha a algunos pacientes en el momento de la relación sexual. Con la liberación sexual, las mujeres también se enfrentan cada vez más a miedos relativos a una buena actuación sexual o al menos a una sexualidad normal: «¿Tengo suficientes orgasmos ¿Son lo bastante fuertes? ¿Soy lo bastante atractiva para mi pareja?».

Estos miedos sexuales responden bien a los ingredientes básicos de las terapias conductistas y cognitivas: información, no culpabilizarse, relación progresiva con la pareja y las situaciones temidas. Siempre a condición de que no se deban a secretos no confesados entre la pareja: pérdida del deseo debida a relaciones extraconyugales, etc.

## Miedos y fobias raras y atípicas

Al revisar la literatura médica sobre los miedos y las fobias, encontramos una especie de inventario a lo Prévert: ¡hay miedos de todo tipo! Se puede tener miedo a las muñecas, a la nieve, a las flores, a las mariposas, a los crucifijos, al éxtasis, etc. La relativa rareza de estos miedos hace que todavía no se conozcan demasiados datos sobre ellos, y fuera de algunos relatos fantásticos de psiquiatras y psicólogos, no se puede generalizar.

Existen también fuertes aversiones, como las que producen el chirrido de la tiza sobre la pizarra y el de una uña sobre una superficie metálica. Por ejemplo, hay personas que no soportan el tacto de la seda o de la guata, sus evitaciones son contundentes, pero no obedecen a una lógica del miedo, sino más bien a una forma de desagrado. Algunos olores también pueden provocar verdaderos mareos, ya hemos hablado de los casos de aversión al olor de las rosas. En este campo, todavía no se han realizado demasiados estudios, aunque sabemos que la repulsión suele estar implicada en algunas fobias (palomas, insectos, sangre) junto con el miedo.[275]

En general, cuanto más rara es la fobia, más prudente ha de ser el fobólogo. Sobre todo cuando el miedo se desmarca claramente de sus raíces evolutivas lógicas: alejarse de algo peligroso para nuestra especie. En el caso de miedos raros, es posible que se trate de síntomas relacionados con la esquizofrenia o con trastornos de la personalidad, como estados límite. También pueden existir aprensiones raras en personas "normales", que en ocasiones se pueden explicar por su historia personal o familiar.

## Tratamientos de los miedos raros

Anteriormente muchas psicoterapias evitaban llevar a cabo un trabajo directamente relacionado con la fobia, como el caso histórico de fobia a las muñecas que necesitó cuatro años de psicoanálisis y casi setecientas horas de diván.[276] En la actualidad se considera que el trabajo directo sobre la fobia, realizado por un terapeuta experimentado, es decir, capaz de diferenciar entre la verdadera fobia, que concierne a las terapias conductistas y cognitivas, y la pseudofobia, que puede ser una contra-indicación, puede ser eficaz y fecundo.

## Miedos y fobias sintomáticas de otras patologías de la ansiedad

Podemos encontrar miedos y fobias asociadas al miedo en casi todas las enfermedades psíquicas: depresión, esquizofrenia, etc. Pero las más frecuentes en este contexto, que vamos a citar a continuación, pertenecen a la familia de las angustias obsesivas.

La ansiedad es la anticipación del miedo. Suele acompañarse de estrategias de vigilancia del entorno y de tomar precauciones múltiples para intentar evitar la llegada de los problemas temidos. En todas las personas fóbicas existe una dimensión de ansiedad: cuanto más intensa es la fobia y más omnipresente es su objeto, más numerosas serán las obsesiones ansiosas. En la fobia social existe una gran cantidad de este tipo de obsesiones (imposible evitar todos los contactos sociales), así como en el trastorno del pánico (imposible prever una enfermedad), pero son menos en las fobias a los animales y al vacío, pues es más fácil saber que uno no se enfrentará al objeto del miedo. Sin embargo, sucede que estas obsesiones ansiosas se convierten en el problema principal, incluso por encima del miedo, como en las dificultades de las que vamos a hablar.

Efectivamente, en estas enfermedades encontramos miedos irracionales a alguna cosa, con tentativas de evitación del enfrentamiento. Pero también existen reflexiones frecuentes y lo que denominamos "pensamientos intrusivos" en la persona que no puede evitar pensar a menudo en lo que teme aunque esté lejos del objeto. Igualmente, sus temores son más "ambivalentes" que en las aprensiones de las que acabamos de hablar aquí. Por ejemplo, la persona puede sentir a un mismo tiempo un gran temor a contraer una enfermedad, que le incita a *evitar* (pensar o escuchar historias que pueden recordársela), y también la gran necesidad de *enfrentarse* para afirmarse y verificar sus temores, consultando, por ejemplo, una enciclopedia o a un médico. A diferencia de las "verdaderas fobias", aquí la solución al miedo no es solamente la evitación, sino la búsqueda de información y la verificación más o menos ritualizada.

## Miedo a los microbios

Lo que los no iniciados llaman "fobia a los microbios" suele ser un TOC o trastorno obsesivo compulsivo. En este caso, las conductas fóbicas, como el miedo a ser contaminado por la suciedad de los microbios y la evitación de las situaciones en las que se podría estar expuesto a los mismos, se asocian a *rituales* de neutralización de la angustia (lavados o verificaciones), rituales que no existen en los miedos "simples" o fobias.

En el tratamiento de los "miedos del TOC" será necesario hacer que el paciente se vaya enfrentando poco a poco a lo que teme, como tocar los objetos que considera sucios, cogerlos del suelo, poner las manos limpias en el suelo, etc. Pero también habrá que pedirle que no realice sus rituales de lavado,[277] lo que duplicaría el trabajo del paciente y del terapeuta.

## Miedo a la enfermedad

Podríamos preguntarnos si nuestra sociedad, tan ávida de salud y de riesgo cero, no ha contribuido a engendrar más miedos que antaño respecto a las enfermedades.[278] Sea como fuere, este miedo engloba perfiles de personas muy variopintas.

En un extremo nos encontramos con bastante frecuencia con hipocondríacos, quienes, más que miedo a enfermar, tienen la idea obsesiva de que ya padecen una enfermedad grave que los médicos no les han diagnosticado todavía. Se trata de un trastorno parecido al TOC. Como en la fobia a los microbios, sus conductas son más bien rituales de verificación (observar, palpar, repetir pruebas y exámenes médicos para asegurarse) que auténticas evitaciones fóbicas (no ir a ver a los amigos enfermos al hospital). Solemos encontrarnos con una actitud ambivalente: por una parte, miedo a los conocimientos médicos, como los que se pueden encontrar en una enciclopedia, en los artículos de los periódicos o en los programas de la televisión y de la radio: «¿Y si contrajera esa enfermedad?». Pero, por otra parte, también se puede apreciar una atracción irresistible hacia esas observaciones: «Tengo que mirarlo y enterarme».

En el otro extremo del miedo a la enfermedad, nos encontramos con personas claramente más fóbicas, que temen la enfermedad y evitan claramente todo lo que pueda recordársela: conversaciones sobre la salud, relatos de enfermedades, programas de televisión o de radio, libros, revistas, etc. «¡No me hables de eso!», suelen decir a los que les rodean, cuando alguien empieza a hablar de la enfermedad de un conocido. Pueden descuidar seriamente su estado de salud por temor a ir a la consulta del médico o al hospital. Los cirujanos a veces ven llegar a estos pacientes, casi arrastrados por sus familiares, con tumores en un estado muy avanzado.

El tratamiento de estos miedos a la enfermedad es especialmente delicado, sobre todo por el hecho de que los pacientes no están demasiado motivados para consultar a un "psicólogo". Ya sea porque estén convencidos de que su vigilancia ya es suficiente o porque ir a ver a un profesional, sea cual sea su especialidad, para hablar de su salud, es justamente lo que les asusta. Es una pena, porque con psicoterapia se pueden hacer grandes progresos en relación con las inquietudes respecto a las enfermedades.[279,280]

## Miedo a la muerte

Una gran parte de los miedos a la enfermedad se pueden incluir en el cuadro de un miedo obsesivo a la muerte. Este miedo es normal en todos los seres humanos, incluso es su principal problema. Sin duda, somos la única especie animal que sabe que hemos de morir algún día. Por lo tanto, es vital ser capaces de olvidar esta realidad, pensando en otra cosa, y de aceptarla cuando las circunstancias de la existencia nos obligan a pensar en ella. Esta difícil gimnasia mental no la puede hacer todo el mundo.

Según la bien conocida mecánica de la ansiedad, algunas personas intentan evitar las representaciones o evocaciones de la muerte. Es la dimensión fóbica de su mal: evitar pasar por cementerios, desviar la mirada al paso de los coches fúnebres o evitar pasar cerca de las pompas fúnebres, leer necrológicas en los periódicos, escuchar en la radio canciones de cantantes muertos, etc. No obstante, por otra parte están obsesionadas por la idea de que la muerte les alcanzará un día, a ellos o a sus allegados, por lo que pueden habituarse a conductas de prevención: repetir chequeos, sobreproteger a sus hijos, hacer rituales de magia o religiosos para evitar la mala suerte.

Éste es un relato del trabajo que realizamos en una terapia, redactado por la paciente que padecía un miedo de este tipo a la muerte.[281]

Antes no quería morir. ¿De dónde venía esa angustia? No lo sé. Pero recuerdo que a los siete u ocho años me levantaba pronto por la mañana y me iba a la cama de mis padres para asegurarme de que estaban vivos. Durante años este miedo a la muerte ha sido más o menos soportable. Se centraba, por ejemplo, en todo lo que era negro: la ropa, las imágenes, incluso los periódicos. Tocar el negro era como tocar la muerte. Tampoco quería escuchar palabras vinculadas a la muerte como ataúd, cementerio. Si alguien me decía: «Tienes cara de entierro esta mañana», sentía una tremenda angustia. Todo lo que de cerca o de lejos concernía a la muerte engendraba la muerte. Entonces me las arreglaba para evitar, en mayor o menor medida, los enfrentamientos directos con todo lo que me recordara mi fobia, hasta la muerte de lady Di en el mes de agosto de 1997. La trágica desaparición de esta mujer joven y famosa me traumatizó. La barrera que había levantado para hacer frente a mi miedo había cedido de manera brutal.

Cambiar de acera para evitar una tienda de pompas fúnebres, vale, pero no poder bajar en las estaciones de metro de Père-Lachaise o Denfert-Rochereau debido a su proximidad al cementerio, o no poder cruzar la calle si al otro lado había un Mercedes negro como el de Diana de Gales, era aceptar que mi vida se convirtiera en un infierno y que mi miedo a la muerte terminara por impedirme vivir. Como un cáncer de la mente que extendiera sus ramificaciones por todas partes, la angustia utilizaba todos los medios posibles para asfixiarme. Entonces decidí comenzar una terapia conductista y cognitiva. Mi objetivo era simplemente conseguir vivir con mi miedo.

Primera buena noticia: el terapeuta me dice que no soy un bicho raro y que hay otras personas que padecen el mismo miedo. Segunda buena noticia: ¡eso tiene un tratamiento! Eso me dio confianza para empezar con sesiones de relajación que me permitieron centrarme y aprender a dosificar en caso de apuro mis ataques de pánico. En una segunda etapa, mi terapeuta me pidió que enumerara todas las situaciones que me angustiaban para que, a mi aire, pudiera irlas enfrentando con su ayuda. Hice una lista que incluía desde beber una cerveza que se llama "muerte súbita" hasta entrar en un cementerio.

Mi primer ejercicio, para el que necesité cinco meses de sesiones, consistía en leer las necrológicas de los periódicos. Se dividió en una serie de etapas: el terapeuta empezó a leerlas en voz alta; después me atreví a abrir un periódico por la página clave y leí las necrológicas, en voz baja primero, en voz alta después; a continuación escribí mi nombre en la página, y por último tiré el periódico. Cada etapa que superaba, me daba cuenta de que los días se sucedían sin que pasara nada grave, de que podía escribir "voy a morir" sin morirme.

A continuación, en la escala de las emociones fuertes hubo una visita al cementerio con mi terapeuta. Me recuerdo parada ante la verja del cementerio de Montparnasse un día de invierno. No miro nada, ni una tumba, ni un nombre, me niego a salir de los grandes corredores para ir por los pequeños y rozar una tumba. La segunda vez pude detenerme delante de los panteones y leer en voz alta los nombres y las fechas. Cuando mi terapeuta me pidió que sacara las hojas muertas de una tumba, mi primer reflejo fue negarme. Al final terminé haciéndolo. Primero las sacaba de una en una sin tocar la piedra. Luego con las manos llenas.

Pero el momento clave fue sin duda ver a la gente en el cementerio: los que lo atravesaban para ir a trabajar, los que llevaban flores a las tumbas, las madres que paseaban con sus hijos en los carritos, dos adolescentes a punto de comerse un bocadillo en un banco, etc. La vida y la muerte entremezcladas. Hablando con mis amigos he descubierto que para mucha gente los cementerios son lugares apacibles y agradables donde reponer fuerzas.

Hoy, después de tres años de terapia, puedo decir que he vencido mi miedo. Domar a la muerte me ha permitido disfrutar más de la vida. Antes me obsesionaba con el pasado y me angustiaba por el futuro, y esto no me dejaba vivir el presente. Ahora he comprendido que hay que relajarse para aceptar lo inaceptable, que he venido a este mundo para abandonarlo algún día.

Así es cómo las terapias a veces aportan no sólo bienestar, sino sabiduría. Fue Corneille quien recordaba en su obra *El Cid*: «Quien no teme la muerte, no teme las amenazas».

## Dismorfofobia o el miedo a tener algún defecto en el aspecto físico

Esta palabra, procedente de los términos griegos *dys* ("defecto") y *morphos* ("forma"), designa las preocupaciones excesivas por el aspecto físico en los pacientes convencidos, en general erróneamente, de que tienen algún defecto. En ocasiones estas preocupaciones conducen a la convicción de oler mal.

Las personas dismorfofóbicas sufren obsesiones respecto a su fealdad o su supuesta desgracia. Pasan mucho tiempo intentando disimular los defectos físicos que se autoatribuyen: mediante el maquillaje, la peluquería, vestidos estudiados para dar buena imagen, etc. Pueden realizar maniobras bastante complejas socialmente para estar sentadas en la mesa de modo que sólo se les vea el buen perfil. A lo largo de todo el día realizan preocupadas y largas verificaciones de su aspecto físico en los espejos, en las superficies reflectantes, en las vitrinas. A veces sucede lo contrario, detestan tanto su imagen que no soportan ver ninguna foto suya o tener espejos en su casa. Evitan mirarse hasta que no han ido a la peluquería, si es que van. También hay muchas evitaciones en la dismorfofobia: en función de los complejos, no llevarán prendas ceñidas, nunca se pondrán una malla, ni se desnudarán delante de alguien, sólo tendrán relaciones sexuales con la luz apagada o no saldrán a la calle sin maquillarse.

Louis, uno de mis pacientes, no tenía ningún espejo en su casa, jamás se ponía delante de un escaparate, ni de los espejos de los restaurantes. Sólo se compraba ropa por correspondencia, para evitar las penosas sesiones de pruebas delante de los espejos, y nunca se dejaba fotografiar ni filmar. Detestaba su físico, sobre todo su rostro, que consideraba repulsivo (lo que evidentemente era falso) y sus piernas, que encontraba demasiado cortas y arqueadas. Sólo se miraba cuando estaba deprimido, pero entonces era para perjudicarse, pues se quedaba atrapado en la contemplación de su "horrible" aspecto físico durante horas.

No ha sido fácil curar a Louis. Es evidente que no sirve de nada intentar convencer a los pacientes de que su aspecto físico es aceptable, eso no funciona. Actualmente les tratamos mediante técnicas conductistas, con un doble objetivo al principio: por una parte, que aprendan a ser más tolerantes con su supuesta fealdad y, por la otra, que vuelvan a hacer vida normal.[282] Una vez superada esta etapa, intentamos que se vayan reconciliando consigo mismos. Pues, además de los problemas que tienen con su esquema corporal, con frecuencia tienen grandes problemas de autoestima. En el caso de Louis, durante bastantes sesiones le expuse a su propia imagen en un gran espejo. Después le pedí que fuera a la piscina que había cerca de su domicilio y que no actuara como antes: en lugar de sacarse la toalla en el último momento y lanzarse precipitadamente al agua, le pedí que diera la vuelta a la piscina en bañador. Más tarde participó en una terapia de grupo para la autoestima, organizada por mis dos mejores colegas psicólogos. Después de dos años de diversas secuencias terapéuticas, Louis vivía mucho más a gusto consigo mismo. Tal como él decía: «No me adoro, pero me soporto, lo cual ya es bastante».

En los casos más graves o en aquéllos en los que es menos probable que se dirijan a hacer una terapia, se recetan antidepresivos serotoninérgicos, que suelen apaciguar y regular las emociones negativas vinculadas a la imagen de uno mismo. Algunos estudios controlados han confirmado su eficacia.[283]

## Miedos a cometer algún acto impulsivo

Estos miedos suelen ser causa de gran desconcierto. Consisten en el temor obsesivo de cometer, brutalmente, sin poder controlarse, algún acto contrario a las propias convicciones, valores y sentimientos. Por ejemplo, una madre podría temer tirar a su bebé por la ventana o al suelo; una persona podría tener miedo de apuñalar a un familiar con un cuchillo de cocina sacado del cajón, o de insultar a alguien que no lo merece y a quien ama o respeta.

Estos miedos a perder el control de uno mismo se denominan "fobias de impulsión", y son muy frecuentes en el cuadro de los TOC, pero también existen de forma aislada, esporádicamente, en todos los seres humanos. En general, suelen desencadenarse por la conjunción del cansancio y de las circunstancias favorables (pasar al lado de una ventana con un bebé en los brazos, ver a un familiar que nos da la espalda cuando tenemos un gran cuchillo de cocina para cortar el asado, etc.).

Aunque aparecen dentro del cuadro de los TOC o de forma pasajera, estos miedos nunca se cumplen. Siempre quedan como un estado de impulsión, tan absurdos como ilógicos. La idea de apuñalar a tu pareja cuando acabas de discutir con ella teniendo un cuchillo en la mano, tiene una cierta "lógica", aunque no sea lo más recomendable. Estos pensamientos agresivos son menos desestabilizadores en un contexto de conflicto, aunque sean desproporcionados, que si suceden cuando tu pareja acaba de darte un beso al pasar y todo va bien entre los dos.

Disponemos de pocos datos sobre el tratamiento de estas fobias de impulsión, salvo que pensamos que es necesario que en algún momento la persona acepte exponerse a las situaciones que teme: tener un cuchillo en la mano en presencia de algún ser querido, para verificar que, a pesar de las ideas irracionales que surgen a veces, no la va a apuñalar. También podemos estar al lado de una persona que se asoma a un precipicio: en ese caso, aunque nos vengan imágenes de que la empujamos al vacío, no lo vamos a hacer. Al menos los terapeutas estamos convencidos de ello. No por gusto al riesgo, sino porque simplemente nunca en la historia de la psicología se ha visto que una de estas fobias de impulsión se hiciera realidad.

Estas fobias de impulsión suponen además una buena ocasión para recordar que frente a los verdaderos peligros, las verdaderas amenazas, no existe mucha diferencia de conducta entre los fóbicos y los que no lo son. Contrariamente a lo que ellos piensan, los fóbicos pueden comportarse con toda normalidad, e incluso con valor, frente a un problema *real*. Es sólo ante la *posibilidad* del peligro cuando están en desigualdad de condiciones.

## ¿Podemos acabar con los miedos y las fobias?

Si usted es telófobo, del griego *telos* ("fin"), éste es el pasaje más duro de este libro.

Al final de este breve recorrido por el mundo de los miedos, no pronunciaremos ningún "elogio de la fobia". Los miedos normales tienen una virtud de adaptación, tanto para la persona como para la especie, lo que no ocurre con los miedos exagerados o las fobias. Representan un sufrimiento y un impedimento para las personas que las padecen. Aunque durante mucho tiempo han sido consideradas trastornos benignos y anecdóticos, son frecuentes y limitadoras, como han demostrado los estudios más recientes.

Las descripciones bastante precisas de los diferentes tipos de miedos excesivos, de sus mecanismos y tratamientos, que ha podido descubrir a lo largo de este libro, no han de hacerle olvidar que los pacientes fóbicos no son únicamente portadores de los síntomas, sino también seres humanos que sufren, que tienen una historia en la que el miedo ocupa un lugar importante. La curación pasa de forma obligatoria por la desaparición de los síntomas del miedo, emocionales, psicológicos y conductistas, y desemboca en nuevas formas de vida, nuevas maneras de ver el mundo. El papel de los terapeutas es también ayudar a sus pacientes a adaptarse a este nuevo equilibrio, pues los miedos exagerados inducen a todo un conjunto de malos hábitos, que no siempre es fácil de abandonar. Las terapias, aunque rigurosamente dirigidas y codificadas, siempre son encuentros entre las personas donde actúa una alquimia relacional compleja. Pero esta alianza terapéutica será de eficacia limitada si la terapia no se apoya sobre unas bases científicas sólidas, por lo que se han de evaluar constantemente los resultados.

El conocimiento sobre los miedos ha progresado mucho en estos últimos años. Sin embargo, son necesarios más estudios para acabar de comprender el conjunto de todos sus mecanismos. Por este motivo, los estudios no deberían realizarse sólo sobre los miedos ya constituidos. Sería estupendo que pudiéramos ayudar más a los niños que tienen una vulnerabilidad fóbica elevada a no llegar al final de su destino. También hemos de comprender mejor lo que buscan y sienten las personas que ven películas de terror o las que se suben en la montaña rusa o en el tren fantasma en las ferias. Sin duda se trata de sentir el placer del dominio de un miedo controlado y limitado. ¿Es que son necesarias estas inyecciones recordatorio en nuestra época obsesionada con el nivel de riesgo cero, como una de tantas otras comprobaciones de que este viejo sistema de alarma que es el miedo funciona correctamente? También aprendemos muchas cosas sobre el miedo estudiando la psicología de "fílicos" como los que crían serpientes en su habitación, los que se dedican a la escalada o al salto en cama elástica, ¿no tienen acaso puntos en común con los aracnofóbicos o acrofóbicos? Presentan sin duda alguna la misma activación emocional frente a ciertos estímulos, pero optan por estrategias distintas: enfrentamiento en lugar de evitación, dominio en lugar de renuncia. Entender mejor todo esto nos ayudará a curar los miedos exagerados y las fobias.

# CONCLUSIÓN

«Valor, poco tengo, pero actúo como si lo tuviera, lo cual
viene a ser lo mismo.»

GUSTAVE FLAUBERT

Cuando hablo de miedo también sé que voy a hablar de
valor, una de las virtudes más admiradas universalmente, en
todas partes y en todas las épocas.

¿Es que tener miedo significa carecer de valor?

Creo que eso suele ser falso. De cualquier modo, estoy
convencido de que sólo ante el acecho del miedo podemos dar
pruebas de nuestro valor. Ésta es la razón por la que aprecio a
mis pacientes. Todos ellos son personas que tenían mucho
miedo y han luchado, como he contado en este libro, contra un
enemigo interior, invisible, oculto en ellos mismos, y por lo
tanto capaz, más que ninguna otra cosa, de hacerles perder la
razón, de hacerles creer cierto lo que no es más que ilusorio.
Además, estas personas combaten en la sombra, pues, aparte
de ellos, ¿quién más ve a este enemigo? ¿Quién siente ese
miedo? Entonces si, como dicen los filósofos, dar prueba de
valor es actuar a pesar del miedo, sí, son valientes.[284]

Este valor les permite vivir este instante, lo que sin duda
es uno de los momentos de gracia de la psicoterapia, donde

ellos sienten que vuelven a avanzar, donde dejan de retroceder o de paralizarse ante el miedo. El instante en que obtienen su primera victoria: esta vez no han sido ellos los que han retrocedido, sino su miedo, agotado por su resistencia. Éste volverá, pero ellos resistirán de nuevo. A partir de ese momento, se convierten en *progredientes*, como se hacían llamar los filósofos de la antigüedad:[285] seres humanos que progresan, para quienes lo cotidiano es un campo de pruebas, para quienes la vida se convierte en ese lugar para aprender y enriquecerse. Y deja de ser esa sucesión de precauciones, renuncias y espantadas. A partir de este momento, todo cambia: ahora es posible firmar la paz con los miedos. Es posible vivir con inteligencia con ellos, e incluso escucharlos, ¿por qué no?, puesto que no volveremos a obedecerles.

¿Y después? ¿Qué pasará cuando nos hayamos curado de nuestros miedos exagerados? Es el fin de la historia para el terapeuta y el comienzo de otra, todavía más interesante, para su paciente. Luchar *contra* los propios miedos es, sin duda, luchar por la libertad personal. Cada cual que haga con esa reconquistada libertad de movimiento y de pensamiento lo que le plazca. Todo es posible, pues como decía Montesquieu: «La libertad es lo que nos hace disfrutar de los otros bienes».

# ANEXOS

## Libros y páginas web para saber más

### Libros sobre los diferentes tipos de miedos y fobias

#### Miedos y fobias específicas
Marie-Claude Dentan, *Vaincre sa peur en avion*, Denoël,1997.
Françoise Simpère, *Vaincre sa peur de l'eau*, Marabout, 1998.
Roger Zumbrunnen, «Pas de panique au volant», Odile Jacob, *Guide pour s'aider soi-même*, 2000.
Roger Zumbrunnen y Jean Fouace, *Comment vaincre la peur de l'eau et apprendre à nager*, Éditions de l'Homme, 1999. [Versión en castellano: *Como vencer el miedo al agua y aprender a nadar*. Badalona: Paidotribo, 2001.]

#### Miedos sociales
Christophe André y Patrick Légeron, *La peur des autres. Trac, timidité et phobie social*, Odile Jacob, 2000. [Versión en castellano: *El miedo a los demás: miedo escénico, timidez y fobia social*. Bilbao: Mensajero, 1998.]
Laurent Chneiweiss y Éric Tanneau, «Maîtriser son trac», Odile Jacob, *Guide pour s'aider soi-même*, 2003.
Charly Cungi, *Savoir s'affirmer*, Retz, 1996. [Versión en castellano: *Saber afirmarse*. Bilbao: Mensajero, 2001.]
Frédéric Fanget, «Affirmez vous!», Odile Jacob, *Guide pour s'aider soi-même*, 2000.
Frédéric Fanget, *Oser. Thérapie de la confiance en soi*, Odile Jacob, 2003. [Versión en castellano: *Cómo tener seguridad en sí mismo*. Madrid: Síntesis, 2003.]

*Psicología del miedo*

Gérard Maqueron y Stéphane Roy: «La timidité. Comment la surmonter», Odile Jacob, *Guide pour s'aider soi-même*, 2004.

*Miedo a la indisposición, trastorno del pánico y agorafobia*

Jean-Luc Émery, «Surmontez vos peurs. Vaincre la trouble panique et l'agoraphobie», Odile Jacob, *Guide pour s'aider soi-même*, 2000.

André Marchand y Andrée Letarte, *La peur d'avoir peur*, Stanké, 1993.

Franck Peyré, *Faire face aux paniques*, Retz, 2002.

*Inquietudes obsesivas y trastornos obsesivos compulsivos (TOC)*

Jean Cottraux, *Les ennemis intérieurs*, Odile Jacob, 2000.

Franck Lamagnère, *Peurs, manies et idées fixes*, Retz, 1994.

Alain Sauteraud, «Je ne peux pas m'arrêter de laver, vérifier, compter. Mieux vivre avec un TOC», Odile Jacob, *Guide pour s'aider soi-même*, 2000. [Versión en castellano: *Cómo aprender a vivir con trastorno obsesivo-compulsivo*. Madrid: Síntesis, 2005.]

*Inquietudes generalizadas*

Robert Ladouceur, *Arrêtez de vous faire du souci por tout et pour rien*, Odile Jacob, 2003.

Évelyne Mollard, *La peur de tout*, Odile Jacob, 2003.

Dominique Servant, «Soigner le stress et l'anxieté par soi-même», Odile Jacob, *Guide pour s'aider soi-même*, 2003.

*Todos los miedos y fobias mezcladas*

Gérard Apfeldorfer, *Pas de panique!*, Hachette, 1986.

Richard Stern, *Maîtriser ses phobies*, Marabout, 2000.

*Miedos y fobias en los niños*

Stephen Garber, *Les peurs de votre enfant*, Odile Jacob, 2000.

*Libros sobre meditación y relajación*

Charly Cungi y Serge Limousin, *Savoir se relaxer*, Retz, 2003.

Tchich Nhat Hanh, *Le miracle de la pleine conscience. Manuel practique de méditation*, L'Espace Bleu, 1994. [Versión en castellano: *Cómo lograr el milagro de vivir despierto. Un manual de meditación*. Barcelona: Cedel, 1995.]

*Libros sobre los mecanismos que originan el miedo
y las fobias*

Elaine Aron, *Ces gens qui on peur d'avoir peur,* Éditions de l'Homme,
1999.
Joseph LeDoux, *Neurobiologie de la personnalité,* Odile Jacob, 2004.

*Páginas web*

AFTA: *Association française des troubles anxieux*
Sociedad científica que agrupa a un pequeño número de especialistas
sobre trastornos de la ansiedad y fobias. Documentos pedagógicos para
el gran público.
afta.anxiete.org

AFTCC: *Association française de thérapie comportementale et cognitive*
Asociación de terapeutas que practican las terapias conductistas y cognitivas, los métodos psicológicos más eficaces para el tratamiento de los
miedos exagerados y las fobias. Información para el gran público.
aftcc.org

MEDIAGORA
Asociación de pacientes que difunden informaciones útiles para personas que padecen trastornos del pánico, agorafobia o fobia social.
mediagora.free.fr

ALAPHOBIE
Página que propone informaciones y actividades de desarrollo personal
a las personas fóbicas aisladas.
alaphobie.com

ATAQ: *Association des troubles anxieux du Québec*
Asociación quebequense de pacientes y profesionales que difunden informaciones sobre todo tipo de trastornos de la ansiedad.
ataq.org.

*Phobies Zéro*
Asociación quebequense de pacientes que difunden informaciones sobre las fobias.
phobies-zero.qc.ca

*Psicología del miedo*

AFTOC: *Association française des troubles obsessionnels-compulsifs*
Asociación de pacientes que difunden informaciones útiles sobre personas que padecen TOC o tienen algún familiar que lo padece.
perso.club-internet.fr/aftoc

ADAA: *Anxiety Disorders Association of America*
Asociación americana de pacientes que padecen fobias y otros trastornos de la ansiedad. Mucha información en inglés.
adaa.org

## Ejercicios de relajación y meditación para personas que padecen miedos exagerados o fobias

La relajación y la meditación son buenas herramientas para curar los miedos. No deben utilizarse solas; no serán muy útiles para hacer retroceder sus miedos si no se acompañan de ejercicios de enfrentamiento a las situaciones y de la toma de distancia psicológica de la que hemos hablado durante todo el libro. Pero la relajación y la meditación le permitirán llevar a cabo sus esfuerzos con mayor facilidad.

La relajación y la meditación, al menos al principio, no impiden que aparezca el miedo, ni tendrán el poder para hacer que desaparezca. No son medios de curación sino de prevención. La relajación le ayudará a limitar poco a poco el estado de tensión crónica, vinculado a la anticipación o a la reflexión obsesiva, a veces inconsciente, de los propios miedos. La meditación le enseñará a desarrollar una relación más serena con sus miedos, a no dejarse impresionar, intimidar o asustar por ellos.

La relajación y la meditación requieren una práctica regular para que tengan efecto. Es mejor pues unos minutos cada día que media hora a la semana. No espere resultados inmediatos ni espectaculares. Al principio, como sucede con todos los aprendizajes, los resultados serán modestos. Luego serán más claros y evidentes. Pero siempre habrá días mejores y días peores; hay momentos en que, por más que uno lo desee o lo necesite, es difícil relajarse, meditar o calmarse. En esos momentos hemos de saber aceptar la evidencia: ni nuestro cuerpo ni nuestra mente son máquinas. Vale más ponerse como objetivo acercarse a la *calma* que *querer alcanzarla* por completo. Del mismo modo que si padecemos insomnio, utilizaremos estas técnicas no para dormir (no podemos dar órdenes al sueño), sino para acercarnos al mismo, y pasar los insomnios de la mejor manera posible. Tras haber utilizado la relajación y la meditación para curar sus miedos, es probable que continúe recurriendo a ellas como medios para mejorar su bienestar cotidiano en todas sus dimensiones.

## Los ejercicios de relajación

### *¿Qué es la relajación?*

La relajación tiene como meta inducir a un estado de quietud física. Al principio, mediante ejercicios voluntarios, que requieren un entrenamiento. Después, una vez entrenados, el cuerpo y la mente podrán ponerse en ese estado de forma casi automática. Cada vez que se ponga tenso o se crispe más de lo necesario, sus automatismos le recordarán la necesidad de reducir su estado de activación física y emocional. La idea básica de la relajación no es estar en perfecta calma frente a todas las situaciones estresantes de la vida, sino estarlo lo máximo posible dentro de las circunstancias: ¿cómo puedo hacer lo que tengo que hacer, afrontar lo que he de afrontar estando lo más tranquilo posible? Hay muchos métodos de relajación. Aquí presentamos un enfoque derivado del método más antiguo y practicado: el entrenamiento autógeno.[286]

### *La utilidad de la relajación frente a los miedos*

Respecto a la lucha contra los miedos excesivos, la relajación presenta muchos aspectos interesantes: reducir el nivel de tensión corporal crónico; preparar a la persona para afrontar ciertas situaciones origen de los grandes miedos; facilitar la recuperación emocional.

### *Modalidades de relajación*

La relajación se puede practicar sentado o acostado, y ayuda a alcanzarla un ambiente tranquilo y cerrar los ojos.

Pero lo deseable es poder practicarla en todas partes, incluso en un autobús o en un despacho, y con los ojos abiertos. Utilizará la relajación en tres contextos diferentes:

–La relajación-prevención: bajo la forma de pequeños ejercicios breves, que durarán entre unos segundos y unos minutos, estas "minirrelajaciones" están destinadas a economizar sus energías y a que se sienta lo más relajado posible a lo largo de todo el día. Se han de practicar en la vida cotidiana. Consisten en verificar que estamos lo más cómodos posible en cualquier momento; en respirar pausadamente y de forma profunda; en relajar los músculos de la nuca y de los hombros. Esto se hace con los ojos abiertos, delante de un semáforo en rojo o entre dos llamadas telefónicas si estamos en el trabajo.

–La relajación-preparación: antes de afrontar una situación que nos inspira temor, para limitar en la medida de lo posible la intensidad de nuestras reacciones físicas de miedo. Es inútil esperar estar relajado en esta circunstancia: el objetivo es más bien limitar las tensiones y recordarnos que no sirve de nada empeorar las cosas poniéndonos nerviosos o abandonándonos en manos del pánico. Estos ejercicios no tienen por qué ser muy largos. Notaremos que llega un momento en que "tocamos fondo" y que ya no podemos relajarnos más, dado lo que nos espera. Antes habremos preparado bien el enfrentamiento.

–La relajación-recuperación: tras un enfrentamiento a nuestros miedos o con la fatiga de todo el día de trabajo. Estos ejercicios suelen ser más largos que los anteriores. También son más sencillos, pues no tienen como fin hacer retroceder el miedo, sino ofrecer un estado recuperador de comodidad y relajación. Estos ejercicios prolongados son igualmente importantes porque permiten que profundicemos en el dominio de la relajación, lo que nos será útil cuando nos enfrentemos al miedo. Semana tras semana, mes tras mes, irán apareciendo los automatismos. No hemos de olvidar que es muy probable que esta práctica regular modifique poco a poco nuestra arquitectura cerebral y todo el circuito de sinapsis implicadas en el desencadenamiento de las reacciones de miedo.

## Ejemplo de ejercicio de relajación

Ésta es la secuencia simplificada de una sesión. No intente aprendérsela de memoria. Al principio, hágala a su manera. ¡El espíritu es más importante que la letra! Lea varias veces el texto y adáptelo a sus necesidades, con sus propias palabras si lo prefiere. Poco a poco irá teniendo su efecto en su mente. También puede grabar el texto o utilizar algunas de las cintas que se venden en las librerías, tiendas de discos o de productos naturales.

No olvide que valen más unos minutos cada día que una hora una vez a la semana, y no espere que estos ejercicios le conduzcan desde el primer momento a un estado de relajación profunda.

**Estoy en una posición cómoda, con los ojos cerrados...**
Intento estar lo más relajado y tranquilo posible...

Intento no prestar atención a los ruidos que vienen del exterior, ni a los pensamientos que acuden a mi mente.

Dejo que los ruidos de fuera y los pensamientos entren y salgan de mi conciencia. No me involucro en ellos, ni pretendo controlarlos o evitarlos. Tampoco acepto seguirlos. Dejo que existan por sí mismos.

Es como si tuviera una casa de huéspedes: cada cual es libre de entrar y salir a su antojo, y de instalarse donde más le guste.

Me centro en mantener la atención en lo que estoy haciendo: dejar que se vaya instalando en mí un estado de relajación...

**Hago varias respiraciones profundas.**

Dejo que mi respiración siga su ritmo, calmado, tranquilo y lento.

Noto en mi nariz y garganta la sensación del aire fresco que estoy inspirando y del aire tibio que exhalo.

Siento igualmente, en cada inhalación que todo mi cuerpo se distiende un poco más...

Siento que me libero de mis tensiones y que salen de mí.

**Mi respiración es pausada y tranquila...**

**Ahora revisaré todo mi cuerpo para comprobar que está lo más relajado posible...**

Noto mis pies: los dedos, las plantas, los empeines. Noto los tobillos, las pantorrillas, las rodillas y los músculos de los muslos. Noto mis caderas y nalgas, mi bajo vientre y mi estómago. Noto la zona lumbar y la espalda, el pecho...

Noto mi respiración tranquila. Siento que, cada vez que exhalo, mi cuerpo se relaja un poco más.

Dejo que se relajen mis hombros y nuca.

Mi mandíbula, mejillas, frente y párpados también se relajan.

**Estoy en calma y relajado.**

Ahora voy a sentir en mis brazos una sensación progresiva de agradable pesadez* que se irá instalando paulatinamente en mis dos brazos.

Luego en mis dos piernas.

Luego en todo mi cuerpo.

**Todo mi cuerpo se encuentra en un estado de agradable pesadez.**

---

\* Algunas personas sentirán una sensación de ligereza agradable.

**Estoy en calma y relajado.**

Ahora voy a sentir por encima de mi ombligo, a la altura del plexo solar, la aparición progresiva de una agradable sensación de calor.

Sensación de calor agradable que aumenta en cada exhalación.

**Mi plexo solar está agradablemente cálido.**

Estoy tranquilo y relajado.

## Los ejercicios de meditación

### ¿Qué es la meditación?

La meditación se define tradicionalmente en Occidente como una reflexión prolongada y profunda sobre un tema; así es como la entendía Descartes. En la actualidad la definición de meditación está sin duda inspirada en el pensamiento oriental y se refiere a un estado de conciencia especial que produce relajación física gracias a la postura y la respiración, al control de la atención y al abandono psicológico, al desapego y la aceptación de los pensamientos y emociones negativas. En resumen, un estado bastante complejo. Por otra parte, cada tradición filosófica y religiosa cuenta con su propio modelo y persigue sus propios objetivos en la meditación: acercarse a Dios, a la Verdad, a la Serenidad, etc. Aquí hablaremos principalmente del método de meditación que más se utiliza en la actualidad en el seno de la comunidad científica y psicológica: la conciencia plena o *mindfullness*.[287,288]

### Utilidad de la meditación frente a los miedos

En el ámbito de la lucha contra los miedos exagerados, la meditación es muy valiosa por muchas razones: permite que nos habituemos a la idea de sentir miedo; ayuda a que nos enfrentemos a los miedos y facilita que poco a poco vayamos distanciándonos de las emociones negativas añadidas al miedo, como el miedo a tener miedo, la vergüenza, la rabia, etc.

## Modalidades practicadas en la meditación

El estado mental que se pretende en la meditación del tipo "conciencia plena" se basa en dos elementos: focalización apacible de la atención y aceptación de lo que nos sucede en nuestro interior y a nuestro alrededor. Se trata simplemente de "estar presentes", con el cuerpo relajado y la mente en paz, sin intentar pensar, juzgar o "hacer". Quiero puntualizar que la meditación no es sólo una práctica mental, utiliza mucho la respiración y los estados corporales. Ésta es la razón por la que consideramos que el aprendizaje previo de una técnica de relajación es una ayuda.

Voy a explicar en términos generales cómo aprender a meditar mediante varias fases importantes.

*–Postura.* Elija una postura confortable. En Occidente se suele recomendar la postura de rodillas, preferentemente sentados sobre un pequeño banquillo de meditación o sobre un cojín, apoyando las nalgas en ellos o en el suelo si se es ágil. Colóquese mirando a una ventana o a una pared. Frente a algo en lo que pueda centrar su atención: un trozo de cielo, un objeto, un cuadro, lo que más le convenga. Se suele meditar con los ojos abiertos para fijar la atención sobre ese punto, pero puede cerrarlos de vez en cuando. Ha de poder permanecer aislado durante el tiempo que dure su ejercicio de meditación: nada de entrar y salir de la habitación ni recibir llamada alguna. Imposible buscar el silencio o la calma total en su entorno; eso no suele existir en nuestra sociedad, pero, en cambio, aprender a meditar en medio del movimiento de la vida supondrá un ejercicio fantástico.

*–Respiración y relajación.* Empiece por respirar y relajarse. Comience con una o dos inhalaciones bien profundas.

Luego deje que su respiración vaya adoptando un ritmo calmado. Puede empezar de este modo: cuente de uno a cinco al inspirar, haga una pequeña pausa al seis, exhale, también contando, y así sucesivamente. Esto puede inducirle a una respiración tranquila. Deje de contar y deje que su respiración siga su propio ritmo. De vez en cuando volverá a tomar conciencia de la misma y volverá a apaciguar su ritmo respiratorio, lo cual facilitará la meditación. La relación con la respiración es interesante; respirar es un proceso natural que no podemos impedir, sino sólo controlar y orientar de la mejor manera posible para nosotros. Lo mismo sucede con el miedo; no podemos impedir su aparición, pero sí controlar su expresión.

–*Aceptación*. Es sin duda el rasgo más característico de esta forma de meditación de la "conciencia plena". Se trata de aceptar todo lo que sucede, en nuestro interior y fuera de él: los ruidos externos procedentes de la calle o de la habitación donde estamos, los innumerables pensamientos parásitos que aprovechan el espacio mental que hemos abierto para la meditación para irrumpir en ella, las emociones negativas, inquietudes, tristezas, enfados, etc. , que también se aprovechan de la meditación para hacer su aparición. Todo esto es lo que usted aceptará. No diga que eso le impide meditar, que le resulta imposible. ¡Dígase que eso es la vida y que la vida es así de agitada! No medita para aislarse del mundo, sino para vivir en él tranquilamente. No medita para *no sentir miedo*, sino para *no temer al miedo*. Acepte los ruidos que le rodean y agreden, pero no los escuche, entran por un oído y salen por el otro; poco a poco dejarán de molestarle. Acepte los pensamientos que le asaltan, pero no se involucre en ellos, deje que aparezcan y desaparezcan, que tengan su ciclo de vida como pensamientos, ya se ocupará de ellos más tarde, lo que sea importante ya volverá a su mente y lo que no lo sea lo olvidará. Acepte las emociones que le oprimen, pero no las obedezca; si no las alimenta disminuirán lentamente, volverán a su lugar y adquirirán su importancia natural sin exageraciones.

–*Mantener la meditación*. Esto es lo más difícil al principio, los ruidos del entorno, los pensamientos que no conducen a nada, las sensaciones físicas, ese pequeño dolor en el cuello, el estómago que hace ruido, los pitidos en los oídos; todo nos distrae. Tómelo como un ejercicio, eso es normal y útil. Imagínese que está sentado sobre la hierba, un poco alejado de la comida familiar o con los amigos que tiene lugar en el campo; les oye hablar pero no participa en la conversación. Ha elegido asistir, pero manteniéndose a distancia. A usted no le molestará que hagan ruido, han salido para eso, para hacer ruido, hablar y divertirse. Ésta es la razón de esta feliz reunión. Debido a que existe todo esto, su meditación tiene sentido. No tendría ningún sentido si a su alrededor hubiera un silencio y un vacío totales. Cuando medite, acepte cada distracción y vuelva suavemente al estado mental que busca, concéntrese de nuevo en la pared o en el trozo de cielo que ha elegido al principio, deje pasar sus sensaciones, pensamientos y emociones. También se puede imaginar que saca a un niño suavemente de su "despacho de meditación", con paciencia, tolerancia, tranquilidad, sin enfadarse si vuelve; eso forma parte de la vida, es el mejor ejercicio para entrenar a nuestra serenidad. Estar distraído no es un fracaso, es normal, es un episodio que forma parte del camino. Cada ejercicio de meditación es un camino, no un fin en sí mismo.

–*Focalización de la atención y utilización de la meditación*. La meditación puede bastar por sí misma. Mantener la atención en la noción de presencia, de pertenecer a la vida y al mundo. Estar presente. También puede servir para alcanzar objetivos, facilitar la oración, reflexionar sobre algún problema importante o trabajar sobre los miedos. Éste es el caso que nos interesa aquí, la meditación sirve para aceptar la idea del miedo, para mirar de frente los objetos de nuestros miedos, para pensar sin perder los estribos en los peores escenarios: «No deseo que suceda esto, pero no será mi miedo lo que lo evite, sino mis acciones y decisiones. Si tengo miedo a ser mordido, tengo que aceptar que me pueden morder. Si tengo miedo a caerme, tengo que aceptar que puedo caerme. Si tengo miedo a la muerte, tengo que aceptar que voy a morir. Si tengo miedo a la humillación, he de aceptar verme humillado. Una vez haya aceptado la *idea,* actuaré para que *eso* no suceda si no lo deseo, o para que me encuentre en calma y con fuerzas si sucede. Pero mi acción será más eficaz si estoy sereno frente a la peor eventualidad, que si estoy bajo el dominio de mis emociones».

–*Final del ejercicio.* La mayor parte de los meditadores utilizan algún tipo de ritual para empezar su ejercicio como, por ejemplo, hacerlo siempre en el mismo lugar, concentrarse en las mismas cosas, repetir ciertas frases o palabras para ayudar a la mente a relajarse. Asimismo también hacen un pequeño gesto o dicen alguna frase para concluir la meditación; por ejemplo, se inclinan llevándose una mano al corazón o juntando las palmas. Eso es una cuestión personal. La idea básica es manifestar respeto al ejercicio que acaba de realizar. Incluso los días en que se encuentre mal, procure respetar este ciclo completo que acabamos de describir; si ese día no le aporta nada nuevo, le servirá de preparación para las próximas veces.

# NOTAS BIBLIOGRÁFICAS

## 1. Miedos normales y miedos patológicos

1.  Curtis G.C. *et al.* «Specific fears and phobias». *Psychological Medicine*, 1998, n.º 173, págs. 212-217.
2.  Kessler R.C. *et al.* «Lifetime and 12-month prevalence of DSM-III-R psychiatric disorders in the United States: results from the National Comorbidity Survey?». *Archives of General Psychiatry*, 1994, n.º 51, págs. 8-19.
3.  Stein D.J. (ed). «Clinical manual of anxiety disorders». *Arlington, American Psychiatric Publishing*, 2004.
4.  Crompton G.K. *et al.* «Maladies du système respiratoire». En: C. Haslet *et al.* Davidson. *Médecine interne, principes et pratique*. París: Maloine, 2000, págs. 326-335.
5.  McLean P.D., Guyot R. *Les trois cerveaux de l'homme*. París: Laffont, 1990.

## 2. ¿De dónde vienen los miedos y las fobias?

6.  Van Rillaer J. *Psychologie de la vie quotidienne*. París: Odile Jacob, 2003.
7.  Van Rillaer J. «Une légende moderne: "les comportementalistes ne traitent que les symptômes"». *Journal de thérapie comportementale et cognitive*, 2004, n.º 14, págs. 3-7.
8.  Grünbaum A. *Les Fondements de la psychanalyse. Une critique philosophique*. París: PUF, 1996.
9.  Laplanche J., Pontalis J.B. *Vocabulaire de la psychanalyse*. París: PUF, 1976. [Versión en castellano: *Diccionario de psicoanálisis*. Barcelona: Paidós, 1996.]

*Notas bibliográficas*

10. Gélineau E. *Des peurs maladives ou phobies*. París: Société d'Éditions scientifiques, 1894.
11. Birraux A. *Les phobies*. París: PUF, 1995.
12. Gorwood P. «L'anxiété est-elle héréditaire?». *L'Encéphale*, 1998, n.° 24, págs. 252-255.
13. Craske M.G. «Disposition to fear and anxiety: negative affectivity». En: Craske M.G. *Origins of phobias and anxiety disorders*. Oxford: Elsevier, 2003, págs. 33-50.
14. Friez B.M. *et al.* «Diabète sucré, troubles nutritionnels et métaboliques». En: C. Haslet, *et al. Davidson. Médecine interne, principes et pratique*. París: Maloine, 2000, págs. 472-509.
15. Huizink A. *et al.* «Prenatal stress and risk for psychopathology: specific effects or induction of general susceptibility?». *Psychological Bulletin*, 2004, n.° 130(1), págs. 115-142.
16. Bertenthal B.I. *et al.* «A re-examination of fear and its determinants on the visual cliff». *Psychophysiology*, 1984, n.° 21, págs. 413-417.
17. Poulton R. *et al.* «Evidence for a non-associative model of the acquisition of the fear of heights». *Behaviour Research and Therapy*, 1998, n.° 36, págs. 537-544.
18. Poulton R. *et al.* «Low fear in childhood is associated with sporting prowess in adolescence and young adulthood». *Behaviour Research and Therapy*, 2004, n.° 40, págs. 1191-1197.
19. Muris P. *et al.* «How serious are common childhood fears?». *Behaviour Research and Therapy*, 2000, n.° 38, págs. 217-228.
20. Brewin C.R. *et al.* «Psychopathology and early experience: a reappraisal of retrospective reports». *Psychological Bulletin*, 1993, n.° 113, págs. 82-98.
21. Muris P. *et al.* «Children's nighttime fears: parent-child ratings of frequency, contents, origins, coping behaviors and severity». *Behaviour Research and Therapy*, 2001, n.° 39, págs. 13-28.
22. Antony M.M. *et al.* «Heterogeneity among specifics phobias types in DSM-IV». *Behaviour Research and Therapy*, 1997, n.° 35, págs. 1089-1100.
23. Marks L. «Phobias and obsessions. Clinical phenomena in search of laboratory models». En: J.D. Maser y M.E.P. Seligman (eds.). *Psychopathology: Experimental Models*. San Francisco: Freeman, 1977. [Versión en castellano: *Modelos experimentales en psicopatología*. Madrid: Pearson, 1983.]
24. Seligman M. «Phobias and preparedness». *Behavior Therapy*, 1971, n.° 2, págs. 307-320.
25. Cook M. *et al.* «Selective associations in the origins of phobias fears

and their implications for behavior therapy». En: P. Martin (ed.). *Handbook of Behavior Therapy and Psychological Science*. Nueva York: Pergamon Press, 1991.

26. Tomarken A.J. *et al.* «Fear relevant selective associations and covariations bias». *Journal of Abnormal Psychology*, 1989, n.º 98, págs. 381-394.

27. Kendler K.S. *et al.* «The genetic epidemiology of phobias in women». *Archives of General Psychiatry*, 1992, n.º 49, págs. 273-281.

28. Andrews G. *et al.* «The prevention of mental disorders in young people». *Medical Journal of Australia*, 2002, n.º 177, págs. S97-S100.

29. Suomi S.J. «Early determinants of behaviour: evidence from primates studies». *British Medical Bulletin*, 1997, n.º 53, págs. 170-1784.

30. Brush F.R. *et al.* «Genetic selection for avoidance behaviour in the rat». *Behavioural Genetic*, 1979, n.º 9, págs. 309-316.

31. Kagan J. *et al.* «Temperamental factors in human development». *American Psychologist*, 1991, n.º 46, págs. 856-886.

32. Rosenbaum J.F. *et al.* «Behavioral inhibition in children: a possible precursor to panic disorder or social phobia». *Journal of Clinical Psychiatry*, 1991, n.º 52, págs. 5-9.

33. Aron E. *Ces gens qui ont peur d'avoir peur*. Montreal: Le Jour, 1999.

34. Rachman S.J. «Fear and courage among military bomb disposal operators». *Advances in Behaviour Research and Therapy*, 1983, n.º 4, págs. 99-165.

35. Reiss S. *et al.* «Anxiety sensitivity, anxiety frequency and the prediction of fearfulness». *Behaviour Research and Therapy*, 1986, n.º 24, págs. 1-8.

36. Maller R.G. *et al.* «Anxiety sensitivity in 1984 and risk of panic attacks in 1987». *Journal of Anxiety Disorders*, 1992, n.º 6, págs. 241-247.

37. Descartes R. *Les Passions de l'áme*. París: Flammarion, 1996. [Versión en castellano: *Pasiones del alma*. Madrid: Tecnos, 1998.]

38. Davey G.C.L. «A conditioning model of phobias». En: *Phobias, a handbook of theory, research and treatment*. Chichester: Wiley, 1997.

39. Bouwer C. *et al.* «Association of panic disorder with a history of traumatic suffocation». *American Journal of Psychiatry*, 1997, n.º 154, págs. 1.566-1.570.

40. Citado en: Ledoux J., *The emotional brain*. Nueva York: Simon and Schuster, 1996. [Versión en castellano: *El cerebro emocional*. Barcelona: Planeta, 2000.]

41. Block R.I. *et al.* «Effects of a subanesthetic concentration of nitrous oxide on establishment, elicitation, and semantic and phonemic elici-

tation of classically conditioned skin conductance responses». *Pharmacology, Biochemistry and Behaviour*, 1987, n.º 28, págs. 7-14.

42. Pope H.G. *et al*. «Can memories of childhood sexual abuse be repressed?». *Psychological Medicine*, 1995, n.º 25, págs. 121-126.

43. Van Rillaer J. *Peurs, angoisses et phobies*. París: Bernet-Danilo, 1997. [Versión en castellano: *Miedos, angustias y fobias*. Móstoles: Gaia, 2000.]

44. De Jong P.J. *et al*. «Spider phobia in children». *Behaviour Research and Therapy*, 1997, n.º 35, págs. 559-562.

45. Muris P. *et al*. «The role of parental fearfulness and modeling in children's fear». *Behaviour Research and Therapy*, 1996, n.º 34, págs. 265-268.

46. Field A.P. *et al*. «Who's affraid of the big bad wolf: a prospective paradigm to test Rachman's indirect pathways in children». *Behaviour Research and Therapy*, 2001, n.º 39, págs. 1259-1276.

47. Muris P. *et al*. «Fear of the beast: a prospective study on the effects of negative information on childhood fear». *Behaviour Research and Therapy*, 2004, n.º 41, págs. 195-208.

48. Field A.P. *et al*. «Fear information and the development of fears during childhood: effects on implicit fear responses and behavioural avoidance». *Behaviour Research and Therapy*, 2003, n.º 41, págs. 1277-1293.

49. Belmont N. *Comment on fait peur aux enfants*. París: Mercure de France, 1999.

50. Carbone C. *La peur du loup*. París: Gallimard, 1991.

51. Craske M.G. *Origins of Phobias and Anxiety Disorders: Why more Women than Men?* Oxford: Elsevier, 2003.

52. McGuire M, Troisi A. *Darwinian Psychiatry*. Oxford: Oxford University Press, 1998.

53. Weinberg M.K. *et al*. «Gender differences in emotional expressivity and self-regulation during infancy». *Developmental Psychology*, 1999, n.º 35, págs. 175-188.

54. Brody L.R., Hall J.A. «Gender and emotion». En: M. Lewis y J.M. Havilland. *Handbook of Emotions*. Nueva York: Guilford Press, 1993, págs. 447-460.

55. Kerr M. *et al*. «Stability of inhibition in a swedish longitudinal sample». *Child Development*, 1994, n.º 65, págs. 138-146.

56. Tronick E.Z., Cohn J.F. «Infant-mother face-to-face interaction: age and gender differences in coordination and occurrence of miscoordination». *Child Development*, 1989, n.º 60, págs. 85-92.

57. McClure E.B. «A meta-analytic review of sex-differences in facial ex-

pression processing and their development in infants, children and adolescents». *Psychological Bulletin*, 2000, n.º 3, págs. 424-453.
58. Lindgren A. *Fifi Brindacier*. París: Hachette, 2001. [Versión en castellano: *Pippi Calzaslargas*. Barcelona: Juventud, 2002.]
59. Chambless DL., Mason J. «Sex, sex-role stereotyping and agoraphobia». *Behaviour Research and Therapy*, 1986, n.º 24, págs. 231-235.
60. Arrindell W.A. *et al.* «Masculinity-femininity as a national characteristic and its relationship with national agoraphobic fear level». *Behaviour Research and Therapy*, 2003, n.º 41, págs. 795-807.

*3. Los mecanismos de los miedos y de las fobias*
61. Koster E.H.W. *et al.* «The paradoxical effects of suppressing anxious thoughts during imminent threat». *Behaviour Research and Therapy*, 2003, n.º 41, págs. 1113-1120.
62. Feldner M.T. *et al.* «Emotional avoidance: an experimental test of individual differences and response suppression using biological challenge». *Behaviour Research and Therapy*, 2003, n.º 41, págs. 403-411.
63. Rodríguez B.I. *et al.* «Does distraction interfers with fear reduction during exposure?». *Behavior Therapy*, 1995, n.º 26, págs. 337-349.
64. Johnstone K.A., Page A.C. «Attention to phobic stimuli during exposure: the effect of distraction on anxiety reduction, self-efficacy and perceived control». *Behaviour Research and Therapy*, 2004, n.º 42, págs. 249-275.
65. Öhman A. *et al.* «Unconscious anxiety: phobic responses to masked stimuli». *Journal of Abnormal Psychology*, 1994, n.º 103, págs. 231-240.
66. Wells A. *et al.* «Social phobia: a cognitive approach». En: *Phobias, a Handbook of Theory, Research and Treatment*. G.C.L. Davey. Chichester: Wiley, 1997.
67. Tolin D.F. *et al.* «Visual avoidance in specific phobia». *Behaviour Research and Therapy*, 1999, n.º 37, págs. 63-70.
68. Thorpe S.J. *et al.* «Selective attention to real phobic and safety stimulus». *Behaviour Research and Therapy*, 1998, n.º 36, págs. 471-481.
69. Stopa L., Clark D.M. «Social phobia and interpretation of social events». *Behaviour Research and Therapy*, 2000, n.º 38, págs. 273-283.
70. Winton E.C. *et al.* «Social anxiety, fear of negative evaluation and the detection of negative emotion in others». *Behaviour Research and Therapy*, 1995, n.º 33, págs. 193-196.
71. Lavy E. *et al.* «Selective attention evidence by pictorial and linguistic stroop tasks». *Behavior Therapy*, 1993, n.º 24, págs. 645-657.
72. Hope D.A. *et al.* «Social anxiety and the recall of interpersonal information» *Journal of Cognitive Psychotherapy*, 1990, n.º 4, págs. 185-195.

73. Muris P. *et al*. «The emotional reasoning heuristic in children». *Behaviour Research and Therapy*, 2003, n.º 41, págs. 261-272.
74. Arntz A. *et al*. «"If I feel anxious, there must be danger": ex-consequentia reasoning in inferring danger in anxiety disorders». *Behaviour Research and Therapy*, 1995, n.º 33, págs. 917-925.
75. Lavy E. *et al*. «Attentional bias and spider phobia». *Behaviour Research and Therapy*, 1993, n.º 31, págs. 17-24.
76. Rauch S.L. *et al*. «A positron emission tomographic study of simple phobic symptom provocation». *Archives of General Psychiatry*, 1995, n.º 52, págs. 20-28.
77. Stein M.B. *et al*. «Increased amygdala activation to angry and contemptuous faces in generalized social phobia». *Archives of General Psychiatry*, 2002, n.º 59, págs. 1027-1034.
78. Tilfors M. *et al*. «Cerebral blood flow in subjects with social phobia during stressfull speaking tasks: a PET study». *American Journal of Psychiatry*, 2001, n.º 158, págs. 1.220-1.226.
79. Williams L.M. *et al*. «Mapping the time course of nonconscious and conscious perception of fear: an integration of central and peripheral mesures». *Human Brain Mapping*, 2004, n.º 21, págs. 64-74.
80. Furmark T. *et al*. «Common changes in cerebral blood flow in patients with social phobia treated with citalopram or cognitive-behavioral therapy». *Archives of General Psychiatry*, 2002, n.º 59, págs. 425-433.
81. Gorman J.M. (ed.). *Fear and Anxiety: the benefits of translational Research*. Arlington: American Psychiatric Publishing, 2004.

## 4. Cómo enfrentarse al miedo: primeras pistas

82. Ellis A. *Reason and Emotion in Psychotherapy*. Nueva York: Birch Lane Press, 1994. [Versión en castellano: *Razón y emoción en psicoterapia*. Bilbao: Desclée de Brouwer, 1998.]
83. De Joong P.J. *et al*. «Blushing may signify guilt: revealing effects of blushing in ambiguous social situations». *Motivation and Emotion*, 2003, n.º 27, págs. 225-249.
84. Süskind P. *La paloma*. Barcelona: Seix Barral, 1992. [Versión en castellano: *La paloma*. Barcelona: Seix Barral, 1992.]
85. Wenzel A. *et al*. «Autobiographical memories of anxiety-related experiences». *Behaviour Research and Therapy*, 2004, n.º 42, págs. 329-341.
86. Lang A.J. *et al*. «Fear-related state dependant memory». Cognition and Emotion, 2001, n.º 15, págs. 695-703.
87. Janet P. *Les Névroses*. París: Flammarion, 1909.
88. Rihmer Z. «Comorbidity between phobias and mood disorders». En: M. Maj *et al*. (eds.). *Phobias*. Chichester: Wiley, 2004.

89. Bouman T.K. «Intra- and interpersonal consequences of experimentally induced concealment». *Behaviour Research and Therapy*, 2003, n.º 41, págs. 959-968.

90. George F. *L'Effet 'Yau de poêle.* París: Hachette, 1979.

91. Van Rillaer J. *Les illusions de la psychanalyse.* Bruxelles: Mardaga, 1980, pág. 217. [Versión en castellano: *Las ilusiones del psicoanálisis.* Barcelona: Ariel, 1985.]

92. Zweig S. *La peur.* París: Grasset, 1935. [Versión en castellano: *Miedo.* Barcelona: Juventud, 1983.]

93. DiLorenzo T.M. *et al.* «Long-term effects of aerobic exercise on psychological outcomes». *Preventive Medicine,* 1999, n.º 28, págs. 75-85.

94. Thayer R.E. «Rational mood substitution: exercise more and indulge less». En: R.E. Thayer. *The origin of everyday moods.* Oxford: Oxford University Press, 1996, págs. 157-168.

95. Broman-Fulks J.J. *et al.* «Effects of aerobic exercise on anxiety sensitivity». *Behaviour Research and Therapy,* 2004, n.º 42, págs. 125-136.

96. Servan-Schreiber D. *Guérir.* París: Laffont, 2003. [Versión en castellano: *Curación emocional. Acabar con el estrés, la ansiedad y la depresión sin fármacos ni psicoanálisis.* Barcelona: Kairós, 2004.]

97. Cungi C. *Faire face aux dépendances.* París: Retz, 2000.

98. Venturello S. *et al.* «Premorbid conditions and precipitating events in early-onset panic disorder». *Comprehensive Psychiatry,* 2002, n.º 43, págs. 28-36.

99. Barlow D.H. «Biological aspects of anxiety and panic». En: D.H. Barlow, *Anxiety and its disorders.* Nueva York: Guilford Press, 2002, págs. 180-218.

100. André C. *et al. Le Stress.* Toulouse: Privat, 1998.

101. Brown K.W., Ryan R.M. «The benefits of being present: mindfullness and its role in psychological well-being». *Journal of Personality and Social Psychology*, 2003, n.º 84, págs. 822-848.

102. Mohlan J. «Attention-training as an intervention for anxiety: review and rationale». *Behavior Therapist,* 2004, n.º 27, págs. 37-41.

103. Goleman D. *Surmonter les émotions destructrices.* París: Laffont, 2003. [Versión en castellano: *Emociones destructivas. Cómo entenderlas y superarlas.* Barcelona: Kairós, 2003.]

104. Segal Z.V., Williams J.M.G., Teasdale J.D. *Mindfullness-based cognitive therapy for depression.* Nueva York: Guilford Press, 2002.

105. Toneatto T.A. «Metacognitive therapy for anxiety disorders: buddhist psychology applied». *Cognitive and Behavioral Practice,* 2002, n.º 9, págs. 72-78.

## 5. Todo sobre el tratamiento de las fobias

106. INSERM, Expertise collective. *Psychothérapies, trois approches éva-luées.* París: Éditions Inserm, 2004.

107. André C. «Clinique et traitement des troubles anxieux: un état des lieux». *La Lettre des neurosciences*, 2004, n.º 26, págs. 19-21.

108. Ledoux J. *Neurobiologie de la personnalité.* París: Odile Jacob, 2004.

109. Véase la entrevista del neurobiólogo Joseph Ledoux en la revista *Sciences Humaines,* n° 149, mayo 2004, págs. 42-45.

110. Barlow D.H. *et al.* «Toward a unified treatment for emotional disor-ders». *Behavior Therapy,* 2004, n.º 35, págs. 205-230.

111. Goldapple K. *et al.* «Modulation of cortical-limbic pathways in major depression: treatment-specific effects of cognitive-behavioral the-rapy». *Archives of General Psychiatry,* 2004, n.º 61, págs. 34-41.

112. Nakatani E. *et al.* «Effects of behavior therapy on regional cerebral blood flow in obsessive-compulsive disorder». *Psychiatry Research,* 2003, n.º 124, págs. 113-120.

113. Paquette V. *et al.* «Change the mind and you change the brain: effects of cognitive-behavioral therapy on the neural correlates of spider pho-bia». *NeuroImage,* 2003, n.º 18, págs. 401-409.

114. Furmark T. *et al.* «Common changes in cerebral blood flow in patients with social phobia treated with citalopram or cognitive-behavioral therapy». *Archives of General Psychiatry,* 2002, n.º 59, págs. 425-433.

115. Wilhelm F.H. *et al.* «Acute and delayed effects of alprazolam on flights phobics during exposure». *Behaviour Research and Therapy,* 1997, n.º 35, págs. 831-841.

116. Kajimura N. *et al.* «Desactivation by benzodiazepine of the basal fore-brain and amygdala in normal humans during sleep: a placebo-contro-lled PET study». *American Journal of Psychiatry,* 2004, n.º 161, págs. 748-751.

117. Aggleton J. (ed.). *The amygdala, a functional analysis.* Oxford: Ox-ford University Press, 2000.

118. Klein D.F. «Delineation of two drug-responsive anxiety syndromes». *Psychopharmacologia,* 1964, n.º 5, págs. 387-408.

119. Millet B., André C., Deligne H., Olié J.P. «Potential treatment para-digms for anxiety disorders». *Expert Opinion in Investigational Drugs,* 1999, n.º 8, págs. 1589-1598.

120. Lecrubier Y. *et al.* «Efficacy of St. John's wort extract in major depres-sion: a double-blind, placebo-controlled trial». *American Journal of Psychiatry,* 2002, n.º 159, págs. 1361-1366.

121. Wong A.H.C. *et al.* «Herbal remedies in psychiatric practice». *Archives of General Psychiatry,* 1998, n.º 55, págs. 1033-1044.

122. World Health Organization. *Treatment of Mental Disorders.* Washington DC: American Psychiatric Press, 1993.

123. Citado por Marc Crapez en su obra *Défense du bon sens.* París: Éditions du Rocher, 2004.

124. «Woody et tout le reste». *L'Express,* 23 de octubre de 2003, págs. 68-69.

125. Van Rillaer J. *Les thérapies comportementales.* París: Bernet-Danilo, 1995.

126. Barlow D.H. *et al.* «Advances in the psychosocial treatment of anxiety disorders». *Archives of General Psychiatry,* 1996, n.º 53, págs. 727-735.

127. Mavissakalian M.R., Prien R.F. (eds.). *Long-term treatments of anxiety disorders.* Washington: American Psychiatric Press, 1996.

128. Bénesteau J. *Impostures freudiennes.* Sprimont (Bélgica): Mardaga, 2003. Véase también: Mahony P. *Dora s'en va. Violence dans la psychanalyse.* París: Les Empêcheurs de Penser en Rond, 2001, y Pollak R. *Bruno Bettelheim, ou la fabrication d'un mythe.* París: Les Empêcheurs de Penser en Rond, 2003.

129. Rodríguez B.I. *et al.* «Does distraction interfers with exposure?». *Behavior Therapy,* 1995, n.º 26, págs. 337-349.

130. Rothbaum B.O. *et al.* «Effectiveness of computer-generated (virtual reality) graded exposure in the treatment of acrophobia». *American Journal of Psychiatry,* 1995, n.º 152, págs. 626-628.

131. Carlin A.S. *et al.* «Virtual reality and tactile augmentation in the treatment of spider phobia». *Behavior Research and Therapy,* 1997, n.º 35, págs. 153-158.

132. Mühlberger A. *et al.* «Repeated exposure of flight phobics to flight in virtual reality». *Behavior Research and Therapy,* 2001, n.º 39, págs. 1033-1050.

133. Légeron P. *et al.* «Thérapie par réalité virtuelle dans la phobie sociale: étude préliminaire auprès de 36 patients». *Journal de Thérapie Comportementale et Cognitive,* 2003, n.º 13, págs. 13-127.

134. Anderson P. *et al.* «Virtual reality exposure in the treatment of social anxiety disorder». *Cognitive and Behavioral Practica,* 2003, n.º 10, págs. 240-247.

135. Cottraux J. *Les thérapies cognitives.* París: Retz, 2001.

136. Davidson P.R., Parker K.C.H. «Eye movement desensitization and reprocessing (EMDR): meta-analysis». *Journal of Consulting and Clinical Psychology,* 2001, n.º 69, págs. 305-316.

137. De Jongh A. *et al.* «Treatment of specific phobias with EMDR: protocol, empirical status and conceptual issues». *Journal of Anxiety Disorders,* 1999, n.° 13, págs. 69-85.

138. Teasdale J.D. «EMDR and the anxiety disorders: Clinical research implications and integrated psychotherapy treatment». *Journal of Anxiety Disorders,* 1999, n.° 13, págs. 35-67.

139. Freud S. *Cinq psychanalyses.* París: PUF, 1979. [Versión en castellano: *Psicoanálisis y otros ensayos.* Barcelona: Orbis, 1988.]

140. Birraux A. *Les phobies.* París: PUF, 1995.

141. Birraux A., *op. cit.*

142. Rey P. *Une saison chez Lacan.* París: Robert Laffont, 1989. [Versión en castellano: *Una temporada con Lacán.* Barcelona: Seix Barral, 1990.]

143. McCullough L. *et al.* «Assimilative integration: short-term dynamic psychotherapy for treating affect phobias». *Clinical Psychology Science,* 2001, n.° 8, págs. 82-97.

144. Raimy V.C. *Training in Clinical Psychology.* Nueva York: Prentice-Hall, 1950.

145. Marks I. «Fear reduction by psychotherapies: recent findings, future directions». *British Journal of Psychiatry,* 2000, n.° 176, págs. 507-511.

## 6. Miedos y fobias: un poco de historia y un retrato de familia

146. Kagan K. *Des idées reçues en psychologie.* París: Odile Jacob, 2000.

147. Montaigne M.E. «De la force de l'imagination». *Essais.* Libro 1, cap. XXI. París: Garnier-Flammarion, 1969. [Versión en castellano: *Ensayos completos.* Madrid: Cátedra, 2003.]

148. Burton R. *Anatomie de la mélancolie.* París: José Corti, 2000. [Versión en castellano: *Anatomía de la melancolía.* Buenos Aires: Espasa-Calpe, 1947.]

149. Cottraux J., Mollard E. *Les phobies, perspectives nouvelles.* París: PUF, 1986.

150. Skrabanek P., McCormick J. *Idées folles, idées fausses en médecine.* París: Odile Jacob, 1992.

151. Ribot T. *Psychologie des sentiments.* París: Alcan, 1896. [Versión en castellano: *La psicología de los sentimientos.* Madrid: Daniel Jorro, 1924.]

152. Freud S. *Introduction a la psychanalyse.* París: Payot, 1971. [Versión en castellano: *Introducción al psicoanálisis.* Madrid: Alianza Editorial, 1997.]

153. Klein D.F. «Delineation of two drug responsive anxiety syndromes». *Psychopharmacologia,* 1964, n.° 5, págs. 397-408.

154. Wolpe J. *Pratique de la thérapie comportementale*. París: Masson, 1975. [Versión en castellano: *La práctica de la terapia de conducta*. México D.F.: Trillas, 1973.]

155. Marks I. *Traitement et prise en charge des malades névrotiques*. Quebec: Gaétan Morin, 1985.

156. American Psychiatric Association, *DSM-IV, Manuel diagnostique et statistique des troubles mentaux*. 4ª ed. París: Masson, 1996. [Versión en castellano: *DSM-IV, manual diagnóstico y estadístico de los trastornos mentales*. Barcelona: Masson, 1996.]

## 7. Miedos y fobias "simples": animales, avión, sangre, agua...

157. Magee W.J. *et al.* «Agoraphobia, simple phobia and social phobia in the National Comorbidity Survey». *Archives of General Psychiatry,* 1996, n.º 53, págs. 159-168.

158. Fredikson M. *et al.* «Gender and age differences in the prevalence of specific fears and phobias». *Behaviour Research and Therapy,* 1996, n.º 344, págs. 33-39.

159. Chapman T.F. *et al.* «A comparison of treated and untreated simple phobia». *American Journal of Psychiatry,* 1993, n.º 150, págs. 816-818.

160. Rachman S. *et al.* «Fearful distortions». *Behaviour Research and Therapy,* 1992, n.º 30, págs. 583-589.

161. Fredrikson M. *et al.* «Functional neuroanatomy of visualy elicited simple phobic fear». *Psychophysiology,* 1995, n.º 32, págs. 43-48.

162. Wessel I., Merckelbach H. «Memory threat-relevant and threat-irrelevant cues in spider phobics». *Cognition and Emotion,* 1998, n.º 12, págs. 93-104.

163. Süskind P. *Le pigeon*. París: Fayard, 1987. [Versión en castellano: *La paloma*. Barcelona: Seix Barral, 1992.]

164. Davey G.C.L. *et al.* «A cross-cultural study of animal fears». *Behaviour Research and Therapy,* 1998, n.º 36, págs. 735-750.

165. SHAKESPEARE, en Oeuvres Completes, *Le marchand de Venise*, París, Gallimard, 1959. Acto IV, escena 1. [Versión en castellano: *El mercader de Venecia*. Madrid: Alianza, 2005.]

166. McNally R.J. *et al.* «The etiology and maintenance of severe animals phobias». *Behaviour Research and Therapy,* 1985, n.º 23, págs. 431-435.

167. Simpère F. *Vaincre la peur de l'eau*. Alleur (Bélgica): Marabout, 1998.

168. Rachman S.J. «Claustrophobia». En: Davey G.C.L. *Phobias, a handbook of theory, research and treatment*. Chichester: Wiley, 1997, págs. 163-181.

169. Meléndez J., McCrank E. «Anxiety-related reactions associated with

magnetic resonance examinations». *Journal of the American Medical Association*, 1993, n.º 270, págs. 745-747.

170. Aubenas F. «Le cauchemar de Paul, claustrophobe». *Libération*, 6 de mayo de 1994.

171. Van Gerween L.J. *et al*. «People who seek help for fear of flying: typology of flying phobics». *Behavior Therapy*, 1997, n.º 28, págs. 237-251.

172. Schiavo M. *Flying Blind, Flying Safe*. Nueva York: Avon Books, 1997.

173. Zumbrunnen R. *Pas de panique au volant*. París: Odile Jacob, 2002.

174. Kuch K. «Accident phobia». En: Davey G.C.L. *Phobias, a handbook of theory, research and treatment*. Chichester: Wiley, 1997, págs. 153-162.

175. Sabouraud A. *Revivre aprés un choc*. París: Odile Jacob, 2001.

176. Arrindell W.A. *et al*. «Dissimulation and the sex difference in self-assessed fears». *Behaviour Research and Therapy*, 1992, n.º 30, págs. 307-311.

177. Öst L.G., Hellstrom K. «Blood-injury-injection phobia». En: Davey G.C.L. *Phobias, a handbook of theory, research and treatment*. Chichester: Wiley, 1997, págs. 63-80.

178. Poulton R. *et al*. «Good teeth, bad teeth and fear of the dentist». *Behaviour Research and Therapy*, 1997, n.º 35, págs. 327-334.

179. Berlin I. *et al*. «Phobics symptoms, particulary the fear of blood and injury, are associated with poor glycemic control in type 1 diabetic adults». *Diabetes Care*, 1997, n.º 20, págs. 176-478.

180. Öst L.G. *et al*. «Applied tension: a specific behavioral method for treatment of blood phobia». *Behaviour Research and Therapy*, 1987, n.º 25, págs. 25-29.

181. Hellstrom K. *et al*. «One *versus* five sessions of applied tension in the treatment of blood phobia». *Behaviour Research and Therapy*, 1996, n.º 34, págs. 101-112.

182. Curtis G.C. *et al*. «Specific fears and phobias: epidemiology and classification». *British Journal of Psychiatry*, 1998, n.º 173, págs. 212-217.

183. Fredrikson M. *et al*. «Gender and age differences in the prevalence of specific fears and phobias». *Behaviour Research and Therapy*, 1998, n.º 26, págs. 241-244.

184. Wald M.L. «Shark attacks: when a plane crash at sea is the least of your worries». *New York Times*, domingo 2 de mayo, 2004, pág. 5.

185. La película se estrenó en 2004. Véase también el cuento de J.K. ROWLING: *Harry Potter et le prisonnier d´Azkaban*, París. Gallimard,

1999. [Versión en castellano: *Harry Potter y el prisionero de Azkaban*. Barcelona: Emecé, 2000.]

186. Información sobre su página web: pied-dans-eau.fr. No se trata de psicoterapia, sino de estancias pagando para familiarizarse con el agua, dirigidas con muy buen hacer.

187. Pantalon M.V., Lubetkin B.S. «Use and effectiveness of self-help books in the practice of cognitive-behavioral therapy». *Cognitive and Behavioral Practice,* 1995, n.º 2, págs. 213-228.

188. Gilroy L.J. *et al*. «Controlled comparison of computer-aided vicarious exposure versus live exposure in the treatment of spider phobia». *Behavior Therapy,* 2000, n.º 31, págs. 733-744.

189. Kenwright M., Marks I.M. «Computer-aided self-help for phobialpanic via internet at home: a pilot study». *Britsh Journal of Psychiatry,* 2004, n.º 184, págs. 448-449.

190. Öst L.G. «Long-term effects of behavior therapy for specific phobia». En: M.R. Mavissakalian, R.F. Prien (eds.). *Long-term treatments of anxiety disorders.* Washington DC: American Psychiatric Press, 1996.

191. Öst L.G., Salkovskis P.M., Hellström K. «One-session therapist directed exposure *vs.* self-exposure in the treatment of spider phobia». *Behaviour Therapy,* 1991, n.º 22, págs. 407-422.

192. Öst L.G., Hellström K., Kaver A. «One *versus* five sessions of exposure in the treatment of injection phobia». *Behavior Therapy,* 1992, n.º 22, págs. 263-281.

193. Öst L.G. «One-session group treatment of spider phobia». *Behaviour Research and Therapy,* 1996, n.º 34, págs. 707-715.

194. Tsao J.C.I., Craske M.G. «Timing of treatment and return of fear effects of massed, uniform-, and expanding-spaced exposure schedules». *Behavior Therapy,* 2000, n.º 31, págs. 479-498.

195. Roy S. *et al*. «La thérapie par réalité virtuelle dans les troubles phobiques». *Journal de Thérapie Comportementale et Cognitive,* 2003, n.º 13, págs. 97-100.

## 8. Miedos y fobias sociales

196. Gilbert P., Andrews B. *Shame: interpersonal behavior, psychopathology and culture.* Oxford: Oxford University Press, 1998.

197. Öhman A. «Face the beast and fear the face: animal and social fears as prototypes for evolutionary analyses of emotion». *Psychophysiology,* 1986, n.º 23, págs. 215-221.

198. Lewis M. «Self-conscious emotions». En: M. Lewis, J.M. Havilland (eds.). *Handbook of emotions.* Nueva York: Guilford Press, 1993, págs. 563-573.

## Notas bibliográficas

199. Véase, por ejemplo, la asociación 1901 de los Toastmasters con numerosas páginas web en la red.
200. *Dictionnaire Vidal.* París: Éditions du Vidal, 2004.
201. MacQueron G., Roy S. *La Timidité: comment la surmonter.* París: Odile Jacob, 2004.
202. Fanget F. *Affirmez-vous!* París: Odile Jacob, 2000.
203. George G., Vera L. *La timidité chez l'enfant et l'adolescent.* París: Dunod, 1999.
204. Heiser N. *et al.* «Shyness: relationship to social phobia and other psychiatric disorders». *Behaviour Research and Therapy,* 2003, n.º 41, págs. 209-221.
205. Pélissolo A., André C. *et al.* «Social phobia in the community: relationship between diagnostic threshold and prevalence». *European Psychiatry,* 2000, n.º 15, págs. 25-28.
206. Davidson J.R. *et al.* «The boundary of social phobia: exploring the threshold». *Archives of General Psychiatry,* 1994, n.º 51, págs. 975-983.
207. Wittchen H.U., Beloch E. «The impact of social phobia on quality of life», *International Clinical Psychopharmacology,* 1996, n.º 11, págs. 15-23.
208. Stein M.B. *et al.* «Public-speaking fears in a community sample». *Archives of General Psychiatry,* 1996, n.º 53, págs. 169-174.
209. Péllisolo A., André C. *et al.* «Personality dimensions in social phobics with or without depression». *Acta Psychiatrica Scandinavica,* 2002, n.º 105, págs. 94-103.
210. Drummond P.D. *et al.* «The impact of verbal social feed-back about blushing on social discomfort and facial blood flow during embarassing tasks». *Behaviour Research and Therapy,* 2003, n.º 41, págs. 413-425.
211. Hartemberg P. *Les Timides et la timidité.* París: Alcan, 1910. [Versión en castellano: *Los tímidos y la timidez.* Madrid: Fernando Fe, 1902.]
212. Mogg K. *et al.* «Selective orienting of attention to masked threat faces in social anxiety». *Behaviour Research and Therapy,* 2002, n.º 40, págs. 1403-1414.
213. Mogg K., Philippot P. «Selective attention to angry faces in clinical social phobia». *Journal of Abnormal Psychology,* 2004, n.º 113, págs. 160-165.
214. Stein M.B. *et al.* «Increased amygdala activation to angry and contemptuous faces in generalized social phobia». *Archives of General Psychiatry,* 2002, n.º 59, págs. 1027-1034.
215. Bogels S.M., Bradley B.P. «The causal role of self-awareness in blushing-anxious, socially-anxious and social phobics individuals». *Behaviour Research and Therapy,* 2002, n.º 40, págs. 1367-1384.

216. Mansell W. *et al.* «Internal *versus* external attention in social anxiety an investigation using a novel paradigm». *Behaviour Research and Therapy*, 2003, n.º 41, págs. 555-572.

217. Hirsch C.R. *et al.* «Self-images play a causal role in social phobia». *Behaviour Research and Therapy*, 2003, n.º 41, págs. 909-921.

218. Cox B.J. *et al.* «Is self-criticism unique for depression? A comparison with social phobia». *Journal of Affective Disorders*, 2000, n.º 57, págs. 223-228.

219. Cox B.J. *et al.* «Self-criticism in generalized social phobia and response to cognitive-behavioral treatment». *Behavior Therapy*, 2002, n.º 33, págs. 479-491.

220. Rachman S. *et al.* «Post-event processing in social anxiety». *Behaviour Research and Therapy*, 2000, n.º 38, págs. 611-617.

221. Abbott M.J., Rapee R.M. «Post-event rumination and negative self-appraisal in social phobia before and after treatment». *Journal of Abnormal Psychology*, 2004, n.º 113, págs. 136-144.

222. Kachin K.E. *et al.* «An interpersonal problem approach to the division of social phobia suybtypes». *Behavior Therapy*, 2001, n.º 32, págs. 479-501.

223. Erwin B.A. *et al.* «Anger experience and expression in social anxiety disorder». *Behavior Therapy*, 2003, n.º 34, págs. 331-350.

224. Lincoln T.M. *et al.* «Effectiveness of an empirically supported treatment for social phobia in the field». *Behaviour Research and Therapy*, 2003, n.º 41, págs. 1251-1269.

225. Heimberg R.G., Becker R.E. *Cognitive-behavioral group therapy for social phobia: basic mechanisms and clinical strategies.* Nueva York: Guilford Press, 2002.

226. Wells A., Papageorgiou C. «Brief cognitive therapy for social phobia: a case series». *Behaviour Research and Therapy*, 2001, n.º 39, págs. 713-720.

227. Voncken M.J. *et al.* «Interpretation and judgmental biases in social phobia». *Behaviour Research and Therapy*, 2003, n.º 41, págs. 1481-1488.

228. Christensen P.N. *et al.* «Social anxiety and interpersonal perception: a social relations model analysis». *Behaviour Research and Therapy*, 2003, n.º 41, págs. 1355-1371.

## 9. El miedo a la indisposición: crisis de angustia, crisis de pánico y agorafobia

229. Norton G.R. *et al.* «Factors associated with panics attacks in non clinical subjects». *Behavior Therapy*, 1986, n.º 17, págs. 239-252.

230. Pollack M.H. *et al.* «Phenomenology of panic disorder». En: D.J. Stein, E. Hollander (eds.). *Textbook of anxiety disorders*. Washington DC: American Psychiatric Publishing, 2002, págs. 237-246.

231. Delerm P. *El pórtico*. Barcelona: Tusquets Editores, 2004. [Versión en castellano: *El pórtico*. Barcelona: Tusquets, 2004.]

232. Rees C.S. *et al.* «Medical utilisation and costs in panic disorder» *Journal of Anxiety Disorders*, 1998, n.º 12, págs. 421-435.

233. Morita S. *Shinkeishitsu*. París: Les Empécheurs de Penser en Rond, 1997.

234. Faravelli C. *et al.* «Five-years prospective naturalistic follow-up study of panic disorder». *Comprehensive Psychiatry*, 1995, n.º 36, págs. 271-277.

235. Ehlers A. «A one-year prospective study of panic attacks». *Journal of Abnormal Psychology*, 1995, n.º 104, págs. 164-172.

236. Leroy P. *Voyage au bout de l'angoisse*. París: Anne Carrière, 1997.

237. Weissman M.M. *et al.* «The cross-national epidemiology of panic disorder». *Archives of General Psychiatry,* 1997, n.º54, págs. 305-309.

238. Maser J.D. *et al.* «Defining a case for psychiatric epidemiology: threshold, non-criterion symptoms and category *versus* spectrum». En: Maj M. *et al.* (eds.). *Phobias.* World Psychiatric Association, Chichester: Wiley, 2004, págs. 85-88.

239. Brown T.A. *et al.* «Current and lifetime comorbidity of the DSM-IV anxiety and mood disorders in a large clinical sample». *Journal of Abnormal Psychology,* 2001, n.º 110, págs. 179-192.

240. Candilis P.J. *et al.* «Quality of life in patients with panic disorder». *Journal of Nervous and Mental Disease,* 1999, n.º 187, págs. 429-434.

241. Leon A.C., Portera L., Weissman M.M. «The social cost of anxiety disorders». *British Journal of Psychiatry,* 1995, n.º 166, págs. 19-22.

242. Roy-Birne P.P. *et al.* «Unemployment and emergency room visits predict poor treatment outcome in primary care panic disorder». *Journal of Clinical Psychiatry,* 2003, n.º 64, págs. 383-389.

243. Clark D.M. «A cognitive approach to panic». *Behaviour Research and Therapy,* 1986, n.º 24, págs. 461-470.

244. Servant D., Parquet P.J. «Étude sur le diagnostic et la prise en charge du trouble panique en psychiatrie». *L'Encéphale,* 2000, n.º 26, págs. 33-37.

245. Boulenger J.P. (ed.). *L'Attaque de panique: un noveau concept?* París: Goureau, 1987.

246. Ströhle A. *et al.* «Induced panic attacks shift gamma-aminobutyric acid type A receptor modulatory neuroactive steroid composition in

patients with panic disorder». *Archives of General Psychiatry*, 2003, n.º 60, págs. 161-168.

247. Kroeze S. *et al*. «Imaginal provocation of panic in patients with panic disorder». *Behavior Therapy*, 2000, n.º 33, págs. 149-162.

248. Schmidt N.B. *et al*. «Effects of cognitive behavioral treatment on physical health status in patients with panic disorder». *Behavior Therapy*, 2003, n.º 34, págs. 49-63.

249. Van Der Does *et al*. «Heartbeat perception in panic disorder: a reanalysis». *Behaviour Research and Therapy*, 2000, n.º 38, págs. 47-62.

250. Papp L.A. *et al*. «Respiratory psychophysiology of panic disorder: 3 respiratory challenges in 98 subjects». *American Journal of Psychiatry*, 1997, n.º 154, págs. 1557-1565.

251. Rachman S. *et al*. «Experimental analysis of panic III: claustrophobic subjects». *Behaviour Research and Therapy*, 1987, n.º 26, págs. 41-52.

252. Corryell W. *et al*. «Aberrant respiratory sensitivity to $CO_2$, as a trait of familial panic disorder». *Biological Psychiatry*, 2001, n.º 49, págs. 582-587.

253. Perna G. *et al*. «Respiration in children at risk for panic disorder». *Archives of General Psychiatry*, 2002, n.º 59, págs. 185-186.

254. Wilhelm F.H. *et al*. «Characteristics of sighing in panic disorder». *Biological Psychiatry*, 2001, n.º 49, págs. 606-614.

255. Abelson J.L. *et al*. «Persistant respiratory irregularity in patients with panic disorder and generalizad anxiety disorder». *Biological Psychiatry*, 2001, n.º 49, págs. 588-595.

256. Toren P. *et al*. «The prevalence of mitral valve prolapse in children with anxiety disorders». *Journal of Psychiatric Research*, 1999, n.º 33, págs. 357-361.

257. Jacob R.G. *et al*. «Panic, agoraphobia and vestibular dysfunction». *American Journal of Psychiatry*, 1996, n.º 153, págs. 503-512.

258. Schmidt N.B. *et al*. «Effects of cognitive behavioral treatment on physical health status in patients with panic disorder». *Behavior Therapy*, 2003, n.º 34, págs. 49-63.

259. Lydiard R.B. «Pharmacotherapy for panic disorder». En: D.J. Stein, E. Hollander (eds.). *Textbook of Anxiety Disorders*, Washington DC: American Psychiatric Publishing, 2002, págs. 257-271.

260. Véase para repasar Spiegel D.A. y Hofmann S.G. «Psychotherapy for panic disorder». En: D.J. Stein, E. Hollander (eds.). *Textbook of anxiety disorders*. Washington DC: American Psychiatric Publishing, 2002, págs. 273-288.

261. Schmidt N.B., Trakowski J. «Interoceptive assessment and exposure in panic disorder. A descriptive study». *Cognitive and Behavioral Practica*, 2004, n.º 11, págs. 81-92.

262. Broocks A. *et al.* «Exercise avoidance and impaired endurance capacity in patients with panic disorder». *Neuropsychobiology*, 1997, n.º 36, págs. 182-187.

263. Hays K.F. *Working It out: Using Exercise in Psychotherapy*. Washington DC: American Psychiatric Publishing, 1999.

## 10. Todavía más miedos...

264. Gil R. *Neuropsychologie*, París: Masson, 2000, págs. 256-257. [Versión en castellano: *Neuropsicología*. Barcelona: Masson, 2002.]

265. Sidiki S.S. *et al.* «Fear of the dark in children: is stationary night blindness the cause?». *British Medical Journal*, 2003, n.º 326, págs. 211-212.

266. Heinrichs N. *et al.* «Cognitive-behavioral treatment for social phobia in Parkinson's disease». *Cognitive and Behavioral Practica*, 2001, n.º 8, págs. 328-335.

267. Schneier F.R. *et al.* «Characteristics of social phobia among persons with essential tremor». *Journal of Clinical Psychiatry*, 2001, n.º 62, págs. 367-372.

268. Schmidt A.J.M. «Does mental kinesiophobia exists?». *Behaviour Research and Therapy*, 2003, n.º 41, págs. 1243-1249.

269. Jugon J.C. *Phobies sociales au Japon*, París: ESF, 1998.

270. McKee D. *Encore toi, Isabelle?* París: L'École des Loisirs, 1994.

271. Brandt T. «Phobic postural vertigo». *Neurology*, 1996, n.º 46. págs. 1515-1519.

272. Larson G. *It came from the farsife*. Londres: Futura Publications, 1986.

273. Hofberg K. *et al.* «Tokophobia: an unreasoning dread of childbirth». *British Journal of Psychiatry*, 2000, n.º 176, págs. 83-85.

274. Poudat F.X. *Mieux vivre sa sexualité*. París: Odile Jacob, 2004.

275. Tsao S.D., McKay D. «Behavioral avoidance tests and disgust in contamination fears: distinctions from trait anxiety». *Behaviour Research and Therapy*, 2004, n.º 42, págs. 207-216.

276. Rangell L. «The analysis of a doll phobia». *International Journal of Psychoanalysis*, 1952, n.º 33, págs. 43-53.

277. Sauteraud A. *Je ne peux pas m'arréter de laver, vérifier, compter*. París: Odile Jacob, 2000. [Versión en castellano: *Cómo aprender a vivir con trastorno obsesivo-compulsivo*. Madrid: Síntesis, 2005.]

278. Lejoyeux M. *Vaincre sa peur de la maladie*. París: La Martinière, 2002.

279. Asmundson N. *Health Anxiety. Clinical and Research Perspectives on Hypochondriasis.* Nueva York: Wiley, 2001.

280. McCabe R. *et al.* «Challenges in the assessment and treatment of health anxiety». *Cognitive and Behavioral Practice.* 2004, n.º 11, págs. 102-123.

281. Mi más sincero agradecimiento a la joven que me ha permitido reproducir aquí su relato, así como a la revista *Psychologies,* donde fue publicado inicialmente y que me ha autorizado a integrarlo en mi libro. *Psychologies,* 2003, n.º 224, págs. 132-134.

282. Phillips K.A. *The broken mirror: understanding and treating the body dysmorphic disorder.* Oxford: Oxford University Press, 1998.

283. Phillips K.A. *et al.* «Efficacy and safety of fluvoxamine in body dysmorphic disorder». *Journal of Clinical Psychiatry,* 1998, n.º 59, págs. 165-171.

## Conclusión

284. Lacroix M. *Le Courage réinventé.* París: Flammarion, 2003.

285. Jollien A. *Le Métier d'homme.* París: Seuil, 2002. [Versión en castellano: *El oficio de ser hombre.* Barcelona: RBA Libros, 2003.]

## Anexos

286. Schultz J.H. *Le Training autogène.* París: PUF, 1982. [Versión en castellano: *El entrenamiento autógeno.* Barcelona: Científico Médica, 1969.]

287. Segal Z.V., Williams J.M.G., Teasdale J.D. *Mindfullness-based cognitive therapy for depression.* Nueva York: Guilford Press, 2002.

288. Brown K.W., Ryan R.M. «The benefits of being present: mindfullness and its role in psychological well-being». *Journal of Personality and Social Psychology,* 2003, n.º 84, págs. 822-848.